# 高校体育教学模式创新研究

周 睿　乔 亮　杨志军　著

北方文艺出版社
哈尔滨

**图书在版编目（CIP）数据**

高校体育教学模式创新研究/周睿,乔亮,杨志军著.--哈尔滨:北方文艺出版社,2024.6.--ISBN 978-7-5317-6284-3

I.G807.4

中国国家版本馆CIP数据核字第20247XC307号

高校体育教学模式创新研究

GAOXIAO TIYU JIAOXUE MOSHI CHUANGXIN YANJIU

| | | | |
|---|---|---|---|
| 作　　者 / 周　睿　乔　亮　杨志军 | | | |
| 责任编辑 / 邢　也 | | 封面设计 / 郭　婷 | |
| 出版发行 / 北方文艺出版社 | | 邮　　编 / 150008 | |
| 发行电话 / （0451）86825533 | | 经　　销 / 新华书店 | |
| 地　　址 / 哈尔滨市南岗区宣庆小区 1 号楼 | | 网　　址 / www.bfwy.com | |
| 印　　刷 / 北京四海锦诚印刷技术有限公司 | | 开　　本 / 787mm×1092mm　1/16 | |
| 字　　数 / 220千字 | | 印　　张 / 17 | |
| 版　　次 / 2025 年 1 月第 1 版 | | 印　　次 / 2025 年 1 月第 1 次印刷 | |
| 书　　号 / ISBN 978-7-5317-6284-3 | | 定　　价 / 68.00 元 | |

# 前 言

高校体育教学模式的创新是应对当前教育需求和促进学生全面发展的重要策略。随着教育理念的更新和技术的发展，传统的体育教学模式已逐渐不能满足现代学生的多样化需求。因此，探索和实施创新的教学模式显得尤为关键。例如，线上平台可以用于理论知识的学习和讨论，而线下则更侧重于实际技能的培养和体育活动的参与。这样的模式有助于学生在不同环境下都能获得均衡的体育教育体验。通过使用智能化的教学工具和数据分析，教师可以更好地了解每个学生的体能状况、技能水平和学习需求，从而提供更加个性化的训练计划和教学内容。这种方法不仅提升了教学的有效性，还能激发学生的学习兴趣和自我提升的动力。

本书旨在探讨高校体育教学模式的创新与发展，旨在为高校体育教学提供理论支持和实践指导。本书共分为十四章，涵盖了高校体育教学模式的理论基础、创新的必要性、政策保障、策略与路径、学生主体性培养、社会化实践、教师角色转变、校园文化建设、学科发展、教学管理创新、学生综合素质提升、现代教学理念、跨学科融合以及多元化评价体系等方面内容。本书适用于高校体育教学管理人员、体育教师以及相关研究人员，旨在促进高校体育教学模式的创新与发展，提高教育教学质量。读者可借鉴本书的理论观点和实践案例，以期在实际工作中取得更好的成效。

作者在写作本书的过程中，借鉴了许多前辈的研究成果，在此表示衷心的感谢。由于本书需要探究的层面比较深，作者对一些相关问题的研究不透彻，加之写作时间仓促，书中难免存在一定的不妥和疏漏之处，恳请前辈、同行以及广大读者斧正。

# 目 录

## 第一章　高校体育教学模式的理论基础 ············ 1
　　第一节　体育教学模式概述 ············ 1
　　第二节　体育教学模式创新理论 ············ 8
　　第三节　体育教学模式创新的内涵与特征 ············ 12
　　第四节　体育教学模式创新的原则与要求 ············ 17

## 第二章　高校体育教学模式创新的必要性 ············ 21
　　第一节　时代背景下高校体育教学的新要求 ············ 21
　　第二节　传统体育教学模式存在的问题 ············ 25
　　第三节　高校体育教学模式创新的内在动因 ············ 29

## 第三章　高校体育教学模式创新的政策保障 ············ 35
　　第一节　高校体育教学模式创新的政策背景 ············ 35
　　第二节　高校体育教学模式创新的政策体系 ············ 39
　　第三节　高校体育教学模式创新的政策保障措施 ············ 44

## 第四章　高校体育教学模式创新的策略与路径 ············ 49
　　第一节　高校体育教学模式创新的战略定位 ············ 49
　　第二节　高校体育教学模式创新的路径选择 ············ 53
　　第三节　高校体育教学模式创新的实施策略 ············ 58
　　第四节　高校体育教学模式创新的管理机制 ············ 62

## 第五章　学生主体性培养的体育教学模式 ············ 68
　　第一节　学生主体性培养的概念与意义 ············ 68

第二节　学生主体性培养在体育教学中的方法 ……………………… 73
第三节　学生主体性培养对体育教学的影响 …………………………… 79

## 第六章　社会化实践与体育教学模式 …………………………………… 85
第一节　社会化实践的意义与特点 ……………………………………… 85
第二节　社会化实践在体育教学中的应用现状 ………………………… 89
第三节　社会化实践对体育教学模式的影响 …………………………… 94

## 第七章　教师角色转变与体育教学模式 ………………………………… 99
第一节　教师角色转变的背景与意义 …………………………………… 99
第二节　教师角色转变在体育教学中的实践 ………………………… 104
第三节　教师角色转变对体育教学的影响 …………………………… 110
第四节　教师角色转变的启示与挑战 ………………………………… 112

## 第八章　校园文化建设与体育教学模式 ……………………………… 118
第一节　校园文化建设的意义与特点 ………………………………… 118
第二节　校园文化建设对体育教学模式的影响 ……………………… 123
第三节　校园文化建设与体育教学模式创新的关系 ………………… 128

## 第九章　学科发展与体育教学模式 …………………………………… 134
第一节　学科发展对体育教学模式的影响 …………………………… 134
第二节　学科发展对高校体育教学的启示 …………………………… 141
第三节　学科发展与体育教学模式创新的关系 ……………………… 147

## 第十章　教学管理创新与体育教学模式 ……………………………… 153
第一节　教学管理创新的背景与意义 ………………………………… 153
第二节　教学管理创新在体育教学中的实践 ………………………… 160
第三节　教学管理创新对体育教学的影响 …………………………… 164
第四节　教学管理创新的启示与挑战 ………………………………… 172

# 第十一章 学生综合素质提升与体育教学模式 …… 182
## 第一节 学生综合素质提升的意义与特点 …… 182
## 第二节 学生综合素质提升在体育教学中的实践 …… 186
## 第三节 学生综合素质提升对体育教学的影响 …… 190
## 第四节 学生综合素质提升的策略与方法 …… 196

# 第十二章 现代教学理念在体育教学中的应用 …… 202
## 第一节 现代教学理念概述 …… 202
## 第二节 现代教学理念在体育教学中的意义 …… 208
## 第三节 现代教学理念对体育教学模式的启示 …… 217
## 第四节 现代教学理念在高校体育教学中的实践 …… 227

# 第十三章 跨学科融合在体育教学中的应用 …… 232
## 第一节 跨学科融合的概念与特点 …… 232
## 第二节 跨学科融合在体育教学中的意义 …… 237
## 第三节 跨学科融合对体育教学模式的影响 …… 241

# 第十四章 多元化评价体系下的体育教学研究 …… 245
## 第一节 多元化评价体系的构建 …… 245
## 第二节 多元化评价体系在高校体育教学中的应用 …… 249
## 第三节 多元化评价体系的优势与挑战 …… 253
## 第四节 多元化评价体系对体育教学改革的启示 …… 257

# 结束语 …… 261

# 参考文献 …… 262

# 第一章 高校体育教学模式的理论基础

## 第一节 体育教学模式概述

### 一、体育教学模式的内涵

#### (一) 体育教学模式的定义与重要性

体育教学模式是指在体育教学过程中,教师根据学生的特点和学习目标,运用一系列系统的方法和手段,组织和实施教学活动的模式。它不仅仅是简单的知识传授,更是一种引导学生主动参与、全面发展的教学理念的具体体现。体育教学模式的重要性不可忽视,它直接关系到学生的学习效果、身心健康以及全面素质的提高。

在现代社会,体育教学模式的变革和创新已成为教育改革的重要方向之一。传统的体育教学往往以教师为中心,注重技能训练,忽视学生个体差异,难以激发学生的学习兴趣和主动性。而现代的体育教学模式则更加注重以学生为中心,强调个性化教学,注重发展学生的综合能力,使每个学生都能在体育教学中得到充分的发展和满足。

在不同的教学环境和学生群体中,选择合适的教学模式至关重要。在幼儿园体育教学中,可以采用游戏化教学模式,通过丰富多彩的游戏活动引导幼儿愉快地参与体育运动;而在中学体育教学中,则可以采用项目化教学模式,突出专业技能的培养和提高。这种多样化的体育教学模式能够更好地满足不同年龄段、不同特点的学生的需求,提高教学效果。

科学的体育教学模式能够根据学科知识、教学目标和学生特点,合理地安排教学内容和方法,确保教学过程的有效性和高效性。系统的体育教学模式能够形成一套完整的教学体系,包括教学设计、教学实施、教学评价等环节,有利于教师在教学中把握好节奏,提高教学质量。

通过多样化的体育教学活动,可以使学生在运动中享受快乐、释放压力,提高身体素质和协调能力;通过合作与竞争,可以培养学生的团队意识和自信心,增强社交能力和适应能力。良好的体育教学模式不仅能够提高学生的学习成绩,还能够培养学生的健康心态和积极的人生态度。

## (二)传统体育教学模式的特点与局限性

传统体育教学模式具有多方面的特点,这些特点在一定程度上塑造了过去体育教学的面貌。传统体育教学模式注重集体活动,学生通常以整个班级或者小组的形式进行体育活动。传统体育教学模式偏重技能传授,注重学生对基本体育动作和技巧的掌握。传统体育教学模式的特点之一是注重体能训练,通过各种体育项目的练习来提高学生的身体素质和体能水平。传统体育教学模式还强调竞争意识培养,通过各种比赛和竞赛活动激发学生的竞争激情和团队精神。传统体育教学模式还具有严格的纪律要求,要求学生在体育活动中保持秩序和规范的行为。

传统体育教学模式的特点之一是强调体育基础知识的传授。在传统体育教学中,学生不仅需要掌握各种体育项目的基本规则和技巧,还需要了解相关的体育知识,如运动生理、运动心理等方面的知识。这些基础知识的传授有助于学生全面理解体育运动的本质和规律,为他们未来的体育活动打下坚实的基础。

传统体育教学模式的另一个特点是强调师生互动。在传统的体育教学中,教师通常扮演着知识传授者和指导者的角色,他们会与学生进行密切的互动,指导他们掌握各种体育技能和动作。而学生也会通过与教师的互动来获取知识和技能，从而不断提高自己的体育水平。

传统体育教学模式还注重课堂实践和体验。在传统的体育教学中，课堂教学往往与实践相结合，学生不仅会在课堂上学习理论知识，还会通过实际操作来巩固所学内容。这种体验式的学习模式有助于学生更好地理解和掌握体育知识和技能，培养他们的动手能力和实践能力。

传统体育教学模式还注重个性发展。在传统的体育教学中，教师通常会根据学生的个性特点和兴趣爱好，设计不同的教学内容和活动安排，从而满足每个学生的学习需求。这种个性化的教学模式有助于激发学生的学习兴趣和潜能，提高他们的学习积极性和主动性。

传统体育教学模式还注重综合评价。在传统的体育教学中，教师会综合考虑学生在课堂上的表现、课外训练的成绩以及比赛竞赛的表现等多方面因素，对学生进行全面评价。这种综合评价有助于客观地了解学生的学习情况和进步水平，为他们未来的学习和发展提供有效的指导和帮助。

传统体育教学模式在当今社会面临着诸多局限性，这些局限性不仅影响着学生的身体健康发展，也制约了体育教育的深化与创新。从课堂教学到体育活动设计，传统模式所存在的弊端值得我们深思。

传统体育教学模式的固化性让学生缺乏参与的主动性。在传统模式下，教师往往是"知识的传递者"，学生则被动接受。这种教学方式容易使学生产生厌倦情绪，缺乏对体育活动的主动参与欲望。在课堂上仅仅重复规定动作的训练，缺乏足够的趣味性和挑战性，导致学生对体育活动的兴趣逐渐消退。

传统体育教学模式过于注重功利性，忽视了个体差异化发展的需求。传统体育教学往往以竞技成绩为唯一标准，忽略了学生身体素质、兴趣爱好等方面的多样性。这种单一化的标准容易使得部分学生感到挫败，丧失了继续参与的积极性。一些体育项目可能并非每个学生都能表现出色，但传统模式下往往将优胜劣汰，缺乏对每个学生潜力的充分挖掘和发展。

传统体育教学模式对于教学手段的单一化也是一大局限。以往体育教学往往局限于传统的体育项目和方法，忽视了现代科技手段在体育教学中的应用。虽然现代技术可以提供更加生动直观的教学模式，比如通过虚拟现实技术进行体育训练，但是传统模式下往往停留在传统的体育器材和场地上，无法跟上时代的步伐，导致教学效果受限。

传统体育教学模式还存在着对学生综合能力培养不足的问题。传统体育教学往往只关注了学生的身体素质和技能训练，而忽视了学生的综合能力培养，比如团队合作能力、领导能力等。在传统模式下，很难将体育活动与学生的日常生活和社会实践结合起来，使得学生在体育教学中缺乏全面发展的机会。

## 二、体育教学模式的分类

### （一）基于技能培养的体育教学模式

#### 1. 技能导向型教学模式

技能导向型教学模式以其注重学生技能培养和实践操作而闻名。在体育教学中，这种模式被广泛采用，以促进学生在各种运动和活动中的技能发展。体育教学模式可以分为几类，每种类型都有其独特的特点和教学方法。

一种常见的体育教学模式是个体技能训练模式。在这种模式下，教师重点关注学生个体技能的培养和提高。在篮球教学中，教师可能会针对学生的投篮、运球和防守等个体技能进行训练。通过反复练习和指导，学生可以逐渐提高其个体技能水平，从而更好地参与体育活动。

另一种体育教学模式是团队合作训练模式。在这种模式下，重点放在学生之间的团队合作和协作上。教师会组织各种团队运动项目，如足球、排球或曲棍球等，鼓励学生相互合作，共同实现团队目标。通过团队合作训练，学生不仅可以提高自己的个体技能，还可以学会与他人合作，培养团队精神和沟通能力。

还有一种体育教学模式是游戏化学习模式。这种模式将教学内容设计成各种有趣的游戏形式，激发学生的学习兴趣和参与度。教师可以设计各种体育游戏，如抓旗游戏、接力赛等，让学生在游戏中学习和练习体育技能。游戏化学习模式不仅可以增强学生的学习动力，还可以提高他们的参与度和学习效果。

还有一种体育教学模式是综合性训练模式。这种模式将个体技能训练、团队合作训练和游戏化学习相结合，通过多种方式全面培养学生的体育素养。教师会根据学生的实际情况和需求，灵活运用不同的教学方法和手段，促进他们在体育活动中全面发展。

**2. 任务驱动型教学模式**

任务驱动型教学模式是一种以任务为中心、以学生为主体、以问题为导向的教学方法，体育教学中也可以运用这一模式。这种教学模式强调学生通过完成具体任务来实现学习目标，注重学生的自主学习和合作学习，有助于培养学生的解决问题能力和创新思维。

在体育教学中，任务驱动型教学模式可以分为多种类型。首先是项目式教学模式，该模式通过设计具体的体育项目任务，如篮球比赛、田径比赛等，让学生在实践中学习体育知识和技能，培养团队合作精神和竞技意识。其次是探究式教学模式，该模式通过引导学生提出问题、进行实地考察和实验，探索体育运动规律和技术要点，激发学生的学习兴趣和求知欲。还有案例式教学模式，该模式通过引入真实的体育案例，让学生分析解决问题的过程，培养学生的实际应用能力和思维能力。

任务驱动型教学模式在体育教学中的分类还可以从教学内容和教学方法两个方面进行。从教学内容来看，可以分为技能型任务和认知型任务。技能型任务注重学生在体育运动中的动作技能和技术水平的提高，如传球、射门、跑步等；而认知型任务注重学生对体育运动规则、策略和战术的理解和运用，如规则解读、比赛分析等。从教学方法来看，可以分为个别任务和团体任务。个别任务侧重于学生个体能力的培养和提高，如个人训练、技术练习等；团体任务侧重于学生团队合作和协作能力的培养，如团队比赛、合作训练等。

在任务驱动型教学模式中，教师的角色也发生了转变。教师不再是传统意义上的知识传授者，而是变成了学生学习的引导者和组织者。教师需要根据学生的学习情况和任务要求，合理安排教学内容和学习活动，引导学生积极参与、合作探究，激发学生的学习兴趣和学习动力。

## （二）基于综合素养培养的体育教学模式

### 1. 体验式教学模式

体验式教学模式是一种注重学生参与和互动的教学方法，其在体育教学领域的应用也日益广泛。体验式教学模式注重学生的实践体验。相比于传统的理论教学，体验式教学更加强调学生通过亲身参与体育活动来获取知识和技能。这种亲身体验的学习方式不仅能够增强学生的学习兴趣，还能够提高他们的学习效果，使他们更加深刻地理解和掌握所学内容。

体验式教学模式注重学生的主动参与。在体验式教学中，学生不再是被动接受知识，而是通过自己的行动和探索来积极地参与到学习过程中。他们会通过实际操作和实践活动来发现问题、解决问题，从而提高自己的学习能力和解决问题的能力。

体验式教学模式注重学生之间的合作与交流。在体验式教学中，学生通常会以小组形式进行活动，他们需要相互合作、交流和协作，共同完成任务和解决问题。通过与同伴的互动和合作，学生不仅能够增进彼此之间的友谊和情感交流，还能够培养团队精神和合作意识，这对于他们未来的学习和生活都具有重要意义。

体验式教学模式注重学生的情感体验和情感投入。在体验式教学中，教师通常会通过情境设计和情感激发等方式来激发学生的情感体验和情感投入，使他们在学习过程中产生强烈的情感体验和情感共鸣。这种情感体验不仅能够增强学生的学习兴趣，还能够促进他们的情感发展和品格培养，使他们成为具有情感情操和社会责任感的人才。

体验式教学模式注重学生的综合发展。在体验式教学中，教师会根据学生的个性特点和学习需求，设计多样化的活动内容和任务安排，以促进学生的综合发展。通过参与体育活动，学生不仅能够提高自己的身体素质和体育水平，还能够培养自己的动手能力、团队合作能力和创新精神，从而实现全面发展和终身学习的目标。

**2. 项目驱动型教学模式**

项目驱动型教学模式是一种以项目为核心、以任务为导向的教学方法。在体育教学中，项目驱动型教学模式被广泛运用，以促进学生的综合素养和能力发展。体育教学模式可以根据项目的性质和目的进行分类，每种分类都有其独特的特点和教学策略。

一种常见的体育教学模式是运动技能项目模式。在这种模式下，教师通过设计各种运动技能项目，如篮球投篮、足球运球、游泳蛙泳等，引导学生在实践中掌握和提高运动技能。通过项目驱动型的教学方法，学生不仅可以在实践中感受到运动技能的乐趣和挑战，还可以逐步提升自己的技能水平，增强自信心和竞争力。

另一种体育教学模式是健康生活项目模式。在这种模式下，教师通过设计各种健康生活项目，如有氧运动、体适能训练、健身操等，引导学生养成健康的生活方式和锻炼习惯。通过项目驱动型的教学方法，学生不仅可以了解到健康生活的重要性和好处，还可以在实践中培养良好的生活习惯，提升身体素质和健康水平。

还有一种体育教学模式是比赛项目模式。在这种模式下，教师通过组织各种比赛项目，如田径比赛、篮球比赛、足球比赛等，激发学生的竞技意识和团队精神。通过项目驱动型的教学方法，学生不仅可以在比赛中锻炼自己的技能和能力，还可以学会团队合作和竞争技巧，培养体育精神和胜负意识。

还有一种体育教学模式是创新实践项目模式。在这种模式下，教师通过设计各种创新实践项目，如体育科技应用、体育艺术表演、体育社会服务等，引导学生积极参与体育实践和创新活动。通过项目驱动型的教学方法，学生不仅可以拓展自己的体育视野和思维方式，还可以培养创新意识和实践能力，为未来的发展和就业做好准备。

## 第二节 体育教学模式创新理论

### 一、体育教学模式的现状

#### （一）以课堂讲解和体育场上的实践为主要形式

当下，体育教学模式的实践主要以课堂讲解和体育场上的实践为主要形式。这种模式旨在通过理论知识的传授和实践操作的训练，全面提升学生的体育素养和技能水平。体育教学模式的现状呈现出多样化和趋势性，反映了教学理念、技术手段和学生需求的不断变化。

在课堂讲解方面，体育教学模式着重于传授理论知识和技能要点。教师通过讲述体育运动的规则、技术要领、战术策略等内容，引导学生了解体育运动的本质和要素。这种讲解可以采用多种形式，如课件展示、视频演示、案例分析等，以便学生更好地理解和消化所学内容。通过课堂讲解，学生可以建立起对体育运动的基本认识和理解，为进一步的实践操作打下良好的基础。

与课堂讲解相对应的是体育场上的实践。在这种形式下，学生通过参与各种体育活动和训练项目，实际操作和应用所学的理论知识和技能要点。在篮球课上，学生可以通过实际投篮、运球、传球等动作来巩固和提升自己的篮球技能。体育场上的实践不仅可以让学生更直观地体验体育运动的乐趣和挑战，还可以培养其动手能力、协调能力和团队意识。

体育教学模式的现状还体现在教学方法的多样化和趋势性上。随着信息技术的发展，越来越多的教学资源和工具被引入到体育教学中。利用虚拟现实技术，可以模拟各种体育场景和情境，为学生提供更真实的体验和训练机会。利用在线教学平台和移动应用程序，可以实现教学资源的共享和学习内容的个性化定制，满足不同学生的学习需求和兴趣特点。

体育教学模式的现状还受到教育理念和学生需求的影响。随着教育观念的更新和发展，越来越多的教育者开始注重学生的综合发展和个性特点。在体育教学中，也倾向于采用多元化的教学方法和手段，关注学生的全面发展和个性成长。教师在设计和实施体育教学模式时，需要充分考虑学生的实际情况和需求，灵活运用各种教学资源和工具，为他们提供丰富多彩的学习体验和成长机会。

### （二）学生被动接受知识

在当前的体育教学实践中，仍然存在着学生被动接受知识的现象。这种现状反映了传统的教学理念和模式在一定程度上仍然存在于体育教育领域，导致了学生在体育学习中缺乏积极性和主动性。

体育教学中存在着以教师为中心的传统教学模式。在这种模式下，教师往往扮演着知识传授者的角色，主导着课堂的教学活动，而学生则被动地接受教师的指导和安排。教师囿于传统的教学方式，往往注重技能训练和课堂讲解，忽视了学生的参与和体验，导致学生在学习过程中缺乏自主性和创造性。

体育教学中存在着过分强调考试和成绩的现象。在学校教育中，学生的学习往往以考试成绩作为评价标准，体育教学也不例外。教师和学生都将更多的注意力放在如何在考试中取得好成绩上，而忽视了体育学习本身的意义和价值。这种功利性的教育观念导致了学生对体育学习的被动态度，只追求表面的成绩而忽视了真正的学习过程和体育精神的培养。

体育教学资源不足也是导致学生被动接受知识的原因之一。在一些学校和地区，由于条件限制，体育设施和器材匮乏，教师人力资源不足，导致体育教学难以进行有效的实践活动。学生缺乏参与体育运动的机会和平台，只能通过听课和课本学习来获取体育知识，使得他们在体育学习中处于被动状态。

社会对体育教育的认识和重视程度也影响着学生的学习态度。在一些地区和家庭中，对体育教育的理解仍然停留在简单的运动训练和身体锻炼层面，忽视了体育教育在学生全面发展中的重要作用。这种认识的局限导致了对体育学习的轻视和漠视，使学生对体育学习缺乏兴趣和动力，更容易表现出被动接受知识的态度。

学生被动接受知识在体育教学中的现状反映了传统教育观念和教学模式的滞后，以及对体育教育意义和价值的认识不足。要改变这一现状，需要教师在教学实践中积极探索创新，倡导以学生为中心的教学理念，注重激发学生的兴趣和主动性；还需要加强社会对体育教育的认识和支持，提高体育教育的地位和影响力，使体育学习成为学生全面发展的重要组成部分。

## 二、体育教学模式创新理论

### （一）个性化教学模式

个性化教学模式是一种注重个体差异和需求的教学方法，在体育教学领域也得到了广泛的应用。个性化教学模式强调根据学生的个性特点和学习需求，量身定制教学方案。与传统的一刀切教学相比，个性化教学模式更加注重发掘和尊重每个学生的个性差异，充分考虑他们的学习风格、学习能力和学习习惯，从而设计出更加适合他们的个性化学习方案。

个性化教学模式注重学生的自主学习和自主发展。在个性化教学中，学生被赋予更多的自主权和选择权，他们可以根据自己的兴趣和需求选择学习内容、学习方式和学习进度，从而更加自主地掌握知识和技能，实现个性化的学习目标。

个性化教学模式注重学生的反馈和调整。在个性化教学中，教师会通过不断的反馈和评价来了解学生的学习情况和进步水平，及时调整教学策略和教学方法，以满足学生的学习需求和提高他们的学习效果。学生也会被鼓励和引导去反思自己的学习过程，不断调整和改进自己的学习方法和学习策略。

个性化教学模式注重教师的角色转变。在个性化教学中，教师不再是传统意义上的"知识传授者"，而更像是学生学习的"引导者"和"合作者"。他们会根据学生的个性特点和学习需求，设计个性化的学习任务和活动，引导学生探索和发现知识，激发他们的学习兴趣和学习动力。

个性化教学模式注重综合评价和成长导向。在个性化教学中，评价不仅仅是对学生学习成绩的简单统计，更重要的是对学生学习过程和学习态度的全面评价。教师会综合考虑学生在知识、技能、情感和品格等方面的发展情况，给予及时的反馈和指导，引导学生不断成长和进步。这种成长导向的评价理念有助于激发学生的学习动力和学习潜能，促进他们的全面发展和终身学习。

## （二）项目式学习模式

项目式学习模式是一种新型的教学方法，它将学习任务组织成为一系列的项目，学生通过实际项目的完成来获取知识和技能。在体育教学领域，创新理论对于项目式学习模式的应用具有重要意义。这种模式的创新性体现在于它打破了传统教学的束缚，注重学生的实践操作和自主学习，为体育教学注入了新的活力和动力。

一种创新的理论是将项目式学习与体育教学相结合，这种理论强调学生在项目中的主动参与。通过设计丰富多样的体育项目，学生可以在实践中感受体育运动的乐趣，激发学习兴趣。组织学生参与团队比赛或者创意体育游戏，可以培养学生的团队合作精神和创造力，提高他们的学习积极性。

另一种创新的理论是将项目式学习模式与跨学科教学相结合，将体育教学与其他学科知识相融合。通过跨学科项目设计，学生可以在体育活动中学习到更多的知识，拓展他们的视野。在体育课上引入数学知识，通过统计运动数据来分析比赛结果；或者将文学作品中的体育场景与实际体育运动相结合，激发学生对文学和体育的兴趣，促进跨学科学习的发展。

还有一种创新的理论是将项目式学习模式与现代技术相结合，运用多媒体和虚拟现实技术丰富体育教学内容。通过引入虚拟体育场馆或者体育游戏软件，学生可以在虚拟环境中进行体育活动，体验真实比赛的场景，提高他们的参与度和专注力。利用多媒体技术，可以将体育教学内容呈现得更加生动形象，激发学生的学习兴趣，提高教学效果。

## 第三节　体育教学模式创新的内涵与特征

### 一、体育教学模式创新的内涵

#### （一）教学模式创新的概念与意义

教学模式创新是指在教育领域中不断尝试、探索新的教学方法、手段和途径，以适应社会发展和学生需求的变化。它的意义在于能够促进教育教学质量的提升，激发学生学习的兴趣和潜能，培养他们的创新能力和实践能力，以及满足社会对人才的需求。

教学模式创新在体育教学中的内涵丰富多样。它包括了教学内容的创新，即针对不同年龄、不同水平的学生，设计和调整适宜的体育课程内容，使之更符合学生的身心发展特点和学习需求。教学方法的创新也是重要的内涵之一。通过运用现代教育技术、体育游戏化教学、合作学习等方法，激发学生的学习兴趣，提高他们的学习效果。教学环境的创新也是不可或缺的。包括体育场地设施的改进、教学场所的优化、教学设备的更新等，都能够为学生营造更加良好的学习环境，激发其学习的热情和动力。

在体育教学中，教学模式创新具有重要的意义。它能够更好地促进学生身心健康的全面发展。通过创新的教学模式，可以使体育教学更加生动有趣，吸引学生参与，增强其体质素质，提高其身体素养。教学模式创新有助于培养学生的团队合作精神和领导能力。比如采用集体竞技、小组合作等形式进行体育活动，可以锻炼学生的团队合作意识和组织能力。教学模式创新还能够激发学生的创新潜能和实践能力。通过开展体育项目设计、比赛策划等活动，可以培养学生的创新思维和实践能力，提高其解决问题的能力。教学模式创新有助于提升体育教学的效果和质量。通过不断尝试和改进教学方法，可以更好地促进学生的学习，提高其学习效果，从而提升整个体育教学的水平。

## （二）教学模式创新的内在动力

教学模式创新的内在动力是多方面的。教学环境的不断变化推动着教学模式的创新。随着社会的发展和科技的进步，学生的学习方式和需求也在不断变化，传统的教学方法可能已经无法完全满足他们的需求。教师们需要不断探索和尝试新的教学模式，以更好地适应学生的学习需求。

教育理念的更新也是推动教学模式创新的重要动力。随着教育理念的不断更新和发展，人们对于教育的认识和理解也在不断深化，传统的教学模式可能已经无法完全契合新的教育理念。教师们需要结合最新的教育理念，不断调整和改进教学模式，以更好地促进学生的全面发展。

教师个人的专业发展也是教学模式创新的内在动力之一。作为教育工作者，教师们应不断提升自己的教育教学水平，不断探索和尝试新的教学方法和策略，以更好地发挥自己的教育教学作用。只有不断提升自己的专业素养，教师才能在实践中不断创新，不断改进教学模式，从而更好地促进学生的学习和发展。

学生需求的多样化也是教学模式创新的内在动力之一。随着社会的发展和进步，学生的需求也日益多样化，不同学生有不同的学习方式和需求。教师们需要根据学生的实际情况和需求，不断调整和改进教学模式，以更好地满足学生的学习需求，促进他们的全面发展。只有紧密结合学生的实际情况和需求，教师才能真正做到因材施教，帮助学生取得更好的学习效果。

## 二、体育教学模式创新的特征

### （一）学生参与度的提高

体育教学模式的创新应该注重多样性。传统的体育教学往往局限于传统的体育项目，如篮球、足球等。创新的模式应该涵盖更广泛的体育活动，包括冒险体验、团队挑战等。通过引入多样性的活动，可以满足不同学生的兴趣和需求，从而提高他们的参与度。

创新的体育教学模式应该注重个性化。每个学生都是独特的个体，他们的兴趣、能力和学习风格各不相同。教师在设计体育教学模式时，应该考虑到学生的个性化需求，灵活地调整教学内容和方法。通过个性化的教学，可以更好地激发学生的积极性，提高他们的参与度。

创新的体育教学模式应该注重互动性。传统的体育教学往往是教师主导的，学生被动接受知识和技能。通过引入互动性的元素，可以让学生更加积极地参与到教学过程中来。可以采用小组合作、游戏化学习等方式，促进学生之间的互动和交流，从而提高他们的学习动力和参与度。

创新的体育教学模式应该注重实践性。体育教学的最终目的是培养学生的体育技能和身体素质。教学模式应该注重实践性，让学生通过实际操作来掌握知识和技能。可以采用案例分析、模拟实践等方式，让学生在实际的情境中学习和应用知识，从而提高他们的学习效果和参与度。

创新的体育教学模式应该注重反馈性。反馈是学习过程中至关重要的一环，可以帮助学生及时发现和纠正错误，提高他们的学习效果。教学模式应该设计具有及时性和针对性的反馈机制，让学生在学习过程中不断得到反馈和指导，从而提高他们的学习动力和参与度。

## （二）社交性与合作性

**1. 促进学生的社交性和合作性**

促进学生的社交性和合作性在现代教育中被认为是至关重要的目标。为了实现这一目标，体育教学模式的创新变得尤为关键。以下是体育教学模式创新的特征，特别是在促进学生社交性和合作性方面的特质。

体育教学模式的创新强调团队合作和协同学习。传统的体育教学可能更加侧重于个体技能的培训，而现代的创新模式则注重学生在团队中的角色和互动。通过团队运动和活动，学生学会了如何与他人合作，如何共同努力实现共同的目标。这种合作精神不仅在体育场上表现出来，在日常生活和学术学习中也同样重要。

创新的体育教学模式鼓励学生主动参与和自主学习。这种模式强调学生的主体性，让他们成为学习过程的主导者。通过让学生参与决策和规划活动，他们学会了如何与他人沟通，如何分享想法，并在团队中找到自己的位置。这样的学习经验不仅增强了学生的社交技能，还培养了他们的责任感和自信心。

体育教学模式的创新还注重多样性和包容性。在多元文化的背景下，教育者需要考虑到学生的不同背景和能力。创新的体育教学模式提供了多种运动和活动选择，以满足不同学生的需求和兴趣。这种多样性不仅丰富了学生的体验，也提供了一个促进交流和理解的平台，让学生学会尊重和欣赏他人的差异。

创新的体育教学模式还强调反馈和评估的重要性。通过定期的反馈和评估，教育者可以了解学生的进步和需要改进的地方。这种个性化的反馈帮助学生了解自己的优势和弱点，同时也提供了一个机会，让他们学会如何接受和给予建设性的反馈。这样的实践不仅促进了学生的个人成长，也增强了他们在团队中的交流和合作能力。

创新的体育教学模式还注重跨学科的整合和实践应用。在现代社会，学习不仅仅局限于课堂内的知识和技能。创新的体育教学模式鼓励学生将所学应用到实际生活中,同时也促进了跨学科的学习和整合。通过将体育与科学、数学、艺术等其他学科结合起来,学生能够更好地理解知识的联系和应用,同时也培养了他们的创新思维和问题解决能力。

2. 培养其团队合作精神和社交技能

创新的体育教学模式强调学生的主体性和参与性。传统的体育教学模式往往是教师为主、学生为客的单向传授。而现代的创新模式更加注重学生的主动参与和探索,通过小组活动、讨论和项目设计等方式,激发学生的学习兴趣和积极性,从而更好地培养他们的团队合作精神。

创新的体育教学模式注重跨学科的整合。体育不再仅仅是体育课的内容,而是与其他学科如心理学、社会学、生物学等进行有机结合,构建一个多学科交叉的学习平台。通过这种方式,学生不仅能够了解体育知识和技能,还能够培养他们的社交技能和跨学科思维能力。

创新的体育教学模式重视技术与信息的应用。随着科技的发展,数字化、网络化和智能化的教学工具和平台越来越多地被应用到体育教学中。使用虚拟现实和增强现实技术进行体育训练模拟,或者通过移动应用和在线平台进行学习资源的共享和交流。这些技术的应用不仅能够丰富教学内容,还能够提高教学效果,培养学生的社交技能。

创新的体育教学模式注重个性化和差异化教学。每个学生都是独一无二的,他们的兴趣、能力和学习风格都是不同的。教师需要根据学生的个体差异,设计和实施个性化和差异化的教学策略。这包括了解学生的学习需求和兴趣,为他们提供适合的学习资源和活动,以及根据他们的表现和反馈进行调整和优化。

创新的体育教学模式强调实践与体验的重要性。传统的体育教学往往过于注重理论知识的传授,而忽视了实践和体验的环节。而现代的创新模式更加重视学生在实际操作中的体验和反思。通过实地考察、实践操作和实践活动,学生能够将理论知识应用到实际中,培养他们的实际操作能力和解决问题的能力,同时也能够增强他们的团队合作精神和社交技能。

创新的体育教学模式不仅仅是教学方法和内容的更新,更是一种教育理念和目标的转变。它强调学生的主体性和参与性,注重跨学科的整合,重视技术与信息的应用,强调个性化和差异化教学,以及重视实践与体验的重要性。通过这些特征,创新的体育教学模式能够更好地培养学生的团队合作精神和社交技能,为他们的未来发展打下坚实的基础。

## 第四节 体育教学模式创新的原则与要求

### 一、体育教学模式创新的原则

以学生为中心的原则在体育教学中占据了至关重要的位置。这一原则强调的是教学应以学生的需求和兴趣为出发点,确保每位学生在体育课上都能得到个性化的关注和发展机会。这种教学方式鼓励学生主动参与,培养他们的自主学习能力和团队协作精神。

个性化教学是以学生为中心原则的核心。体育教学模式的创新应当充分考虑到学生的身体条件、兴趣爱好和学习风格。这意味着教师需要了解每位学生的特点,设计适合他们的教学内容和活动。通过这种方式,学生在参与体育活动时会感到更有兴趣和动力,从而提高学习效果。

以实践为导向是体育教学模式创新的重要原则。传统的体育教学往往过于注重理论知识的传授,而忽视了实际操作的重要性。现代的体育教学模式应该更加注重实践性教学,让学生在实际的体育活动中学习和实践。这不仅可以增强学生的动手能力,还可以培养他们的问题解决能力和创新思维。

互动性是体育教学模式创新的另一个重要原则。传统的体育教学往往是教师主导的,学生被动接受知识。而现代的体育教学应该是一个互动的过程,教师和学生之间应该建立起良好的沟通和互动。教师可以通过问答、小组讨论和团队活动等方式,激发学生的思考,提高他们的参与度。

反馈机制也是体育教学模式创新的关键原则。以学生为中心的教学模式强调的是持续的反馈和调整。教师应该定期对学生的学习进度和表现进行评估，及时给予他们反馈，并根据反馈结果调整教学策略。这样可以确保教学内容和方法始终与学生的实际需求和进度保持一致。

跨学科整合是体育教学模式创新的新趋势。现代的体育教学不仅仅关注体育知识和技能的传授，还应该与其他学科进行整合，例如健康教育、心理学和社会学等。通过跨学科的整合，可以使体育教学更加丰富多彩，满足学生全面发展的需求。

## 二、体育教学模式创新的要求

### （一）多样化要求

多样化要求强调个性化学习。传统的一刀切教学模式已经不能满足现代学生多样化、个性化的学习需求。体育教学模式需要根据学生的兴趣、能力和特点进行个性化的设计和调整，确保每个学生都能在体育教学中找到自己的兴趣点和学习动力。

多样化要求鼓励跨学科融合。体育不再仅仅是一个独立的学科，而是与其他学科如健康教育、心理学、生物学等紧密相关。体育教学模式需要与其他学科进行跨学科融合，创新性地将各学科知识和技能融入体育教学中，提供更加丰富和全面的学习体验。

多样化要求倡导技术与体育的结合。随着科技的发展，数字化、智能化已经成为现代教育的重要趋势。体育教学模式也需要借助技术手段，如虚拟现实、智能设备、移动应用等，提供更加丰富、生动和互动的学习环境，激发学生的学习兴趣和积极性。

多样化要求注重实践与理论的结合。体育教学不仅要传授技能和知识，更要培养学生的实践能力和创新思维。体育教学模式需要将理论知识与实践操作结合起来，通过实践性的活动和项目，让学生在实践中学习、在实践中探索、在实践中成长。

多样化要求强调教师的角色转变。传统的体育教师往往是知识的传授者和指导者，而在多样化要求下，教师需要成为学生的合作伙伴、引导者和激励者。教师需要具备跨学科的知识和技能，能够灵活应对不同学生的需求，激发他们的学习兴趣和潜能，推动体育教学模式的创新和发展。

## （二）全面发展要求

多元化的教学内容是体育教学模式创新的重要要求。传统的体育教学往往过于注重技能训练，忽视了体育的多样性和趣味性。引入各种不同的体育项目和活动，如团队合作、户外探险等，能够丰富学生的体育体验，提高他们的参与度和兴趣。

个性化教学是体育教学模式创新的另一个重要方向。每个学生都有自己的身体条件、兴趣和能力，针对不同的学生制订个性化的教学计划是非常必要的。通过对学生进行体质测试和兴趣调查，教师可以更好地了解每个学生的特点，从而为他们提供更加合适的教学内容和方法。

技术融入是体育教学模式创新的新趋势。随着科技的发展，各种数字化、智能化的教学工具和平台不断涌现，如虚拟现实、智能运动监测等。这些技术不仅可以提高教学效率，还可以增强学生的参与度和体验感。通过虚拟现实技术，学生可以在虚拟环境中体验各种运动项目，这不仅能够提高他们的兴趣，还可以帮助他们更好地理解和掌握运动技能。

跨学科融合是体育教学模式创新的另一重要要求。体育不仅仅是一个独立的学科，它还与其他学科如生物学、心理学、社会学等有着密切的联系。将体育教学与其他学科进行跨学科的融合，可以帮助学生更好地理解体育的科学原理和社会意义，从而提高他们的综合素质。

培养学生的终身体育意识是体育教学模式创新的长远目标。体育不仅是学生学习期间的重要课程，更是他们终身健康的保障。教师应该通过体育教学培养学生的终身体育意识，让他们认识到体育锻炼的重要性，并养成持续锻炼的习惯。

全面发展要求体育教学模式创新，这不仅是对传统体育教学的挑战，也是对体育教育未来的期待。通过多元化的教学内容、个性化的教学、技术融入、跨学科融合以及培养终身体育意识，我们可以更好地满足学生的学习需求，提高他们的参与度和兴趣，从而推动体育教育的全面发展。

# 第二章 高校体育教学模式创新的必要性

## 第一节 时代背景下高校体育教学的新要求

### 一、时代背景下高校体育教学的新要求方向

#### (一) 社会需求的变化与体育教学的调整

社会需求的变化对体育教学产生了深远的影响,这使得高校体育教学面临新的挑战和要求。随着社会经济的发展、科技的进步和文化的多样化,人们对体育教学的需求也在不断变化。高校体育教学需要根据时代背景和社会需求进行相应的调整,以适应新的教育环境和发展趋势。

健康教育的重要性日益凸显,这对高校体育教学提出了新的要求。随着现代生活方式的变化和健康问题的增加,人们对健康教育的需求越来越高。高校体育教学不仅要注重体育技能的培养,还要强调健康知识和生活习惯的教育。教师应该教授学生如何通过体育活动来维护身体健康,以及如何在日常生活中保持健康的生活方式。

综合素质教育的推广使得高校体育教学需要更加全面和多元化。现代社会强调人的全面发展,不仅仅是学术知识的学习,还包括体育、艺术、社交等方面的培养。高校体育教学应该不仅仅关注体育技能的培养,还要注重学生的综合素质和个性发展。教师应该通过多种体育活动和项目,培养学生的团队合作

精神、创新思维和社交能力。

技术与体育的结合为高校体育教学带来了新的机遇和挑战。随着科技的进步，虚拟现实、智能设备等技术开始被应用于体育教学中。这为教学提供了更加丰富和多样的教学工具和方法。教师可以利用这些技术手段，提高教学效果，增加学生的学习兴趣。教师也需要不断学习和更新自己的教学方法，以适应技术与体育结合的新需求。

社会文化多样性的增加使得高校体育教学需要更加注重文化教育和跨文化交流。在全球化的背景下，不同文化的交流和融合成为常态。高校体育教学应该教授学生尊重和理解不同文化，培养他们的跨文化交流能力。教师应该引导学生在体育活动中体验和欣赏不同文化的魅力，增强他们的国际视野和文化自信。

社会责任感的培养成为高校体育教学的新要求。现代社会强调个人和社会的责任感，鼓励人们为社会做出贡献。高校体育教学应该教育学生不仅要关心自己的身体健康，还要关心社会的发展和进步。教师应该通过体育教学培养学生的团队合作精神、公平竞争意识和社会责任感，使他们成为有道德、有文化、有能力的新时代青年。

## （二）科技发展与体育教学的整合

科技发展与体育教学的整合是适应时代变化的重要趋势。随着信息技术的普及和应用，传统的体育教学模式已经不能满足学生的需求。科技的整合为体育教学提供了新的可能性，例如利用虚拟现实技术进行体育训练，利用智能设备监测运动员的身体指标等。这种整合不仅可以提高教学效率，还可以增强学生的学习体验，激发他们的学习兴趣。

时代背景下高校体育教学对教师的能力提出了新的要求。教师需要不断学习和掌握新的科技知识和技能，以更好地应用科技手段进行教学。他们需要具备跨学科的知识和能力，能够将科技与体育教学相结合，设计和实施创新的教学活动。教师还需要具备良好的沟通能力和团队合作能力，与科技人员和其他教育者密切合作，共同推动体育教育的发展。

时代背景下高校体育教学强调个性化和差异化教育。科技的发展为个性化和差异化教育提供了新的途径和工具。通过利用大数据分析和人工智能技术，教育者可以更好地了解学生的学习特点和需求，设计和实施个性化的教学方案。这种个性化和差异化教育不仅可以提高学生的学习效果，还可以增强他们的学习兴趣和自信心。

时代背景下高校体育教学注重跨学科整合和实践应用。体育不仅仅是一种身体活动，它还与科学、技术、工程、数学等多个学科有着密切的联系。通过跨学科的整合，教育者可以为学生提供一个更加综合和全面的学习体验。体育教学也应当注重实践应用，让学生将所学知识和技能应用到实际生活中去，培养他们的实践能力和解决问题的能力。

时代背景下高校体育教学强调教育技术的可持续发展。随着科技的不断进步，教育技术也在不断更新和演进。高校体育教学需要保持与时俱进，不断探索和尝试新的教育技术，以提高教学质量和效果。教育者也需要关注教育技术的可持续性和社会影响，促进教育技术的健康发展，为体育教育的长远发展奠定良好基础。

## 二、适应时代发展的高校体育教学策略

### （一）推动创新与改革的教学机制

建立多元化的课程体系是推动创新与改革的关键。传统的体育教学课程往往过于单一和固定，无法满足学生的多样化学习需求。高校需要建立一个多元化、灵活的体育教学课程体系，包括各种不同类型的体育课程，如团体运动、个人运动、健身与健康、冬夏季运动等，以满足学生的个性化和多样化的学习需求。

强化实践教学是适应时代发展的关键策略。高校体育教学不仅要注重理论知识的传授，更要注重学生的实践能力和实际操作技能的培养。高校应该加强

实践教学环节，组织各种实践活动和项目，如校园运动会、社团活动、实地考察等，让学生在实践中学习、在实践中探索、在实践中成长。

倡导技术与体育的融合是推动创新与改革的重要途径。随着科技的发展，数字化、智能化已经成为现代教育的重要趋势。高校体育教学应该利用现代技术手段，如虚拟现实、智能设备、移动应用等，为学生提供更加丰富、生动和互动的学习体验，激发他们的学习兴趣和积极性。

强化教师发展和培训是推动创新与改革的关键。教师是高校体育教学的核心力量，他们的专业素养和教学能力直接影响教学质量和效果。高校应该加强教师的职业发展和培训，提供各种专业培训和进修机会，提高教师的教学水平和创新能力，推动体育教学模式的创新和改革。

注重学生参与和反馈是推动创新与改革的重要途径。学生是体育教学的主体，他们的参与和反馈对于改进教学模式和提高教学质量具有重要意义。高校应该加强与学生的沟通和互动，鼓励学生积极参与体育教学活动，收集和分析学生的反馈意见和建议，及时调整和优化教学策略，确保教学质量和效果的持续提高。

## （二）强化实践与实践育人

实践教学是高校体育教学的基石。传统的体育教学往往过于注重理论知识的传授，忽视了实践能力的培养。高校体育教学应该更加注重实践教学，让学生通过实际操作来学习和掌握体育技能。组织各种体育比赛和活动，让学生有机会将所学知识应用到实践中，提高他们的实践能力和竞技水平。

实践育人是高校体育教学的重要目标。体育不仅是一种身体锻炼，更是一种培养学生综合素质和人格品质的重要途径。高校体育教学应该注重培养学生的团队精神、合作能力、责任感等。通过体育活动，学生可以学会如何与他人合作、如何面对挑战、如何处理失败等，这些都是他们未来生活和工作中必不可少的能力。

适应时代发展是高校体育教学策略的另一个重要方面。随着社会经济的快速发展和科技的进步，人们对体育的需求和期望也在不断变化。高校体育教学应该及时调整教学内容和方法，适应社会的发展需求。引入现代科技如智能运动监测、虚拟现实等，提高教学效果和学生的参与度。

综合素质教育是高校体育教学的另一重要任务。体育教育不仅仅是培养学生的身体健康和运动能力，更重要的是培养他们的心理素质、道德观念、审美情趣等综合素质。高校体育教学应该注重培养学生的全面发展，不仅要关注他们的身体健康，还要关注他们的心灵成长。

建立健全的体育教学体系是高校体育教学策略的基础。只有建立了科学、合理、完善的体育教学体系，才能确保高校体育教学的质量和效果。这包括教学内容的设置、教学方法的选择、教学资源的配置等方面。通过建立健全的体育教学体系，可以提高教学质量，满足学生的学习需求，促进高校体育教学的全面发展。

## 第二节 传统体育教学模式存在的问题

### 一、传统体育教学模式的局限性

#### （一）缺乏个性化教学

缺乏个性化教学是传统体育教学模式的一个显著局限性。传统的体育教学往往采用统一的教学方法和内容，忽视了学生个体差异和需求。这种教学模式可能导致部分学生失去兴趣，影响他们的学习效果和体育素养的全面提升。

传统体育教学模式过于注重技能训练，而忽视了学生的兴趣和动机。在这种模式下，教师往往强调规范化的动作和固定的训练方法，而忽略了学生的个性和特长。这可能导致学生感到厌倦和抵触，从而影响他们对体育的积极参与和长期发展。

传统体育教学模式缺乏灵活性和创新性。在这种模式下，教师通常采用固定的教学计划和教学材料，很少对教学内容和方法进行调整和更新。这种固守传统的教学方式可能导致教学过程单调乏味，无法激发学生的学习兴趣和积极性。也难以适应社会和教育的快速发展，满足学生多样化和个性化的学习需求。

传统体育教学模式往往重视成果而忽视过程。在这种模式下，教师和学生都过于关注比赛成绩和技能水平，而忽视了学生在体育活动中的体验和成长。这可能导致学生产生竞争焦虑和失败恐惧，影响他们的心理健康和自信心的建立。也容易导致学生对体育活动产生抵触和消极态度，影响他们长期参与和享受体育的积极性。

传统体育教学模式缺乏跨学科和综合性的教学内容。在这种模式下，教师通常只注重体育技能的培养，忽视了与其他学科的结合和应用。体育不仅是一种技能，还是一种文化、一种生活方式。教师应该教授学生如何将体育与健康教育、心理教育、社会教育等其他学科结合起来，使体育教学更加丰富和有深度。

传统体育教学模式在教师和学生的角色定位上存在问题。在这种模式下，教师往往扮演主导和支配的角色，而学生则被动接受和执行。这种教学关系可能导致学生的主体性和主动性受到压制，影响他们的自主学习和创新能力的培养。也可能导致教师忽视学生的反馈和建议，从而影响教学质量和效果。

## （二）学生参与度不高

学生参与度不高是传统体育教学模式的一个显著局限性。在传统的体育教学中，教师往往扮演主导角色，而学生则处于被动接受的状态。这种教学方式可能导致学生对体育活动产生抵触情绪，影响他们的学习兴趣和积极性，进而降低他们的参与度和学习效果。

传统体育教学模式往往过于重视技能训练，而忽视了学生的兴趣和需求。在这种模式下，教师通常以统一的方式传授体育知识和技能，忽略了学生个体差异和兴趣爱好。这可能导致部分学生对体育活动感到不感兴趣，从而降低他们的参与度。为了提高学生的参与度，教师应该根据学生的兴趣和需求，设计多样化的体育活动和项目，激发他们的学习兴趣和积极性。

传统体育教学模式缺乏趣味性和互动性。在这种模式下，教学内容和方法往往单一和刻板，缺乏趣味和创意。这可能导致学生对体育教学感到乏味，缺乏积极参与的动力。为了提高学生的参与度，教师应该注重教学内容的丰富性和趣味性，采用多样化的教学方法，增加学生的互动机会，如小组活动、游戏化教学、竞赛等，激发他们的学习兴趣和积极性。

传统体育教学模式缺乏个性化和差异化的教学策略。在这种模式下，教师往往采用统一的教学计划和教学材料，忽略了学生的个体差异和学习需求。这可能导致部分学生感到学习压力大，自信心受损，从而影响他们的参与度和学习效果。为了提高学生的参与度，教师应该采用个性化和差异化的教学策略，根据学生的能力、兴趣和需求，调整教学内容和方法，满足他们的学习需求，激发他们的学习兴趣和积极性。

传统体育教学模式往往忽视了学生的反馈和建议。在这种模式下，教师通常扮演主导和支配的角色，而学生则被动接受和执行。这可能导致学生的主体性和主动性受到压制，感受到学习的压力和困扰，从而降低他们的参与度和学习效果。为了提高学生的参与度，教师应该重视学生的反馈和建议，建立良好的沟通机制，鼓励学生参与教学决策，使他们成为教学的主体，增强他们的学习兴趣和积极性。

## 二、传统体育教学模式的滞后性

### （一）技术应用不足

在当今数字化快速发展的时代，技术已经渗透到了各行各业，但在体育教学领域，技术应用仍然相对滞后。传统的体育教学模式固然有其传统的魅力和价值，但它们在满足现代学生需求、提高教学效率和创新教学方法方面显得力不从心。

传统体育教学模式往往过于依赖教师的直接指导和示范。这种模式下，学生的参与度和主动性受到限制，难以培养学生的独立思考和自主学习能力。与此相比，技术辅助教学能够提供更多的自主学习机会，例如通过在线教程、视频分析等，让学生有机会在没有老师直接指导的情况下自我发现和改进。

传统体育教学模式往往忽视了数据的收集和分析。在现代体育训练中，数据分析已经成为一种重要的手段，能够帮助教练更好地了解运动员的表现、调整训练计划和预测受伤风险。传统模式下，这些数据往往被忽略或者仅仅依赖教练的主观判断，导致训练效果难以量化和评估。

传统体育教学模式在教学资源的分配上也存在问题。由于受限于时间和空间，传统体育课往往难以提供丰富和多样的教学资源。而技术辅助教学能够突破这一局限，例如通过虚拟现实和增强现实技术，学生可以在虚拟的环境中体验各种运动，扩展教学内容和方法。

传统体育教学模式在跨文化和国际交流方面也表现出滞后性。在全球化的今天，了解和尊重不同文化的体育习惯和价值观变得越来越重要。传统模式下，学生很难有机会接触和学习到多样化的体育文化，导致他们的视野和理解能力受到局限。

传统体育教学模式在适应未来发展趋势方面也显得力不从心。随着科技的不断进步和社会的快速变化，未来的体育教学将面临更多的挑战和机遇。而传统模式下，由于缺乏灵活性和创新性，很难适应这些变化，导致教学质量和效果受到影响。

## （二）缺乏综合素质培养

传统体育教学模式过于注重技能训练，忽视了对学生的心理健康和社会适应能力的培养。在这种模式下，学生经常面临竞争压力和成绩导向的教学环境，这容易导致他们产生焦虑、厌学等问题。缺乏对团队合作、沟通交流等社会技能的培养，使得学生在社会实践中难以适应。

传统体育教学模式缺乏个性化教学，不能满足学生多样化的学习需求。每个学生都有自己的兴趣、能力和特点，但在传统体育教学中，教学内容和方法往往是统一的，缺乏针对性和差异化。这不仅限制了学生的发展潜力，还可能导致他们对体育失去兴趣和动力。

传统体育教学模式与现代科技和社会发展脱节，不能适应时代变化。随着科技的进步和社会的发展，人们对体育的需求和期望也在不断变化，但传统体育教学模式往往停留在过去，没有及时更新教学内容和方法。缺乏现代科技如智能运动监测、虚拟现实等在教学中的应用，导致教学效果和学生参与度下降。

传统体育教学模式缺乏跨学科的融合，不能培养学生的综合素质和创新能力。体育不仅是一个独立的学科，它还与其他学科如生物学、心理学、社会学等有着密切的联系。将体育教学与其他学科进行跨学科的融合，可以帮助学生更好地理解体育的科学原理和社会意义，提高他们的综合素质和创新能力。

传统体育教学模式缺乏与社会的深度融合，不能满足社会对体育人才的需求。随着社会经济的快速发展和人们生活水平的提高，人们对体育的需求也越来越高，不仅仅是为了锻炼身体，更重要的是追求身心健康、提高生活质量。高校体育教学应该与社会需求相结合，培养适应社会发展和人民群众需求的体育人才。

## 第三节 高校体育教学模式创新的内在动因

### 一、社会背景下的高校体育教学模式创新动因

#### （一）社会发展对体育教育的新需求

社会发展对体育教育提出了新的需求，这使得高校体育教学模式面临着必

要的创新。随着科技进步、文化交流和全球化发展，人们对体育教育的期望和需求也在不断变化。高校体育教学需要适应这些新的社会背景，进行相应的创新，以满足学生的学习需求和社会的发展要求。

健康意识的提高是社会发展对体育教育的一个重要新需求。随着现代生活方式的变化，健康问题和生活方式疾病的增加已成为全球性的问题。人们越来越重视健康和生活质量，这也反映在对体育教育的需求上。高校体育教学不仅要教授体育技能，还要传授健康知识和生活习惯，帮助学生养成良好的健康习惯，提高身体素质，预防健康问题。

综合素质教育的推广促使高校体育教学向多元化和全面发展的方向转变。现代社会强调人的全面发展，不仅要求学生掌握体育技能，还要求他们具备团队合作、创新思维、社交能力等多方面的综合素质。高校体育教学需要注重培养学生的综合素质，通过多种体育活动和项目，培养学生的团队合作精神、创新思维和社交能力。

## （二）科技发展对教学模式的影响

随着科技的飞速发展，它已经深刻地改变了教育领域的格局和方式。在这个背景下，高校体育教学模式也面临着新的机遇和挑战，推动其不断地进行创新和改革。

科技的进步为高校体育教学提供了丰富的教学工具和资源。虚拟现实和增强现实技术为体育教学带来了沉浸式的体验，使学生可以在虚拟环境中进行各种运动训练，增强学习的趣味性和实践性。移动设备和应用程序也为学生提供了随时随地学习的便利，使体育教学不再受限于传统的教室和体育场地。

社会对高校体育教学的期望也在不断提高。随着社会对健康意识的增强和对体育锻炼的重视，高校体育教学不仅要关注学生的身体健康，还要培养他们的体育素养和终身运动习惯。高校体育教学模式需要更加注重学生的个性化和全面发展，满足不同学生的需求和兴趣。

全球化和国际化的趋势也对高校体育教学模式提出了新的挑战和要求。随着国际交流的增加，高校体育教学需要更加开放和多元，允许学生接触和学习到各种不同的体育文化和运动方式。这不仅可以扩展学生的视野和理解，还可以提高他们的跨文化交流能力和全球竞争力。

经济和社会的发展也对高校体育教学模式产生了影响。随着经济的增长和生活水平的提高，人们对体育娱乐和健康生活的需求也在不断增加。高校体育教学模式需要更加注重实践性和趣味性，提供多样化的体育活动和课程，满足学生和社会的需求。

高校体育教学模式的创新也受到教育政策和体制改革的推动。随着教育改革的深入进行，高校体育教学需要适应新的教育理念和方法，培养学生的创新思维和实践能力。政府和社会对高校体育教学的支持和投入也为其提供了必要的资源和条件，推动其不断地进行创新和改革。

## 二、教育理念对体育教学模式创新的驱动

### （一）学生主体地位的强化

学生主体地位的强化能够激发学生的学习兴趣和动力。当学生成为学习的主体，他们将更加积极主动地参与体育活动，探索学习的乐趣和价值。这不仅可以提高学生的学习效果，也能够培养他们的自主学习能力和创新精神。

学生主体地位的强化有助于个性化教学的实施。每个学生都有自己的兴趣、能力和特点，教师需要根据学生的需求和特点进行个性化教学。当学生成为学习的主体，他们可以根据自己的兴趣和需求选择学习内容和方法，这样可以更好地满足学生的学习需求，提高教学效果。

学生主体地位的强化能够促进教师和学生之间的互动和沟通。在传统的体育教学模式中，教师往往是知识的提供者，而学生则是知识的接收者。但当学生成为学习的主体时，他们将更加积极地参与教学过程，与教师进行深

人的交流和探讨，这样可以促进教师和学生之间的互动和沟通，提高教学质量。

学生主体地位的强化可以促进体育教学模式的创新。当学生成为学习的主体，他们将带来新的观点和想法，激发教师的教学创新。学生可能会提出新的体育项目、新的教学方法或者新的教学工具，这些都可以促进体育教学模式的创新，提高教学效果。

学生主体地位的强化能够培养学生的自主学习能力和终身学习的习惯。在现代社会，知识和技能更新迅速，人们需要具备自主学习和终身学习的能力。当学生成为学习的主体，他们将学会如何自主学习，如何利用各种资源进行学习，这样可以培养他们的自主学习能力和终身学习的习惯。

## （二）综合素质培养的需求

### 1. 注重综合素质的提升

注重综合素质的提升是现代教育理念的核心内容，这也对体育教学模式的创新提出了新的要求。传统的体育教学模式往往以技能训练为主，忽视了学生的全面发展。而现代教育理念强调学生的综合素质和个性发展，这为体育教学模式的创新提供了有力的驱动力。

现代教育理念强调学生的全面发展和综合素质的提升。在这种理念指导下，体育教学不仅仅是传授体育技能和知识，更重要的是培养学生的身体素质、心理素质、社交能力和创新能力等多方面的综合素质。体育教学模式需要从单一的技能训练转变为全面的素质教育，注重培养学生的多方面能力，使其在体育活动中实现全面发展。

现代教育理念提倡学生主体性和个性发展。在这种理念指导下，体育教学应该注重学生的主体地位，充分考虑他们的个性特点和学习需求。体育教学模式需要从教师主导转变为学生主导，鼓励学生积极参与教学决策，发挥他们的主动性和创造性，培养他们的团队合作精神和创新思维，促进他们的个性发展和自我实现。

现代教育理念倡导跨学科和综合性的教学内容。在这种理念指导下，体育教学不仅要注重体育知识和技能的传授，还要结合健康教育、心理教育、社会教育等其他学科，培养学生的综合素质和综合能力。体育教学模式需要融合多学科知识，打破学科界限，开展跨学科教学，提供丰富多彩的教学内容，满足学生全面发展的需求。

现代教育理念注重学生的实践和体验。在这种理念指导下，体育教学应该注重学生的实践活动和体验式学习，使他们在体育活动中获得实践经验，提高他们的学习兴趣和积极性。体育教学模式需要注重实践教学，开展体验式教学，为学生提供丰富的体育活动和项目，使他们在参与体育活动中体验乐趣，提高身体素质，培养团队合作精神和创新能力。

现代教育理念强调教育的公平和包容性。在这种理念指导下，体育教学应该注重学生的多样性和差异性，尊重每个学生的个性特点和学习需求，为他们提供公平和包容的学习环境。体育教学模式需要采用差异化教学策略，根据学生的能力、兴趣和需求，调整教学内容和方法，满足他们的学习需求，提高他们的参与度和学习效果。

**2. 教育理念的转变**

教育理念的转变是教育改革和发展的核心驱动力之一。随着社会和文化的变迁，人们对教育的认识和期望也在不断地发生变化。这种教育理念的转变不仅影响到传统的学科教育，更深入地影响到体育教学，推动其进行创新和改革。

传统的教育理念往往强调知识的灌输和考试的成绩。在这种理念下，体育教学往往被边缘化，被视为次要的、非必要的课程。随着教育理念的转变，人们开始认识到体育教学的重要性，认为它不仅能够促进学生的身体健康，还能够培养他们的团队合作能力、沟通能力和创新思维。这种理念的转变为体育教学模式提供了更广阔的发展空间，推动其更加注重学生的全面发展。

现代教育理念强调学生为中心和学生的主体性。在这种理念下，教育不再是单向的、机械的知识传授，而是双向的、有机的互动和合作。体育教学也开始倡导这种理念，鼓励学生参与到体育活动中，成为体育教学的主体。学生可以参与到体育课的设计和评价中，发挥他们的创意和想象力，使体育教学更加符合学生的兴趣和需求。

教育理念的转变还强调生涯教育和终身学习。人们开始认识到教育不仅仅是在学校教育阶段完成，而是一个持续、终身的过程。体育教学也应该适应这种变化的理念，不仅关注学生的短期目标和成果，更重要的是培养他们的运动兴趣和终身锻炼的习惯。这要求体育教学模式更加注重学生的自主学习和自我管理，使他们能够在未来的生活中继续参与到体育活动中，享受运动的乐趣。

教育理念的转变还强调跨学科和综合素养的培养。在这种理念下，体育教学不再是单一的体育知识和技能的传授，而是与其他学科和领域相结合，培养学生的跨学科能力和综合素养。体育教学可以与生物学、心理学、艺术等学科结合，探索运动与健康、运动与心理、运动与艺术等方面的关系，丰富体育教学内容和方法，提高教学质量和效果。

教育理念的转变也受到社会和经济的影响。随着社会的发展和经济的变化，人们对教育的需求和期望也在不断地发生变化。体育教学需要适应这种变化，不仅关注学生的体育技能和健康，更重要的是培养他们的社会责任感和职业素养，使他们能够在社会中发挥积极作用，为社会的进步和发展做出贡献。

# 第三章　高校体育教学模式创新的政策保障

## 第一节　高校体育教学模式创新的政策背景

### 一、教育体制改革对高校体育教学模式创新的推动

#### （一）教育改革政策的制定与实施

教育改革政策的制定为高校体育教学模式创新提供了政策支持和导向。政策制定者根据社会发展和教育需求，明确教育目标、教育内容、教育方法等方面的政策方向。鼓励高校开展创新性的体育教学项目，推广个性化、多元化的教学方法，以及提高体育教学的质量和效果等。这些政策为高校体育教学模式创新提供了有力的政策支持，推动高校体育教学模式不断向前发展。

教育改革政策的实施是高校体育教学模式创新的关键环节。政策的实施需要高校、教师、学生等各方面的共同努力和配合。高校需要根据政策要求，调整体育教学内容和方法，引入先进的教学理念和技术，提高教学质量和效果。教师则需要不断提升自己的教学能力，积极参与体育教学模式的创新和改革。而学生则需要积极参与体育教学活动，发挥自己的主体作用，提高自己的体育素养。

教育体制改革为高校体育教学模式创新提供了更为广阔的发展空间。体制改革打破了传统的教育体制框架，推动高校体育教学从单一、封闭向多元、开

放的方向发展。鼓励高校与社会、企业、文化机构等进行合作，开展体育教学项目和活动，扩大体育教学的社会影响力。体制改革还鼓励高校进行教育资源的共享和开放，推动高校体育教学模式的创新和优化。

教育体制改革强调高校体育教学的人本理念，注重培养学生的全面素质和综合能力。体制改革提倡以学生为中心的教育理念，强调学生的主体地位和参与性。这对于高校体育教学模式的创新具有重要意义，可以促使高校体育教学从传统的教学模式向更为人性化、个性化的教学模式转变，更好地满足学生的学习需求和发展需求。

教育体制改革还强调高校体育教学的国际化和开放性。随着全球化的深入发展，高校需要培养具有国际视野和跨文化交流能力的体育人才。体制改革鼓励高校与国外高校、机构进行交流合作，引进国外先进的体育教学理念和方法，提升高校体育教学的国际化水平。

## （二）体育教育相关法律法规的修订与完善

体育教育相关法律法规的修订与完善是体育教学模式创新的重要支撑。随着社会的发展和教育观念的更新，相关法律法规的修订和完善不仅能够保障体育教育的质量和效果，还能为体育教学模式的创新提供有力的制度支持。

体育教育相关法律法规的修订与完善能够促进体育教学内容的更新与拓展。在新的法律法规的指导下，体育教育不仅要注重体育技能的培养，还要强调学生的身心健康、全面发展和综合素质的提升。这为体育教学模式的创新提供了更为宽广的发展空间，鼓励教师开展多样化、创新性的体育教学活动，满足学生的多样化学习需求。

体育教育相关法律法规的修订与完善能够推动体育教学方法的创新。在新的法律法规的指导下，体育教学应该注重学生主体性、体验性和实践性，鼓励学生积极参与、主动探索、自主学习。这要求体育教学模式从传统的以教师为中心转变为以学生为中心，采用更为灵活、多元的教学方法，如小组合作、项目学习、体验式教学等，提高学生的参与度和学习效果。

体育教育相关法律法规的修订与完善能够促进体育教学资源的优化与整合。新的法律法规要求体育教育应该充分利用社会资源，拓宽教学渠道，丰富教学内容，提高教学质量。这为体育教学模式的创新提供了更为丰富的资源支持，如引入先进的教学设备、开展与社会的合作项目、组织学生参与体育竞赛等，丰富体育教学内容，提高教学质量和效果。

教育体制改革对高校体育教学模式创新的推动也是至关重要的。随着教育体制改革的深入推进，高校体育教学面临着新的机遇和挑战，同时也面临着新的要求和期望。教育体制改革要求高校体育教学应该适应社会发展的需要，培养学生的综合素质和创新能力，提高教学质量和效果。

教育体制改革强调高校体育教学的社会责任和使命。在新的教育体制下，高校体育教学不仅要培养学生的体育技能，还要培养他们的社会责任感，鼓励他们关心国家和社会的发展，为社会做出贡献。这要求体育教学模式从单一的技能训练转变为全面的素质教育，注重学生的全面发展和综合素质的提升。

## 二、高等教育发展战略对体育教学模式创新的指导

### （一）以人才培养为中心的高等教育发展战略

高等教育发展战略日益强调以人才培养为中心，认为人才是国家和社会发展的核心竞争力。在这个背景下，高等教育不仅要提供学生所需的专业知识和技能，更要培养他们的综合素养、创新能力和社会责任感。这种以人才培养为中心的高等教育发展战略对体育教学模式创新提出了新的要求和挑战。

高等教育发展战略强调学生的全面发展和综合素养的培养。在这种战略指导下，体育教学不再是简单的传授体育技能和知识，而是要培养学生的身体健康、团队合作、沟通能力和创新思维。体育教学模式需要更加注重学生的个性化和全面发展，提供多样化的体育活动和课程，满足学生的不同需求和兴趣。

高等教育发展战略强调实践教学和职业能力的培养。在这种战略指导下，体育教学不仅要关注学生的理论学习，更要注重他们的实践能力和职业素养。体育教学可以与社会体育、体育产业等领域结合，开展实践教学和实习实践，使学生能够将所学的知识和技能应用到实际工作中，提高他们的职业竞争力。

高等教育发展战略强调创新教育和研究能力的培养。在这种战略指导下，体育教学不仅要关注学生的基础和专业知识，更要培养他们的创新思维和研究能力。体育教学模式需要更加注重学生的探究学习和项目研究，鼓励他们参与到体育科研和创新项目中，培养他们的独立思考和解决问题的能力。

高等教育发展战略强调跨学科和综合能力的培养。在这种战略指导下，体育教学不仅要关注学生的体育知识和技能，更要与其他学科和领域结合，培养学生的跨学科和综合能力。体育教学可以与生物学、心理学、管理学等学科结合，探索运动与健康、运动与心理、运动与管理等方面的关系，丰富体育教学内容和方法，提高教学质量和效果。

高等教育发展战略强调国际化和全球视野的培养。在这种战略指导下，体育教学需要适应国际化的趋势，培养学生的国际交流和合作能力，提高他们的全球竞争力。体育教学模式需要更加注重国际化的课程设计和教学内容，鼓励学生参与国际交流和合作，增强他们的国际视野和跨文化交流能力。

## （二）跨学科整合与综合素质培养的重视

跨学科整合为体育教学模式创新提供了广阔的发展空间。体育不仅仅是一个独立的学科，它与生物学、心理学、社会学等多个学科有着密切的联系。跨学科整合可以帮助学生更好地理解体育的科学原理、社会意义以及人类行为模式。通过结合生物学知识，学生可以更深入地了解人体运动的生理机制；通过结合心理学知识，学生可以更好地理解运动员的心理素质和心理训练方法。

跨学科整合强调综合素质的培养，这是高等教育发展战略对体育教学模式创新的重要方向。综合素质不仅包括体育技能和运动能力，还包括学生的思维能力、沟通能力、团队合作能力以及创新能力等。体育教学应该注重培养学生的全面发展，不仅要关注他们的体育素养，还要关注他们的心理素质、道德观念、审美情趣等。这样可以帮助学生更好地适应社会发展的需要，成为全面发展的人才。

高等教育发展战略强调体育教学模式创新的重要性。随着社会经济的快速发展和科技的进步，人们对体育教学的需求和期望也在不断变化。传统的体育教学模式已经不能满足现代社会的需求，需要不断地进行创新和改革。高等教育发展战略鼓励高校进行体育教学模式的创新，引入先进的教学理念、方法和技术，提高教学质量和效果。

高等教育发展战略强调学生主体地位的强化，这对体育教学模式创新具有重要意义。学生应该成为学习的主体，发挥自己的主体作用，积极参与体育教学活动。教师应该根据学生的需求和特点，调整教学内容和方法，激发学生的学习兴趣和动力。这样可以提高教学效果，培养学生的自主学习能力和创新精神。

高等教育发展战略鼓励高校与社会、企业、文化机构等进行合作，推动体育教学资源的共享和开放。这对体育教学模式的创新也具有重要的推动作用。通过与社会、企业、文化机构等进行合作，高校可以引进先进的教学理念和技术，提高教学质量和效果。

## 第二节　高校体育教学模式创新的政策体系

### 一、国家层面的高校体育教学模式创新政策

#### （一）教育部门的政策支持

教育部门的政策支持对国家层面的高校体育教学模式创新起着至关重要的

作用。通过出台相关政策和文件，教育部门能够为高校体育教学模式的创新提供指导、支持和保障，促进体育教育事业的健康发展，提高教育质量和水平。

教育部门可以制定鼓励高校体育教学模式创新的政策文件。这些政策文件可以明确提出对高校体育教学模式创新的重视程度和支持力度，为高校教师和管理者提供明确的指导和政策依据。政策文件还可以明确规定高校体育教学模式创新的目标、任务和措施，为高校体育教学模式的创新提供政策支持和保障。

教育部门可以加大对高校体育教学模式创新的财政支持力度。通过增加专项资金投入、设立奖励基金等方式，教育部门可以为高校体育教学模式创新提供资金保障，鼓励高校积极开展体育教学改革和创新实践。教育部门还可以通过各种形式的财政支持，如购置教学设备、举办培训活动等，提升高校体育教学模式创新的实施效果。

教育部门可以建立健全高校体育教学模式创新的评价体系。通过建立科学合理的评价指标和评价方法，教育部门可以对高校体育教学模式创新的实施效果进行全面评估和监测，及时发现问题和不足，为进一步完善体育教学模式提供参考和依据。评价体系还可以为高校体育教学模式创新提供激励机制，鼓励高校积极开展教学改革和创新实践。

教育部门可以加强对高校体育教学模式创新的政策宣传和推广力度。通过举办宣传活动、组织培训会议、开展经验交流等方式，教育部门可以向高校教师和管理者介绍相关政策文件和支持政策，宣传体育教学模式创新的重要意义和实施效果，增强高校的政策意识和创新意识，推动高校体育教学模式的创新和改革。

## （二）资源投入和项目资助

在推动高校体育教学模式创新方面，国家层面不仅要加大资源投入，还应该加强项目资助。政府可以增加对高校体育教学的经费支持，包括建设体育场馆、购置器材和提升教师队伍素质等方面。可以设立专项资金用于支持体育教学模式的研究与改革，鼓励高校开展体育教学改革项目，提高教学质量和水平。

为了进一步促进高校体育教学模式的创新，国家层面还可以采取多种方式进行项目资助。可以设立奖励机制，对在体育教学模式创新方面取得突出成就的高校给予一定的奖励资助，激励其持续探索和实践。政府还可以与企业合作，共同支持高校开展体育教学模式创新项目，通过产学研合作，加快创新成果的转化和应用。

除了加大资源投入和项目资助外，国家层面还应该加强政策引导，为高校体育教学模式创新提供更加有力的支持。可以出台相关政策文件，明确高校体育教学改革的目标、任务和政策措施，为高校提供政策保障和指导。可以建立健全的评价机制，对高校体育教学模式创新的成效进行评估，及时总结经验，推广成功经验，为全国高校体育教学模式的创新提供参考和借鉴。

## 二、地方政府和高校自身的支持政策

### （一）高校自身的政策支持

高校在现代社会中扮演着至关重要的角色，不仅是知识传承的场所，更是创新与发展的摇篮。为了支持教育事业的发展，地方政府和高校自身都制定了一系列的政策和措施。

地方政府在教育领域投入了大量的资源和资金，以确保高校的基础设施建设和教学质量得到提升。许多地方政府都设立了专项基金，用于支持高校的研究项目、学术交流和人才培养。地方政府还鼓励高校与企业、研究机构等外部机构合作，促进产学研结合，推动科技成果的转化和应用。

高校自身也积极响应政府的号召，加大对教育事业的投入。许多高校通过提高学术研究的水平，吸引国内外优秀的教师和学者加盟，提升教学质量和科研能力。高校还加强了与地方企业和社会的合作，开展实践教学和社会服务活动,为学生提供更多的实践机会和就业渠道。

为了支持学生的学习和发展,高校还推出了一系列的奖学金、助学金和补贴政策。这些政策不仅有助于缓解学生的经济压力,还鼓励他们努力学习,追求卓越。高校还注重学生的心理健康和职业规划,提供心理咨询、就业指导等服务,帮助学生全面发展。

高校还重视文化和体育教育,推动学生全面发展。许多高校都设有丰富多彩的文化和体育活动,如艺术节、运动会等,鼓励学生参与其中,培养他们的兴趣和爱好,丰富他们的课余生活。

## (二)地方政府的政策扶持

### 1. 鼓励和支持本地高校开展体育教学模式创新活动

当谈及支持本地高校开展体育教学模式创新活动时,地方政府扮演着至关重要的角色。在这个进程中,地方政府能够提供必要的资源和政策支持,以鼓励高校开展各种形式的创新活动。地方政府可以通过增加财政投入来支持高校的体育教学模式创新。政府可以增加对体育教学研究项目的经费拨款,以资助高校开展体育教学模式创新的实践研究。地方政府还可以通过设立奖学金或资助项目来鼓励高校教师和学生参与体育教学模式创新活动,从而推动这一进程向更深层次发展。

高校自身也应该积极参与到体育教学模式创新活动中来。作为教育和学术研究的重要场所,高校具有丰富的人力资源和学术资源,可以为体育教学模式的创新提供有力支持。高校可以建立相关的研究团队或课题组,专门从事体育教学模式创新的研究和实践工作。高校还可以积极培养和引进具有体育教学模式创新意识和能力的教师和学生,为他们提供相应的培训和支持,以促进创新活动的开展和成果的转化。

地方政府和高校还可以加强合作,共同推动体育教学模式创新活动的开展。地方政府可以与高校签订战略合作协议,明确双方在体育教学模式创新方面的责任和义务，共同制定相关政策和措施，为创新活动提供必要的支持和保障。地方政府还可以为高校搭建政策沟通和资源对接的平台，促进高校与政府部门、企业机构等相关利益主体之间的合作和交流，共同推动体育教学模式创新的实施和推广。

地方政府和高校还应该注重加强对体育教学模式创新活动的评估和监测。只有通过科学的评估和监测，才能及时发现问题和不足，及时调整和改进创新活动的方向和策略。地方政府和高校可以建立相关的评估和监测机制，定期对体育教学模式创新活动进行评估和监测，及时总结经验，改进工作，推动体育教学模式创新活动的持续健康发展。

**2. 资金补贴、人才引进、校企合作**

资金补贴、人才引进和校企合作是地方政府和高校自身支持体育教学模式创新的重要政策手段。这些政策旨在为高校体育教学模式的创新提供多方面的支持，包括财政资金、人才资源和实践合作，共同推动体育教育事业的发展和提升。

资金补贴是支持高校体育教学模式创新的重要政策措施。地方政府可以通过设立专项资金、提供补助资金等方式，为高校体育教学模式创新提供财政支持。这些资金可以用于购置先进的教学设备、开展体育教学改革项目、举办教学活动等，有效提升体育教学质量和水平。高校自身也可以通过内部资金调配、筹集捐赠资金等方式，为体育教学模式创新提供经费支持，鼓励教师和学生参与体育教学改革和创新实践。

人才引进是支持高校体育教学模式创新的关键政策手段。地方政府可以通过推出人才引进计划、提供人才引进奖励、设立人才引进基金等方式，吸引国内外优秀的体育教学专家和学者到高校工作，为体育教学模式创新提供强大的人才支持。高校自身也可以通过开展人才招聘活动、提供优厚的待遇和发展机会等方式，积极引进和培养具有创新意识和实践能力的体育教学人才，推动体育教学模式的不断创新和发展。

校企合作是支持高校体育教学模式创新的重要途径。地方政府可以通过鼓励企业参与高校体育教学改革项目、提供实习实践机会、设立校企合作基金等方式，促进校企之间的深度合作，将企业的实践经验和资源引入高校体育教学，丰富教学内容，提高教学质量和效果。高校自身也可以通过建立校企合作机制、开展校企合作项目、培育校企合作平台等方式，积极与企业建立长期、稳定的合作关系，共同推动体育教学模式的创新和实践应用。

地方政府和高校自身还可以通过其他方式，如开展培训活动、组织经验交流、建立合作网络等，共同推动体育教学模式的创新。通过多方面的政策支持和合作机制，地方政府和高校自身可以共同努力，推动体育教育事业的持续健康发展，提高体育教学质量和水平，培养更多的体育人才，为国家的体育事业发展做出贡献。

## 第三节　高校体育教学模式创新的政策保障措施

### 一、教育部门的政策保障

#### （一）制定指导性文件

当谈到高校体育教学模式创新，教育部门的政策保障必不可少。这些政策旨在促进高校体育教学的多样化和质量提升，为学生提供更加丰富的体育教育资源和机会。制定指导性文件成为必然选择，以确保政策的有效实施。

在制定指导性文件时，首先需要明确高校体育教学模式创新的核心目标和意义。高校体育教学模式的创新不仅仅是为了跟上时代的步伐，更重要的是为了培养学生全面发展的身心素质。我们的政策保障必须着眼于促进学生的全面发展，而不仅仅是单一的体育技能。

在政策保障中需要明确各高校的责任与义务。教育部门可以通过明确规定高校应当建立健全的体育教学管理体系，确保教学模式创新的顺利推进。政策也应当要求高校配备专业的体育教学人员，保证教学质量和水平。

在制定指导性文件时，必须考虑到不同高校的实际情况和特点。因为各高校的师资力量、学生群体、场地设施等方面存在差异，政策保障应当具有一定的灵活性和可操作性，以便更好地适应各高校的需求。

针对高校体育教学模式创新的政策保障，我们还应当注重促进与社会资源的对接与融合。教育部门可以通过政策引导，鼓励高校与社会体育组织、企业等建立合作关系，共同推动体育教育资源的共享和优化利用。

## （二）推动跨学科合作

在当今知识爆炸的时代，跨学科合作已成为高等教育的一个重要趋势。这种合作不仅能够促进学科之间的交流与融合，还能够培养学生的综合素质和跨学科的思维能力。为了推动跨学科合作，教育部门已经制定了一系列的政策和措施。

教育部门鼓励高校建立跨学科的教学团队和研究中心，集聚不同学科的专家和学者，共同开展教学、研究和创新活动。这种团队和中心不仅能够促进学科之间的交流和合作，还能够为学生提供更加丰富和多样化的学习资源和机会。

教育部门还支持高校开展跨学科的课程设计和教学实践。通过将不同学科的知识和技能融合在一起，设计出具有创新性和前瞻性的课程，旨在培养学生的综合素质和跨学科的思维能力。教育部门还鼓励高校与企业、研究机构等外部合作伙伴进行跨学科的教学合作，开展实践教学和社会服务活动，提升教学质量和实践能力。

教育部门还推动高校开展跨学科的研究和创新活动。通过组织跨学科的研究项目和团队，促进不同学科之间的交流和合作，加强学术研究的创新性和前沿性。教育部门还设立了专项资金和奖励机制，支持跨学科的研究和创新活动，鼓励学者和研究者跨学科合作，共同攻关，推动科研成果的转化和应用。

为了确保跨学科合作的有效进行，教育部门还强调了教学和管理的创新。通过引入先进的教学方法和技术，如线上教育、混合式教学等，提升教学效果和学生参与度。教育部门还鼓励高校改革管理体制，打破学科壁垒，建立灵活和开放的管理机制，促进跨学科合作的深化和拓展。

## 二、学校管理层的政策保障

### （一）制定实施方案

高校体育教学模式创新对于培养学生全面发展和身心健康至关重要，而学校管理层在此过程中扮演着决策和推动的关键角色。为确保体育教学模式创新的顺利进行，学校管理层应当制定并实施一系列的政策和措施，为教师和学生提供必要的支持和保障。

学校管理层应该确立明确的目标和方向。为此，管理层可以组织专家和学者进行研讨和咨询，共同探讨体育教学模式创新的理念、目标和方法。基于这些研讨和咨询的成果，学校管理层应该制定出明确、具有针对性的创新目标和实施策略，为体育教学模式创新提供明确的指导和支持。

学校管理层需要调整和完善相关的管理制度和机制。体育教学模式创新往往涉及课程设置、教学方法、评估标准等多个方面，需要学校管理层进行综合考虑和统一规划。管理层应该针对体育教学模式创新的特点和需求，对相关的管理制度和机制进行适当的调整和完善，确保其能够支持和促进创新活动的开展。

学校管理层还应该加强对教师和学生的培训和支持。体育教学模式创新需要教师具备新的教学理念、方法和技能，同时也需要学生具备自主学习和探究的能力。管理层应该组织相关的培训活动，邀请专家和学者举办讲座和授课，提高教师和学生的创新意识和实践能力。管理层还应该为教师和学生提供必要的资源和支持，如教学材料、设备、实验室等，以促进体育教学模式创新的实施。

学校管理层还应该加强与地方政府、企业和社会各界的合作和交流。体育教学模式创新不仅是学校内部的事务，还需要得到外部资源和支持。管理层应该积极寻求外部合作机会，与地方政府、企业和社会各界建立长期、稳定的合作关系，共同推动体育教学模式创新的开展。这不仅可以为创新活动提供必要的资金、技术和人才支持，还可以促进学校与社会的融合和互动，提高体育教学的社会影响力。

## （二）加强师资队伍建设

加强师资队伍建设是高校体育教学模式创新的关键环节，而学校管理层的政策保障在此过程中起到至关重要的作用。通过制定和实施相关政策，学校管理层可以为师资队伍建设提供有力支持，促进体育教学模式的创新和发展，提高教育教学质量和水平。

学校管理层可以制定鼓励教师专业发展和提升的政策。通过设立专项资金、提供培训机会、组织学术交流等方式，学校管理层可以鼓励体育教学教师参与学术研究、专业培训和教学实践，提高他们的专业素养和教学能力。这不仅有助于吸引和留住优秀的体育教学人才，还能够为体育教学模式创新提供强大的人才支持。

学校管理层可以加强对体育教学教师的激励和奖励机制建设。通过设立教学成果奖、优秀教师奖、创新教学奖等奖励机制，学校管理层可以表彰和奖励在体育教学模式创新中表现突出的教师，鼓励他们继续探索和实践，推动教学模式的不断创新和提升。学校管理层还可以建立长效的激励机制，如提供晋升机会、增加薪酬福利等，激发教师的工作热情和创新活力。

学校管理层可以优化教师的工作环境和条件。通过提升教学设施、优化教学资源、改善工作条件等方式，学校管理层可以为教师提供良好的工作环境和发展平台，支持他们开展体育教学模式创新的实践活动。学校管理层还可以加强与其他学科和领域的合作，拓宽教学资源，丰富教学内容，提高教学质量和效果。

学校管理层还可以加强教师的培训和发展支持。通过组织内部培训、外部培训、国际交流等方式，学校管理层可以提升教师的教学能力、专业素养和国际视野，为体育教学模式创新提供强有力的支持。学校管理层还可以鼓励教师参与教育教学改革项目、开展教学研究、发布教学成果等，增强教师的教学实践和创新能力。

# 第四章 高校体育教学模式创新的策略与路径

## 第一节 高校体育教学模式创新的战略定位

### 一、高校体育教学模式的特色定位

#### （一）基于学校文化和历史传统

高校体育教学模式的特色定位，应当深受学校文化和历史传统的影响。学校文化和历史传统是高校的灵魂和底蕴，它们为高校体育教学提供了独特的价值观和教育理念。根据学校文化和历史传统来定位高校体育教学模式的特色，是确保教学内容和方法与学校核心价值观相一致的重要途径。

在确定高校体育教学模式特色定位时，首先要充分挖掘和发扬学校的文化特质。学校文化是学校发展的精神支柱，它包含了学校的理念、信仰和价值观。通过深入研究学校文化，我们可以明确体育教学的核心目标和方向，确保教学内容与学校文化相契合，形成有深度、有内涵的教学特色。

历史传统也是高校体育教学模式特色定位的重要参考。学校的历史传统反映了学校的发展轨迹和积淀的智慧。在体育教学中，我们可以借鉴学校历史上的成功经验和传统的教育方法，将其融入现代教学模式中，形成独具特色的教学理念和方法。

高校体育教学模式的特色定位还应当考虑到学生的需求和发展趋势。学生是教学的主体，他们的需求和发展趋势直接影响到教学模式的设计和实施。我们需要深入了解学生的特点和需求，结合学校文化和历史传统，为学生提供贴近实际、富有创新的体育教学内容和方法。

在确定高校体育教学模式特色定位时，还要注重与社会和行业的对接。社会和行业的发展趋势和需求是高校体育教学模式定位的重要参考。通过与社会和行业的密切合作，我们可以及时了解最新的教学理念和方法，为体育教学模式的特色定位提供有力的支撑。

## （二）结合学科优势和专业特长

体育学校作为专业领域的教育机构，应当充分利用学科优势和专业特长，为学生提供独特的教学模式和学习体验。结合学科优势和专业特长，体育学校可以实现教学模式的特色定位，培养出既具有专业素养又具备跨学科能力的优秀人才。

体育学校可以依托其丰富的体育资源和设施，开展专业化、系统化的体育教学。通过引入先进的体育训练方法和技术，结合学科优势，高校可以打造出具有国际水平的体育教学体系，培养学生的专业技能和竞技能力。高校还可以开设与体育相关的多学科课程，如运动营养、运动心理学等，拓宽学生的知识视野，提升他们的综合素质。

体育学校可以通过与企业、研究机构等外部合作伙伴的合作，开展实践教学和社会服务活动。利用学科优势和专业特长，高校可以组织学生参与体育赛事组织、体育健康管理、运动康复等实践活动，培养学生的实践能力和社会责任感。高校还可以与相关行业合作，开展研发和创新活动，推动科研成果的转化和应用，培养学生的创新意识和创业精神。

体育学校可以注重学生的个性化发展，提供灵活和多样化的学习路径和发展机会。结合学科优势和专业特长，高校可以为学生提供个性化的学习计划和指导，满足他们不同的学习需求和发展目标。高校还可以组织学生参与国内外的交流和合作，拓宽他们的国际视野，提升他们的跨文化交流能力。

为了确保教学模式的特色定位能够得到有效实施，体育学校还应注重教师队伍建设和教学管理创新。通过引进国内外优秀的体育教育专家和学者，结合学科优势和专业特长，高校可以提升教学质量和教学效果。高校还应推进教学管理的现代化和智能化，利用先进的教学技术和平台，优化教学流程，提升教学效率。

## 二、高校体育教育发展创新的战略定位

### （一）践行素质教育理念

高校体育教育的发展和创新需要明确其战略定位，确保其与素质教育的整体目标和理念相一致。高校体育教育不仅仅是培养学生体育技能的过程，更是培养学生全面素质和人生价值观的重要途径。高校体育教育的发展和创新应当与素质教育理念相结合，明确其战略定位，为实现素质教育目标提供有力的支持。

高校体育教育的战略定位应强调其在全面素质教育中的核心地位。体育教育不仅能够保证学生的身体健康，更能够培养学生的团队精神、合作意识和自我管理能力。高校体育教育应当被视为全面素质教育的重要组成部分，与学术教育、艺术教育、道德教育等其他教育领域形成有机的整合，共同为学生的全面发展提供支持。

高校体育教育的战略定位应注重培养学生的终身体育意识和能力。随着社会的发展和变化，人们对健康和体育的认识也在不断地深化和演变。高校体育教育应当注重培养学生的终身体育意识，使他们能够在日常生活中保持身体健康，积极参与各种体育活动。高校体育教育还应当培养学生的体育技能和能力，使他们能够在未来的生活和工作中充分发挥自己的体育潜能。

高校体育教育的战略定位应强调其在推动校园文化建设和学生身心健康发

展中的作用。体育教育不仅是学校教育的一部分，更是推动学校文化建设、促进学生身心健康发展的重要手段。高校体育教育应当积极参与校园文化建设，推动体育活动与学术、艺术、公益等其他校园活动相结合，形成多元、开放、共融的校园文化。

高校体育教育的战略定位应强调其在国家体育发展和人才培养中的重要作用。体育是国家的重要支柱产业，也是国家软实力的重要组成部分。高校体育教育不仅要培养学生的体育技能和能力，更要培养他们的体育精神、国家荣誉感和社会责任感，使他们成为未来国家体育事业的领军人才。

高校体育教育的战略定位应强调其在教育改革和创新中的引领作用。随着教育改革的深入进行，高校体育教育也面临着新的机遇和挑战。高校体育教育应当积极参与教育改革，推动体育教学模式、课程设置、评估机制等方面的创新，为教育改革提供有力的支持和保障。

## （二）融合信息技术和现代教育手段

融合信息技术和现代教育手段已成为高校体育教育发展创新的重要方向，这不仅能够提高教学效果和教学质量，还能够促进体育教育的全面发展和现代化。对于高校体育教育的发展，明确战略定位是至关重要的，可以为体育教育的创新提供明确方向和目标，推动体育教育事业的健康、快速发展。

高校应将融合信息技术和现代教育手段作为体育教育发展的核心战略定位。在数字化、网络化的时代背景下，高校体育教育需要积极采纳和利用信息技术，如互联网、大数据、人工智能等，结合现代教育手段，如在线教育、移动学习、智慧教室等，进行创新教学模式的探索和实践，提高教学效果和教学质量。

高校应重视人才培养和教师队伍建设，为融合信息技术和现代教育手段的体育教育提供有力支撑。通过培训和引进具有信息技术背景和教育创新能力的教师，加强教师的教育技能和信息技术应用能力的培养，构建一支既懂体育教育又懂信息技术的教师队伍，为体育教育的融合发展提供强有力的人才支持。

高校应加强基础设施建设和教学资源整合，为融合信息技术和现代教育手段的体育教育提供必要条件。投资建设先进的教学设施，如智慧体育馆、数字化教学实验室等，优化教学资源，整合线上线下教学资源，构建一体化、互动式、个性化的教学环境，提供多元化、丰富的学习体验，满足学生的个性化学习需求，提高教学效果和教学质量。

## 第二节 高校体育教学模式创新的路径选择

### 一、高校体育教学模式创新的现状分析

#### （一）学生对体育课程缺乏兴趣

面对学生对体育课程缺乏兴趣的现状，高校体育教学模式的创新显得尤为迫切。体育教育的目标不仅仅是培养学生的体育技能，更重要的是培养他们的体育兴趣和习惯。当前的现状表明，许多学生对体育课程缺乏兴趣，这对高校体育教学模式的创新提出了挑战。

现有的体育教学模式过于单一，缺乏趣味性和参与性。传统的体育教学往往以竞技为主，忽视了学生的个性和兴趣。这种教学模式往往使学生感到压抑和不适应，导致他们对体育课程产生抵触情绪。我们需要创新体育教学模式，结合学生的兴趣和特点，设计更加多样化和富有创意的教学内容和方法。

体育设施和设备的不足也是使学生对体育课程缺乏兴趣的重要因素。许多高校的体育设施和设备陈旧，无法满足学生的需求。这不仅影响了体育教学的质量，也限制了教学内容的多样性和创新性。高校需要加大投入，更新和完善体育设施和设备，为学生提供更加舒适和先进的体育学习环境。

体育教学人员的培训和素质也是影响体育教学模式创新的关键因素。教学人员是体育教育的主体，他们的教学能力和教育理念直接影响到学生的学习效

果和兴趣。目前的情况是，许多体育教学人员缺乏创新意识和教学方法，导致教学内容和方式相对单一。高校需要加强体育教学人员的培训和素质提升，鼓励他们探索和应用新的教学理念和方法。

社会对体育教育的认知和重视程度也影响着学生对体育课程的兴趣。当前，社会普遍存在对体育教育的误解和偏见，认为体育教育只是培养体育人才的途径，忽视了其在培养学生身心健康和全面发展方面的作用。这种观念的影响使得学生对体育课程缺乏兴趣，导致他们对体育教学模式创新持保留态度。我们需要加强对体育教育的宣传和普及，改变社会对体育教育的认知，提高其在社会和家庭中的地位。

## （二）教学内容单一

高校体育教学模式在过去往往以传统的方式为主，教学内容相对单一，重视基础训练而忽视综合素质和创新能力的培养。面对这样的现状，高校体育教学模式的创新迫在眉睫，需要寻找更加符合现代教育理念和学生需求的方式。

现有的高校体育教学模式往往偏重于技术训练，忽视了学生的综合素质和跨学科能力的培养。这种单一的教学内容限制了学生的发展空间，使得他们在面对复杂和多变的社会环境时显得力不从心。高校需要重新审视教学内容，注重培养学生的综合素质，如团队合作、创新思维、跨文化交流等，以适应未来社会的需求。

现有的高校体育教学模式在教学方法和手段上相对落后，缺乏创新和多样性。传统的教学方式往往以教师为中心，学生被动接受知识，缺乏主动参与和实践的机会。这种教学模式不仅降低了教学效果，还限制了学生的创新能力和自主学习的能力。高校需要探索和引入更加先进和灵活的教学方法，如项目式学习、合作学习、线上教育等，激发学生的学习兴趣和潜能。

现有的高校体育教学模式在教学资源和平台上存在不足，影响教学质量和效果。许多高校的体育教学资源有限，设施落后，无法满足教学和学习的需求。

缺乏统一和标准的教学管理平台，导致教学内容和方法的不统一和不连贯。高校需要加大对教学资源的投入和建设，提升教学设施的现代化和智能化水平，同时推进教学管理平台的建设和应用，确保教学内容和方法的统一和连贯。

现有的高校体育教学模式在师资队伍建设上存在问题，教师的教学能力和教学理念需要进一步提升和更新。许多教师缺乏现代教育理念和方法的培训，导致教学内容和方法的单一和陈旧。高校需要加强对教师的培训和发展，提升他们的教学能力和教育理念，鼓励他们探索和应用新的教学方法和手段，以提升教学质量和效果。

## 二、高校体育教学模式创新的路径探讨

### （一）个性化教学模式的构建

个性化教学模式的构建是高校体育教学模式创新的核心任务之一，旨在满足学生多样化、个性化的学习需求，提高教学效果和学生满意度。随着教育技术和理论的不断发展，高校体育教学也需要不断地创新和调整，以适应社会的发展和学生的需求。探讨个性化教学模式的构建，对于高校体育教学模式的创新具有重要的意义。

构建个性化教学模式需要重视学生的差异性和多样性。每个学生都是独一无二的，他们的兴趣、能力、学习风格和需求都有所不同。高校体育教学模式应当充分考虑学生的差异性，提供多样化的教学内容和方法，以满足不同学生的学习需求。教师可以结合学生的兴趣和特长，设计个性化的体育活动和项目，让学生在参与体育教学的过程中感受到快乐和成就感。

构建个性化教学模式需要充分利用现代教育技术。随着教育技术的发展，高校体育教学已经从传统的教室教学转变为线上线下相结合的模式。高校体育教学可以利用教育技术，如智能设备、虚拟现实、人工智能等，提供个性化的学习体验。教师可以利用智能设备和应用程序，对学生的体育训练和表现进行

实时监测和评估，为学生提供个性化的反馈和建议，帮助他们不断提高体育技能和能力。

构建个性化教学模式需要重视学生的参与和反馈。个性化教学不仅仅是教师的责任，更是学生主体性的体现。高校体育教学应当鼓励学生积极参与教学活动，分享自己的学习经验和感受，提出自己的建议和需求。教师应当重视学生的反馈，不断调整和完善个性化教学模式，以适应学生的变化和需求。

构建个性化教学模式还需要重视教师的专业发展和能力提升。个性化教学要求教师不仅具备扎实的教学理论和技能，还要具备创新思维和实践能力。高校体育教学应当加强教师的培训和发展，提高他们的个性化教学能力。教师可以通过参加教育培训、研究学术文献、与同行交流等方式，不断提高自己的教学水平和个性化教学能力，为学生提供更加优质和个性化的教学服务。

## （二）科技与体育教学的融合

### 1. 虚拟现实技术应用

虚拟现实技术的应用在高校体育教学模式创新中展现出了巨大的潜力和价值。它为体育教学提供了全新的学习环境和体验，不仅能够增强学生的参与度和兴趣，还能够提高教学效果和教学质量。对于高校体育教学模式的创新，虚拟现实技术无疑是一个值得探讨和研究的重要方向。

虚拟现实技术可以为高校体育教学提供沉浸式的学习环境。通过虚拟现实设备，如头戴式显示器、体感捕捉设备等，学生可以沉浸在模拟的体育场景中，如运动比赛、训练场景等，进行真实感十足的体育教学体验。这种沉浸式学习环境能够激发学生的学习兴趣，提高学习动机，促进学生的主动参与和积极互动，有助于提高教学效果和教学质量。

虚拟现实技术可以为高校体育教学提供个性化的学习体验。通过虚拟现实技术，教师可以根据学生的学习需求和能力，定制个性化的教学内容和场景，如不同难度的训练模式、个性化的运动技巧指导等，满足学生的个性化学习需求，提高学习效果。虚拟现实技术还可以为学生提供即时反馈和评估，帮助他们及时调整学习策略，提高学习效率。

虚拟现实技术可以为高校体育教学提供跨时空的学习机会。通过虚拟现实技术，学生可以在任何时间、任何地点进行体育教学学习，无须受到时间和空间的限制。教师可以录制虚拟现实体育教学课程，学生可以根据自己的学习进度和时间安排，随时随地进行学习，提高学习的灵活性和便捷性，满足学生的个性化学习需求。

### 2. "互联网+"体育教育

"互联网+"体育教育的结合为高校体育教学模式的创新提供了全新的路径和机遇。随着互联网技术的日益发展和普及，其在教育领域的应用也越来越广泛。将互联网技术与体育教育相结合，可以极大地拓展体育教学的边界，提高教学效果，增强学生的学习兴趣和参与度。

利用互联网技术提供在线体育教学资源是创新的重要途径。通过建设和维护一个集教学视频、教程、实践指导等多种资源于一体的在线平台，学生可以随时随地获取到丰富的体育教学内容。这不仅方便了学生的学习，也提供了一个开放、互动的学习环境，激发学生的学习兴趣。

利用互联网技术开展远程体育教学是另一种创新的路径。远程体育教学可以克服地域限制，将高质量的体育教学资源送到每一个学生手中。教师可以通过视频会议、在线直播等方式进行实时教学，与学生进行互动，提供个性化的指导和反馈。这种模式既节省了教学资源，也提高了教学效果，满足了学生多样化、个性化的学习需求。

利用互联网技术开发体育教学应用程序也是一种创新的途径。通过开发专门的体育教学应用程序，学生可以通过手机、平板电脑等移动设备进行体育学习，进行自主学习和实践。这种方式可以提高学生的学习积极性，使他们在课余时间也能够进行有效的学习和锻炼。

利用大数据和人工智能技术进行体育教学分析和个性化推荐也是一种"互

联网+"体育教育的创新路径。通过收集和分析学生的学习数据,可以了解他们的学习习惯、兴趣和需求,为他们提供个性化的学习建议和资源推荐。这不仅可以提高学生的学习效果,也有助于教师更好地了解学生,进行有针对性的教学。

加强与互联网企业和体育组织的合作也是促进高校体育教学模式创新的重要途径。互联网企业和体育组织具有丰富的资源和经验,与高校合作可以共享资源,共同推动体育教学模式的创新。可以与互联网企业合作开发教学平台,与体育组织合作开展体育活动和赛事,为学生提供丰富的学习和实践机会。

## 第三节 高校体育教学模式创新的实施策略

### 一、高校体育教学模式创新的理论指导与规划策略

#### (一)建立创新理论框架

高校体育教学模式的创新需要有一个明确的理论指导和规划策略,以确保教学改革的方向性、连续性和有效性。建立创新理论框架是高校体育教学模式创新的关键,它可以为教学改革提供理论支持和方法指导,促进教学质量的提升和学生能力的培养。

建立创新理论框架需要深入研究高校体育教学的内在逻辑和特点。体育教学不仅仅是传授技能和知识,更重要的是培养学生的综合素质和创新能力。创新理论框架应该围绕体育教学的核心任务和目标,明确教学内容、方法、评价和管理等方面的要求和标准,为教学改革提供理论指导。

建立创新理论框架需要结合国内外的教育理论和实践经验,借鉴先进的教学模式和方法。在全球化的背景下,高校体育教学模式创新需要开放视野,吸收外部的优秀资源和经验,不断完善和发展。创新理论框架应该融合国内外的

教育理念和方法，结合高校体育教学的实际情况，形成独特的理论体系。

建立创新理论框架需要注重实证研究和实践验证，确保理论的科学性和实用性。理论指导和规划策略应该基于实证研究的结果，结合教学实践的反馈，不断调整和完善。高校体育教学模式的创新需要进行小规模到大规模的实践验证，收集数据和经验，评估效果和影响，确保教学改革的方向正确，方法有效。

建立创新理论框架需要注重教学团队建设和教师培训，提升教师的理论素养和实践能力。教学改革不仅是理论的创新，更重要的是教师的能力提升和教学团队的建设。高校需要加强对教师的培训和发展，提升他们的教学理念和方法，鼓励他们参与创新理论框架的建设和实践验证，确保教学改革的顺利进行。

## （二）制定创新规划和方案

制定创新规划和方案是高校体育教学模式创新的关键一环。在实践中，理论指导与规划策略是确保创新步伐稳健、成果可持续的基石。通过科学的理论指导和全面的规划策略，高校可以有效地推动体育教学模式的创新，提高教学质量和效果。

高校应借鉴先进理论指导体育教学模式创新。通过深入研究国内外体育教育领域的前沿理论，了解体育教学模式创新的最新发展趋势和成果，为高校体育教学模式的创新提供理论支撑和指导。可以结合教育学、心理学、运动科学等相关学科的理论，探讨体育教学模式的创新路径和方法，提出切实可行的理论框架和模式设计。

高校应制订科学合理的创新规划和方案。通过分析当前体育教学存在的问题和挑战，明确创新的目标和任务，制订具体可行的创新方案和实施计划。创新规划和方案应该充分考虑教学资源、教师队伍、学生需求等因素，合理安排创新措施和实施步骤，确保创新工作的顺利推进和落实。

高校应注重理论指导与实践相结合。理论指导和规划策略需要与实际情况相结合，紧密联系体育教学的实际需求和教学环境，注重理论研究与实践探索的结合。可以通过开展实验研究、课程试点、教学改革等形式，验证理论指导的有效性，不断积累实践经验，完善创新规划和方案，提高体育教学模式的创新水平。

高校应加强对创新成果的评估和总结。在创新实践的过程中，高校应建立科学合理的评估体系，对创新成果进行定期评估和总结。可以通过开展教学效果评估、学生满意度调查、教师反馈等方式，收集相关数据和信息，全面分析创新成果的优势和不足，及时调整创新方案和实施策略，不断优化体育教学模式创新工作。

## 二、高校体育教学模式创新的实践探索策略

### （一）开展示范推广活动

开展示范推广活动是高校体育教学模式创新实践探索的有效策略。示范推广活动不仅可以展示创新的体育教学模式和方法，还可以吸引更多的高校和教育者参与到体育教学模式的改革中来，推动体育教育的质量提升和教学模式的创新。

组织体育教学模式创新的示范学校和教师进行教学实践是示范推广活动的核心。选择具有创新意识和实践能力的学校和教师进行示范教学，通过他们的教学实践，展示体育教学模式创新的效果和成果。这不仅可以提高教学质量，也可以鼓励其他学校和教师积极探索和尝试新的教学方法和模式。

利用各种媒体和平台进行体育教学模式创新的宣传和推广是示范推广活动的重要手段。通过新闻报道、电视节目、网络直播等方式，宣传和展示体育教学模式创新的成功案例和实践经验。这不仅可以提高社会的关注度，也可以吸引更多的教育者和学校参与到体育教学模式的改革中来，推动体育教育的发展。

组织体育教学模式创新的研讨会和培训活动是示范推广活动的另一种重要策略。通过组织专题研讨会、工作坊、培训班等活动，邀请教育专家、学者、

教师等人员进行交流和分享，探讨体育教学模式创新的理念、方法和实践经验。这样可以提高教育者的专业水平，增强他们的创新能力，推动体育教学模式的不断发展和完善。

建立和完善体育教学模式创新的示范基地和平台也是示范推广活动的重要内容。通过建设具有先进设施和技术的示范基地，提供实践教学和研究的场所和资源，为教育者和学生提供一个实践探索和创新体验的平台。这样可以鼓励更多的教育者和学生积极参与到体育教学模式创新的实践中来，促进体育教育的质量提升。

## （二）加强学生参与和反馈

高校体育教学模式创新的实践探索需要加强学生的参与和反馈，使其成为改革的主体和受益者。学生是教学改革的直接对象，他们的参与和反馈可以为教学模式的创新提供宝贵的信息和启示，确保改革的针对性、有效性和可持续性。

加强学生参与意味着让学生成为教学改革的主体和合作者。在教学设计、课程内容和评价方式等方面，高校应该充分听取学生的意见和建议，确保教学内容和方法符合学生的需求和期望。通过开展学生参与的教学设计、项目合作和实践活动，可以激发学生的学习兴趣和潜能，提高教学效果。

加强学生反馈意味着建立一个开放、透明和互动的反馈机制。高校应该定期收集学生的反馈信息，包括对教学内容、方法、教师表现和课程评价等方面的意见和建议。通过问卷调查、访谈、小组讨论等方式，可以深入了解学生的需求和反馈，为教学改革提供有力的支持和保障。

加强学生参与和反馈需要构建一个开放、包容和鼓励创新的教学环境。高校应该鼓励学生提出自己的想法和建议，尊重他们的个性和创新，为他们提供展示才华、实践能力和探索兴趣的机会。高校还应该培养学生的批判性思维、问题解决和团队合作能力，使他们能够积极参与教学改革，为教学模式的创新贡献力量。

加强学生参与和反馈还需要加强教师的专业培训和发展。教师是教学改革的关键，他们的教学理念、方法和态度直接影响到教学质量和学生的学习效果。高校应该加强对教师的培训和指导，提高他们的教学能力和反馈接受能力，鼓励他们与学生建立良好的关系，共同推动教学改革的实践探索。

## 第四节 高校体育教学模式创新的管理机制

### 一、高校体育教学模式创新管理机制的设计与构建

#### （一）制定创新管理政策

制定创新管理政策是高校体育教学模式创新管理机制设计与构建的关键环节，旨在确保教学模式创新的顺利进行，促进教育教学质量的提升。管理政策应该既有前瞻性的规划，也要具备灵活性，以适应快速变化的教育环境和学生需求。高校需要制定一套既系统又实用的管理政策，为体育教学模式创新提供有力的支撑。

创新管理政策应强调教学模式创新的战略重要性。体育教学模式的创新不仅能够提高教学质量，还能够满足学生的多样化学习需求，促进学生全面发展。高校管理层应将体育教学模式创新作为教育教学改革的重要内容，纳入学校发展战略和管理政策中，确保其得到足够的重视和支持。

创新管理政策应注重教师的角色和地位。教师是体育教学模式创新的主体和关键力量，他们的教学理念、方法和技能直接影响到教学效果和学生学习体验。高校管理层应重视教师的培训和发展，提高他们的创新能力和实践能力。管理政策还应为教师提供必要的支持和资源，如教学材料、技术设备、研究资金等，以促进教学模式的创新和改进。

创新管理政策应强调学生的参与和反馈。学生是体育教学模式创新的受益者和直接参与者，他们的反馈和建议对于教学模式的改进和优化至关重要。高校管理层应鼓励学生积极参与教学活动，提供他们提出建议和反馈的机会。管理政策还应建立完善的反馈机制，定期收集和分析学生的反馈，为教学模式的改进提供有力支持。

创新管理政策应注重教学资源的整合和共享。体育教学模式创新需要多种资源的支持，包括教学材料、技术设备、研究资金等。高校管理层应建立教学资源的整合和共享机制，将校内外的资源有效整合起来，为教学模式的创新提供充足的资源支持。管理政策还应鼓励教师和学生共享教学资源，促进资源的高效利用和共享。

创新管理政策应强调持续改进和创新。体育教学模式创新是一个持续、动态的过程，需要不断地进行改进和调整。高校管理层应鼓励教师和学生勇于创新，不断尝试新的教学方法和技术，为教学模式的改进提供新的思路和方向。管理政策还应建立完善的评估机制，定期对教学模式的效果进行评估和反馈，为持续改进和创新提供有力的支持。

## （二）教学质量评估与监控

当谈及高校体育教学模式的创新管理机制时，教学质量评估与监控不可或缺。在这个领域，设计并构建一套系统完善的机制至关重要。我们需要明确教学目标，以确保学生在体育教育中获得全面的发展。建立有效的评估体系，以客观地评价教学效果。通过监控机制，及时发现问题并采取措施加以解决。

在高校体育教学模式创新管理机制的设计与构建过程中，理论与实践相辅相成。我们需要借鉴先进的教育理论，结合体育教学的特点，构建适合实际情况的管理机制。实践是检验理论的有效途径，只有在实际操作中不断总结经验，才能不断完善管理机制，提升教学质量。

教学质量评估与监控在高校体育教学模式创新管理中扮演着关键角色。通过科学的评估手段，我们可以客观地了解教学过程中存在的问题和不足，为进一步改进提供依据。监控机制的建立能够及时发现问题，并采取有效措施进行干预，确保教学质量持续稳定提升。

在高校体育教学模式创新管理机制的设计与构建中，重视信息化技术的应用尤为重要。借助信息化技术，我们可以实现教学过程的数字化管理和数据化分析，为评估与监控提供更为便捷和准确的手段。信息化技术还能够提高管理效率，降低成本，为高校体育教学模式的创新与发展提供有力支撑。

除了教学质量评估与监控外，高校体育教学模式创新管理机制还需要注重师资队伍建设。优秀的师资队伍是保障教学质量的关键因素，他们不仅需要具备专业素养，还需要具备创新意识和教学能力。高校应该加强师资队伍的培训和引进工作，为体育教学模式的创新提供有力支持。

在高校体育教学模式创新管理机制的设计与构建中，注重学生参与是至关重要的。学生是教学活动的主体，他们的参与度直接影响着教学效果。我们应该通过建立学生评价机制等方式，充分听取学生的意见和建议，促进教学模式的不断改进和优化。

## 二、高校体育教学模式创新管理机制的实施与完善

### （一）信息化建设与数据管理

信息化建设与数据管理在高校体育教学模式创新管理机制的实施与完善方面具有重要意义。信息化技术的不断发展为高校体育教学提供了广阔的空间。利用智能化设备和网络平台，可以实现对学生运动数据的实时监测和分析，从而更好地指导教学实践。数据管理的规范化和科学化也能够提升教学效率和质量。

高校体育教学模式的创新需要建立有效的管理机制来支撑和保障。在实施过程中，可以采取多种策略，如加强师资队伍建设、优化课程设置、拓展教学

资源等，以推动教学模式的更新和优化。而完善管理机制则需要建立健全的评估体系和激励机制，激发教师的创新热情和工作积极性，从而形成良性循环。

信息化建设和数据管理还可以促进高校体育教学模式的个性化和差异化发展。通过对学生个体差异和学习特点的深入了解，可以有针对性地设计教学方案和课程内容，提高教学的针对性和有效性。借助数据分析和挖掘技术，可以及时发现和解决教学中的问题和瓶颈，为教学改革提供有力支持。

要实现高校体育教学模式创新管理机制的全面实施与完善，还需要充分认识到其中的挑战和困难。教师的信息化水平参差不齐、管理机制的建立和运行成本较高、学生个体隐私保护等问题都需要引起重视并采取有效措施加以解决。需要政府、学校和社会各界共同努力，形成合力，推动高校体育教学模式创新管理机制的不断完善和发展。

### （二）教师队伍建设与培训

#### 1. 制订培训计划

高校体育教学模式创新管理机制的实施与完善需要有明确的培训计划，确保管理人员和教师具备必要的知识、技能和态度，有效推动教学改革的顺利进行。培训计划应该结合实际需求，制订具体、系统和持续的培训方案，提升管理能力和提高教学质量。

制订培训计划需要明确培训目标和内容。管理机制的实施与完善涉及教学管理、课程设计、评价方法、教师培训等多个方面，因此培训计划应该根据这些需求，制定相应的培训目标和内容。对于教学管理人员，可以培训其教学管理的理论和实践知识，提高其教学管理的能力和水平；对于教师，可以培训其教学方法、教学技能和教学理念，提升其教学质量和教学效果。

制订培训计划需要考虑培训方法和形式。高校可以采用多种培训方法和形式，如线上培训、线下研讨、实地考察、导师制指导等，满足不同人群和需求的培训需求。高校还可以组织国内外的专家和学者进行培训和授课，引入先进的教学理念、方法和技术，提升培训效果和培训质量。

制订培训计划需要确保培训资源和条件。高校应该投入足够的人力、物力和财力，建立健全培训机制和资源支持体系，确保培训计划的顺利实施。高校还可以与其他高校、研究机构、企业等合作，共享培训资源和经验，提升培训效果和培训效率。

制订培训计划需要建立评估和反馈机制。培训计划的实施应该定期进行评估和反馈，收集培训效果、培训满意度、培训成果等相关数据和信息，分析培训效果和培训问题，调整和完善培训计划。高校还应该鼓励培训对象提出建议和意见，参与培训计划的完善，确保培训计划的持续性和可持续性。

**2. 进行示范引导**

进行示范引导是高校体育教学模式创新管理机制实施与完善的有效手段之一，通过具体、实践性的示范，能够为教师和学生提供明确的方向和参考，促进教学模式创新的深入推进。示范引导不仅能够展示创新教学模式的优势和可能性，还能够激发教师和学生的创新热情，推动教学模式的实施和完善。

进行示范引导需要充分发挥教师的示范作用。教师作为教学活动的主导者和参与者，他们的教学行为和方法直接影响到教学效果和学生学习体验。高校应该选取具有丰富教学经验和创新思维的优秀教师，组织他们开展体育教学模式创新的示范活动。通过教师的示范教学，能够为其他教师提供具体的操作方法和实践经验，帮助他们更好地理解和掌握新的教学模式。

进行示范引导需要注重学生的参与和体验。学生是教学活动的直接受益者和参与者，他们的反馈和体验对于教学模式的改进和完善至关重要。高校应该鼓励学生积极参与示范教学活动，给他们提供一个参与、体验和反馈的机会。通过学生的实际参与和体验，能够为教师和管理者提供有价值的反馈信息，帮助他们及时调整和完善教学模式。

进行示范引导需要利用现代教育技术和资源。随着教育技术的发展，高校可以利用虚拟现实、智能设备、在线平台等现代教育技术，为教学模式创新提供更加丰富和多样的示范手段。可以利用虚拟现实技术创建各种体育场景,让教师和学生在虚拟环境中体验和探索新的教学模式。可以利用在线平台分享优秀的教学案例和经验,为教师提供学习和参考的资源。

进行示范引导需要建立完善的反馈机制。教学模式的创新和实施是一个持续、动态的过程,需要不断地进行反馈和调整。高校应该建立完善的反馈机制,定期收集和分析教师和学生的反馈,及时发现问题和不足,为教学模式的改进和完善提供有力的支持。可以通过问卷调查、访谈、小组讨论等方式收集教师和学生的反馈,然后对反馈信息进行分析,提出改进措施,促进教学模式的持续优化。

# 第五章 学生主体性培养的体育教学模式

## 第一节 学生主体性培养的概念与意义

### 一、学生主体性培养的概念

#### (一) 什么是学生主体性培养

学生主体性培养是教育领域中的一个重要概念，旨在强调学生在学习过程中的主动性和自主性。这一概念强调学生作为学习的主体，应该在教育过程中扮演更加积极的角色，通过自主学习和自我发展来实现个人成长和全面发展。学生主体性培养不仅仅是传统教育理念的延伸，更是对教育模式的一次重要革新，意味着教育者应该从教育内容的传授者转变为学习引导者，为学生提供更多的学习自主权和自我实现的机会。

学生主体性培养强调了学生的主动参与和独立思考的重要性。在传统教育中，教师往往扮演着知识的传授者和权威，而学生则被动地接受和消化知识。学生主体性培养提倡的是学生积极参与学习过程，通过自主思考和探究来构建自己的知识体系，从而更好地理解和应用所学知识。

学生主体性培养注重培养学生的自我管理能力和自主学习能力。在现代社会，知识更新迅速，学生需要具备自主学习的能力，能够主动获取和处理信息，不断提升自己的学习能力和综合素质。学生主体性培养强调的不仅仅是学科知识的传授，更是培养学生的学习策略和方法，帮助他们建立起自主学习的意识和能力。

学生主体性培养倡导的是个性化的教育模式和多样化的学习路径。每个学生都是独一无二的个体，拥有自己的兴趣爱好、特长和潜能，教育应该根据学生的个性化需求和发展阶段来设计教学内容和方法，为他们提供多样化的学习机会和发展空间。这样的教育模式能够更好地激发学生的学习兴趣和潜能，促进其全面发展。

学生主体性培养意味着教育者应该为学生创造一个积极的学习环境和氛围。在这样的环境中，学生可以自由地表达自己的想法和观点，与同学和老师进行积极的互动和合作，共同探索和发现知识的乐趣。教育者应该给予学生足够的自由和信任，让他们在学习中能够自由探索和创新，培养他们的创造力和解决问题的能力。

## （二）学生主体性培养的核心特征

### 1. 自主性

自主性和学生主体性培养是教育领域中备受关注的概念，它们强调的是培养学生独立思考、自我管理和自我学习的能力。在当今社会，这种能力比单纯的知识获取更为重要，因为它能够帮助学生在面对各种挑战时更加从容应对。

自主性和学生主体性培养注重的是激发学生内在的动力和潜能。通过让学生自主选择学习内容、制订学习计划以及解决学习中的问题，可以激发他们的学习兴趣和主动性，从而更好地发挥他们的潜能。

自主性和学生主体性培养是培养学生终身学习能力的有效途径。在信息爆炸的时代，知识更新迅速，传统的教育模式已经不能满足社会的需求。而培养学生的自主学习能力，则能够让他们在面对新知识和新技能时，能够主动去获取、消化和应用。

自主性和学生主体性培养还能够促进学生的全面发展。传统的教育往往过分强调对知识的灌输,而忽视了学生的个性差异和发展需求。而自主性和学生主体性培养则更注重培养学生的创造力、批判性思维和合作能力,从而使其在各个方面都得到全面发展。

要实现自主性和学生主体性培养并不容易。传统的教育模式根深蒂固,很多教师和学生都习惯了被动接受的学习方式,而缺乏主动探索和实践的能力。需要学校、教师和家长共同努力,打破传统的教学模式,为学生提供更多的自主学习的机会和空间。

自主性和学生主体性培养不仅仅是教育机构的责任,也需要社会各界的支持和参与。政府应该加大对教育改革的支持力度,为学校提供更多的资源和政策支持;企业和社会组织也应该积极参与到学生的自主性和主体性培养中,为他们提供更广阔的发展空间和机会。

### 2. 主动性

学生主体性培养是教育领域的重要概念,强调培养学生的自主性、创造性和批判性思维。这一概念的提出与传统的教学模式有着本质的区别,旨在使学生成为学习的主体,而非被动接受知识的客体。在当前教育改革的大背景下,学生主体性培养的理念愈发引人注目,其实践意义与发展路径也值得深入探讨。

学生主体性培养强调的是学生的自我发展和全面成长。传统的教育模式往往将学生视作知识的容器,而学生主体性培养则更注重培养学生的自主学习能力和终身学习的意识。这种教育理念倡导学生积极参与学习过程,主动探索和构建知识,从而培养学生的自主性和创造性,为其未来的发展奠定坚实基础。

学生主体性培养需要教育者转变教学方式和方法。教师不再是单方面的知识传授者,而是学生学习过程的引导者和促进者。他们应该通过启发式的教学方式和案例分析等方法,激发学生的思维,引导他们主动思考和解决问题,培养其批判性思维和创新能力。这种转变要求教师不断提升自身的教学水平和专业素养，以更好地适应学生主体性培养的需求。

学生主体性培养还需要建立相应的评价体系。传统的评价体系往往偏重于对学生知识掌握程度的考核，而忽视了学生的综合能力和创新潜力。我们需要建立多元化的评价机制，包括学科能力评价、综合素质评价等，以全面客观地评价学生的学习情况和成长轨迹，为学生主体性培养提供有效的保障。

学生主体性培养也需要社会各界的支持与参与。学校、家庭、社会等各方应共同努力，为学生创造良好的学习环境和成长条件。学校可以通过改革课程设置、优化教学资源等方式，提升教育教学质量；家庭应该注重培养学生的独立性和自律性，引导他们树立正确的人生观和价值观；社会应该为学生提供更多的实践机会和发展平台，促进他们全面发展。

学生主体性培养需要注重个性化发展和差异化教育。每个学生都是独一无二的个体，其学习方式、兴趣爱好和发展需求各不相同。教育者应该根据学生的特点和需求，灵活运用教学方法，量身定制教育方案，实现个性化发展和差异化教育，最大限度地激发学生的潜能和创造力。

## 二、学生主体性培养的意义

### （一）促进学生全面发展

促进学生全面发展，培养学生的主体性具有重要的意义。学生主体性培养能够激发其自主学习的动力和兴趣。在教育过程中，学生被赋予更多的自主选择权和决策权，能够根据自身的兴趣和特长选择学习内容和学习方式，从而更加投入学习，提高学习效率。

学生主体性培养有助于培养学生的创新意识和创造能力。通过给予学生更多的自由度和探索空间，鼓励他们勇于尝试和创新，培养其独立思考和问题解决能力，从而在未来的学习和工作中更具竞争力。

学生主体性培养还能够促进学生的综合素质和能力的全面发展。在教育实践中，注重培养学生的自主学习和实践能力，使其在各个方面都得到充分的发展，不仅在学术上取得进步，还在思维、情感、社交等方面得到全面提升。

学生主体性培养还有助于促进教育公平和个性化发展。通过给予学生更多的选择权和发展空间，能够更好地满足不同学生的个性化需求，减少教育资源的不均衡现象，促进教育公平。

要实现学生主体性培养的有效实施，需要教育者和社会各界的共同努力。教育者应该转变教育理念，从以教师为中心向以学生为中心转变，注重发掘和激发学生的内在动力和潜能；社会各界应该提供更多的支持和资源，为学生的全面发展创造良好的环境和条件。

## （二）提升学生学习效果

提升学生学习效果是教育工作者和家长们共同关注的重要议题。在这个过程中，学生主体性培养发挥着关键作用，因为它不仅仅是提高学生学习效果的手段，更是一种教育理念和方法，能够在根本上改善学生的学习态度和学习方式。

学生主体性培养能够激发学生的学习动机和兴趣。在传统的教育模式下，学生往往会因为教师的灌输式教学而产生厌恶学习情绪，从而导致学习效果不佳。而学生主体性培养则通过给予学生更多的学习自主权和选择权，使他们能够根据自己的兴趣和需求来选择学习内容和方法，从而激发他们的学习热情和积极性，提高学习效果。

学生主体性培养有助于培养学生的自主学习能力和解决问题的能力。在现实生活中，学生需要具备自主学习的能力，能够独立获取和处理信息，解决实际问题。而学生主体性培养强调的是学生的自主性和主动性，通过给予学生更多的学习自主权和控制权，培养他们主动探究和解决问题的能力，从而提高学习效果。

学生主体性培养能够促进学生的全面发展和个性发展。在传统的教育模式下，学生往往被迫按照统一的标准和要求来学习，忽视了每个学生的个性和特长。而学生主体性培养则注重培养学生的个性化需求和发展潜能，为他们提供多样化的学习机会和发展空间，使每个学生都能够得到充分发展，实现个性化的成长和发展。

学生主体性培养有助于培养学生的批判性思维和创新能力。在传统的教育模式下，学生往往只是被动接受知识，缺乏批判性思维和创新意识。而学生主体性培养则鼓励学生主动思考和探索，培养他们批判性思维和创新能力，使他们能够更好地应对未来社会的挑战和机遇，提高学习效果。

学生主体性培养有助于培养学生的合作精神和团队意识。在现实生活中，学生需要具备良好的合作能力，能够与他人合作共同完成任务和解决问题。而学生主体性培养则通过课堂合作和项目学习等方式，培养学生的合作精神和团队意识，使他们能够更好地与他人合作，共同提高学习效果。

# 第二节 学生主体性培养在体育教学中的方法

## 一、学生主体性培养在体育教学中激发学生参与的方法

### （一）设定个性化学习目标

在体育教学中，设定个性化学习目标和促进学生主体性培养是培养学生参与的关键。这一过程不仅仅是传授技能，更是激发学生的兴趣、培养其自主学习能力的重要途径。以下将探讨在体育教学中如何通过设定个性化学习目标和促进学生主体性培养来激发学生的参与。

个性化学习目标的设定可以根据学生的兴趣、特长和发展需求进行。通过了解学生的个体差异，教师可以为每个学生量身定制适合他们的学习目标，从而激发其参与的积极性。对于喜欢篮球的学生，可以设定提高投篮命中率或者

增强团队合作意识的目标,这样学生会更加投入到学习中去。

通过给予学生一定的选择权和决策权,可以促进其主体性培养。在体育教学中,教师可以让学生参与制订训练计划、选择训练内容或者组织比赛活动,从而增强其责任感和主动性。这种参与式的教学方式可以使学生感受到自己的重要性,从而更加投入到学习中去。

利用多样化的教学方法和资源也是激发学生参与的有效途径。体育教学可以结合课堂讲解、示范演练、游戏竞赛等多种形式,以及利用现代科技手段如视频、软件等进行辅助教学,从而满足学生不同的学习需求,激发其学习的兴趣和积极性。

体育教学中的团队合作和竞争也是促进学生参与的重要因素。通过分组合作、团体比赛等形式,可以培养学生的合作精神和竞争意识,从而激发其参与的积极性。教师还可以通过设立奖励机制或者组织荣誉竞赛等方式,激发学生的竞争欲望,促进其参与的积极性。

体育教学中的反馈和评价也是激发学生参与的关键。及时给予学生积极的反馈和肯定,可以增强其学习的动力和信心;针对学生的不足之处进行指导和帮助,可以促进其进步和发展。通过建立积极的反馈机制和评价体系,可以激发学生对学习的积极参与和投入。

## (二) 开展小组合作学习

在体育教学中激发学生参与的方法多种多样,而开展小组合作学习是其中一种有效的途径。这种方法不仅能够培养学生的主体性,更能够促进他们在学习过程中的积极参与。以下将探讨几种能够在体育教学中激发学生参与的小组合作学习方法。

一种激发学生参与的方法是通过设立具体的学习任务。在小组合作学习中,教师可以为每个小组分配不同的任务,让学生们合作完成。比如,可以让一个小组负责设计一个体育比赛的规则和流程,另一个小组负责筹备比赛所需的器材和场地，再另一个小组负责制作比赛的宣传海报。通过这样的任务分配，学生们能够在实践中学习合作与协调，从而提高他们的参与度。

另一种激发学生参与的方法是通过设立具体的学习目标。在小组合作学习中，教师可以与学生共同制订学习目标，并明确每个小组需要达到的目标。教师可以要求学生在小组内合作完成一项体育项目，并规定项目完成的标准和要求。这样一来，学生们会明确自己的任务和责任，从而更加积极地参与到学习中去。

教师还可以通过设立具体的学习环境来激发学生参与。在小组合作学习中，教师可以为学生们创造一个开放、活跃的学习环境，让他们能够自由地表达自己的想法和观点。可以在课堂上设置一些小组讨论的时间，让学生们就某个体育问题展开讨论，并鼓励他们分享自己的看法。这样一来，学生们会感到自己的意见受到重视，从而更有动力地参与到学习中去。

教师还可以通过设立具体的学习评价来激发学生参与。在小组合作学习中，教师可以根据学生们的表现和成果给予及时的反馈和评价，并对他们的表现进行肯定和鼓励。可以在学期末组织一次体育比赛，让学生们运用所学知识和技能进行实战，然后根据比赛的结果和表现来评价他们的学习成果。这样一来，学生们会感到自己的努力得到了认可，从而更加积极地投入到学习中去。

## （三）设计情境化教学任务

当设计情境化教学任务以培养学生主体性，并激发其在体育教学中的参与时，首先要考虑的是如何营造一个积极互动的学习环境。一个有效的方法是通过引入具有挑战性和趣味性的任务，激发学生的好奇心和求知欲。比如，设计一个体育项目，要求学生在团队合作的基础上制订训练计划和比赛策略，从而培养他们的领导能力和团队合作精神。

利用情境化教学任务来促进学生的主体性培养需要注重任务的个性化设计。教师可以根据学生的兴趣爱好和特长，设置不同难度和形式的任务，让每个学生都能找到适合自己的学习路径。对于喜欢篮球的学生，可以设计一项篮球比赛，让他们自己组队、制定规则，并在比赛中展现自己的技能和策略。

情境化教学任务还应该注重学生的反思和自我评价能力的培养。在任务完成后，教师可以引导学生回顾整个过程，分析自己的表现和不足之处，并提出改进的方案。通过这种方式，学生不仅能够更加深入地理解自己的学习需求和目标，还能够提高自我管理和自我调节的能力。

情境化教学任务的设计还应该注重跨学科的整合。在体育教学中，可以融入数学、科学、艺术等多个学科的内容，拓展学生的视野和思维方式。比如，在设计体育训练计划时，可以引入数学中的运算和测量，科学中的运动原理，甚至艺术中的表现技巧，让学生在动手实践中全面发展。

## （四）运用问题导向式教学

在体育教学中，要激发学生的参与，问题导向式教学是一种有效的方法。问题导向式教学注重以问题为核心，引导学生主动探索、思考和解决问题，从而培养其学习的主体性和创造性。下面将介绍几种运用问题导向式教学激发学生参与的方法。

利用开放性问题引导学生思考。在体育教学中，教师可以提出一些开放性问题，如"你认为在篮球比赛中，战术和技术哪个更重要？""你觉得如何提高长跑成绩？"等等。这些问题不仅能够引发学生的思考和讨论，还能够激发他们对学习的兴趣和热情，从而更加积极地参与到课堂活动中来。

采用情境化问题激发学生的实践参与。体育教学应该贴近实际，教师可以设计一些情境化的问题，让学生在实际操作中解决问题。比如，在教学篮球运球技术时，可以设计一个情境，让学生在模拟比赛中遇到防守，然后思考如何突破对方防守。通过这样的情境化问题，学生不仅能够在实践中理解知识，还能够培养解决问题的能力。

采用小组合作探究问题的方式促进学生的合作参与。体育教学中，教师可以将学生分成小组,让他们共同探究和解决问题。比如,在教学羽毛球发球技术时,可以让学生分组进行练习,并要求他们在小组内相互交流、讨论,共同找出提高发球技术的方法。通过小组合作探究问题,学生不仅能够相互学习、交流经验,还能够培养团队合作精神和集体荣誉感。

通过反思性问题引导学生总结经验。体育教学不仅要注重学生的实践操作,还要注重对学习过程的反思总结。教师可以提出一些反思性问题,让学生总结学习的经验和教训。比如,在教学游泳时,可以问学生"你在学习游泳的过程中遇到了什么困难?你是如何克服的?"等等。通过反思性问题的引导,学生能够更加深入地理解自己的学习情况,及时调整学习策略,提高学习效果。

## 二、学生主体性培养在体育教学中促进创新思维的方法

### (一)鼓励探索性学习

一种鼓励探索性学习的方法是通过提供开放性的学习环境。在体育课堂上,教师可以为学生创造一个开放、自由的学习环境,让他们能够自主选择学习内容和学习方式。可以在课堂上设置一些自主学习的时间,让学生们根据自己的兴趣和需求选择适合自己的体育项目和训练方法。通过这样的学习环境,学生们会感到自己有更多的控制权和自由度,从而更加积极地参与到学习中去。

另一种鼓励探索性学习的方法是通过提供具体的学习挑战。在体育教学中,教师可以为学生们设计一些具有挑战性的学习任务,让他们能够在解决问题的过程中探索新的学习方法和策略。可以设置一些体育游戏或竞赛,要求学生们在规定的时间内完成特定的任务或达到特定的目标。通过这样的学习挑战,学生们会感到自己受到了挑战和激励,从而更加积极地投入到学习中去。

教师还可以通过提供具体的学习资源来鼓励探索性学习。在体育教学中,教师可以为学生们提供丰富多样的学习资源,包括图书、视频、网络资料等,

让他们能够从不同的角度和渠道获取知识和信息。可以邀请专业运动员或体育教练来给学生们讲解体育知识和技能，或者组织学生们参观体育比赛或训练场馆，让他们亲身体验和感受体育运动的魅力。通过这样的学习资源，学生们会得到更加全面和深入的学习体验，从而更加积极地参与到学习中去。

教师还可以通过提供具体的学习支持来鼓励探索性学习。在体育教学中，教师可以为学生们提供及时的指导和反馈，帮助他们解决学习中遇到的问题和困难。可以定期组织一些小组讨论或个人辅导，让学生们有机会向教师请教和交流自己的学习体会和感受。通过这样的学习支持，学生们会感到自己受到了关注和帮助，从而更加有信心和动力地探索学习。

## （二）引导反思性学习

在体育教学中，引导反思性学习是培养学生主体性的重要途径。为了激发学生的参与，教师可以采取多种方法。创设具有挑战性的学习环境是关键。设置个人或团体比赛，让学生在竞争中感受到成功的喜悦，从而激发他们的积极性和参与度。

在教学过程中注重学生的情感体验也是必不可少的。通过运动项目的体验，学生可以感受到挑战、兴奋、胜利和失败等多种情感，这有助于激发他们的学习兴趣和参与热情。比如，通过体验团队合作和互助的乐趣，培养学生的集体荣誉感和团队精神，从而增强他们的参与意识和主体性。

及时反馈和评价也是激发学生参与的有效手段。教师可以根据学生的表现及时给予肯定和鼓励，同时针对他们的不足提出建设性的指导和建议。这种及时反馈不仅可以增强学生的自信心，还能促使他们不断改进和进步，从而更加积极地参与到学习中来。

在体育教学中引入个性化学习也是激发学生主体性的一种方法。教师可以根据学生的兴趣、特长和水平差异，设计个性化的学习任务和项目，让每个学生都能找到自己的学习动力和目标，从而更加主动地参与到学习中来。

# 第三节　学生主体性培养对体育教学的影响

## 一、学生主体性培养对高校体育教学的具体影响分析

### （一）促进学生自主参与体育活动

促进学生自主参与体育活动，是当前体育教育中亟待解决的重要问题。学生主体性培养对体育教学的影响尤为显著。通过激发学生的兴趣，可以有效提高他们参与体育活动的积极性和主动性。在体育课上，老师可以采取多样化的教学方法和活动设计，例如游戏化的训练、趣味性的竞赛等，以吸引学生的注意力和兴趣，从而促进他们更积极地参与体育活动。

学生主体性培养对培养学生的自律意识和团队精神具有积极影响。在体育活动中，学生需要自主安排训练时间、掌握技能要领，培养自我管理能力。通过组织学生自主分组进行训练或比赛，可以让学生学会团队协作，培养团队意识和责任感，从而提高整体的团队凝聚力和执行力。

学生主体性培养还能够促进学生身心健康的全面发展。在体育活动中，学生不仅仅是被动接受知识和技能的传授，更能够通过自主参与来发展自己的体能、技能和心理素质。学生可以根据自己的兴趣和特长选择适合自己的体育项目，并通过自主训练来提高自己的水平，从而获得身心健康的全面发展。

要促进学生自主参与体育活动，需要教师和学校在教育理念和教学方法上进行创新和改革。教师应该从传统的"灌输式"教学转变为"引导式"教学，从而更好地激发学生的学习兴趣和主动性。学校应该加强对体育教育资源的投入，提供更多元化、个性化的体育活动选择，为学生的自主参与提供更好的条件和环境。

## （二）提升学生体育技能和自我管理能力

### 1. 强调技能学习的个性化培养

个性化培养强调了个体学生在技能学习上的差异性，这种教育理念已经在教育界引起了广泛的关注。在体育教学中，学生主体性培养作为一种教育方法，对于培养学生的自主学习能力和创造性思维具有重要意义。

针对不同学生的学习特点和兴趣爱好，个性化培养可以根据学生的自身情况进行灵活调整，有助于激发学生学习体育的积极性。对于喜欢团体运动的学生，可以设置团队合作项目，培养他们的协作能力和领导意识；而对于喜欢个人项目的学生，则可以提供个性化的训练计划，帮助他们在个人技能上有所突破。

个性化培养还能够更好地满足学生不同的学习需求，提高他们的学习效果。通过了解每个学生的学习特点和水平，教师可以有针对性地制订教学计划，使每个学生都能够在适合自己的学习节奏下掌握体育知识和技能。这样一来，学生的学习积极性会更高，学习效果也会更好。

学生主体性培养强调的是学生在学习过程中的主动参与和自主选择。在体育教学中，注重培养学生的主体性，可以激发他们的学习兴趣，增强他们的学习动力。通过让学生参与课堂决策、制订学习目标和评价自己的学习成果，可以培养他们的自我管理能力和自我激励能力，使其在体育学习中能够更加自觉地投入到学习过程中。

学生主体性培养还可以促进学生的思维发展和创新能力的培养。在体育教学中，教师可以通过启发式教学方法和案例分析等方式，引导学生自主探索和解决问题，培养他们的批判性思维和创造性思维能力。这样一来，学生不仅能够掌握体育知识和技能，还能够培养解决实际问题的能力，为他们未来的发展奠定良好的基础。

### 2. 培养学生的自我管理能力

自我管理能力在学生的成长中扮演着重要的角色。体育教学作为学生综合素质培养的重要组成部分,如何通过培养学生的自我管理能力,实现学生主体性发展,是当前教育领域亟须关注的问题。本部分内容将探讨学生主体性培养对体育教学的影响,并从多个角度展开论述。

培养学生自我管理能力有助于提升他们的学习效率。学生在体育教学中,如果具备自我管理能力,能够更好地规划学习时间,合理安排训练内容,从而提高学习的效率和质量。他们可以根据自身情况制订训练计划,有针对性地进行训练,进而提升体育成绩。这种自主管理的学习模式,有助于激发学生的学习兴趣和动力,培养其独立思考和解决问题的能力。

学生主体性培养还能够促进学生的全面发展。体育教学不仅仅是培养学生的体能和技能,更重要的是培养学生的综合素质,包括身体素质、心理素质和社会素质等。通过自我管理,学生可以自主选择适合自己的体育项目和训练方式,从而更好地发展自身的潜能,实现全面发展。一些学生可能对篮球感兴趣,而另一些学生则更喜欢足球,通过自主选择和管理,能够促进不同学生在不同领域的发展。

学生主体性培养还有助于培养学生的团队合作精神。体育教学中,很多项目需要学生之间相互配合、共同合作才能完成,而这正是培养学生团队合作精神的绝佳机会。通过自我管理,学生可以学会如何与他人合作、分工合作,培养团队协作意识和能力。在篮球比赛中,学生需要互相传球、协同作战,这就需要他们具备良好的团队合作精神。而通过自我管理,学生可以更好地调节自己的情绪和态度,与队友和谐相处,共同追求团队的胜利。

## 二、学生主体性培养对体育教学的意义

### (一)促进体育教学个性化发展

学生主体性培养有助于激发学生的学习兴趣。在体育教学中,教师可以根

据学生的兴趣和爱好，设计丰富多彩、生动有趣的教学内容和活动。对于喜欢篮球的学生，可以设计一些与篮球相关的教学任务和比赛项目，让他们能够在实践中体验到篮球运动的乐趣和魅力。通过这样的个性化设计，学生们会对体育教学产生浓厚的兴趣，从而更加积极地参与到学习中去。

学生主体性培养有助于提高学生的学习动力。在体育教学中，教师可以根据学生的学习需求和水平，设定个性化的学习目标和挑战，让他们能够在学习过程中感受到成就和进步。对于运动能力较弱的学生，可以设计一些简单易行、能够提高运动技能的训练项目，让他们逐步提升自己的运动水平。通过这样的个性化设置，学生们会感到自己受到了关注和支持，从而更加有动力地投入到学习中去。

学生主体性培养有助于提高学生的学习效果。在体育教学中，教师可以根据学生的学习特点和能力水平，采用个性化的教学方法和策略，帮助他们更好地理解和掌握所学知识和技能。对于学习能力较强的学生，可以采用探究式学习或项目式学习的教学方法，让他们能够通过实践和体验来深入理解体育知识和技能。而对于学习能力较弱的学生，则可以采用个性化辅导或小组合作学习的方式，让他们在合作中互相学习和帮助。通过这样的个性化教学，学生们会得到更加个性化和精准的学习指导，从而提高他们的学习效果。

学生主体性培养有助于提高学生的学习自信。在体育教学中，教师可以通过给予学生更多的自主权和选择权，让他们能够在学习中展现自己的特长和优势。可以让学生们自主选择感兴趣的体育项目和训练方式，或者组织一些学生主持的体育活动和比赛，让他们有机会展示自己的才华和能力。通过这样的学习体验，学生们会增强自己的学习自信心，从而更加积极地参与到学习中去。

## （二）促进学生综合素质的提升

### 1. 培养学生的综合能力

在体育教学中，培养学生的综合能力是教育的重要目标之一。学生主体性的培养对体育教学具有深远的意义。学生主体性培养能够激发学生的学习兴趣和自主性。通过给予学生更多的自主选择权和决策权，让他们参与到学习的过程中来，可以激发他们的学习动力，增强他们的学习兴趣，从而更加主动地参与到体育教学中来。

学生主体性培养有助于提高学生的学习效果和水平。学生在学习过程中扮演着积极的主体角色，能够更加主动地思考、探究和实践，从而更加深入地理解和掌握知识，提高他们的学习效果和水平。

学生主体性培养还有助于培养学生的创新能力和实践能力。通过给予学生更多的自主权和选择权，鼓励他们自由探索和实践，可以激发他们的创新意识和创造力，培养他们的实践能力和动手能力，从而更好地适应未来社会的发展需求。

在学生主体性培养的过程中，学生可以更加全面地发展自己的个性和特长。每个学生都有自己的兴趣爱好、优势和特长，通过给予他们更多的选择权和自主权，让他们参与到自己感兴趣的学习项目中来，可以更好地发挥他们的个性和特长，实现个性化发展和全面发展。

学生主体性培养还有助于促进学生的综合素质和能力的全面提升。体育教学不仅仅是传授知识和技能，更重要的是培养学生的身心健康、团队合作精神、社会责任感等综合素质和能力。通过给予学生更多的自主选择权和决策权，让他们参与到体育教学的方方面面中来，可以促进他们的全面发展，提高他们的综合素质和能力。

学生主体性培养还有助于促进学生的自我发展和个性成长。每个学生都是独一无二的个体，都有自己独特的思想、感情和行为方式。通过给予学生更多的自主选择权和决策权，让他们参与到自己感兴趣的学习项目中来，可以更好地发展和实现自己的人生目标和理想，实现个性化发展和个性成长。

**2. 培养学生的创新意识和实践能力**

培养学生的创新意识和实践能力，在当今社会中尤为重要，而学生主体性培养对体育教学的意义在这方面更是显著。通过培养学生的主体性,可以激发其对体育运动的独立思考和创新能力。在体育教学中,教师可以引导学生从不同角度思考问题,鼓励他们提出新颖的见解和解决方案,从而培养其创新意识。

学生主体性培养有助于培养学生的实践能力。体育教学不仅仅是传授理论知识,更重要的是通过实践活动来巩固和应用所学知识。通过让学生主动参与体育活动的组织、策划和实施,可以培养他们的实践能力。学生可以通过组织体育比赛、策划运动会等活动,锻炼自己的组织协调能力和执行能力,从而提高实践能力。

学生主体性培养对于培养学生的团队合作精神也具有积极意义。在体育活动中,学生往往需要与他人合作共同完成任务,这就需要他们具备良好的团队合作能力。通过让学生自主参与体育活动的组织和管理,可以培养他们的团队意识和合作精神,提高团队的凝聚力和执行力。

要实现学生主体性培养对体育教学的意义,需要教师和学校在教育理念和教学实践上进行创新和改革。教师应该从传统的"灌输式"教学转变为"引导式"教学,更注重激发学生的主动性和创造性。学校应该提供更多元化、个性化的体育教育资源,为学生的主体性培养提供更好的条件和支持。

# 第六章　社会化实践与体育教学模式

## 第一节　社会化实践的意义与特点

### 一、社会化实践的意义

#### （一）促进知行合一

促进知行合一是指将学到的知识与实际行动相结合，通过社会化实践来实现知识的应用和价值体现。在当今社会，社会化实践具有重要意义，不仅可以促进个体的全面发展，还能够推动社会的进步和发展。

社会化实践有助于弥合理论与实践之间的鸿沟，促进知行合一的实现。在学校教育中，学生通过参与各类实践活动，将课堂所学的知识与实际生活相联系，从而更加深刻地理解和掌握所学内容。学生通过参与社会实践活动，可以将学到的社会学理论知识运用到实际社会中，加深对社会问题的认识和理解，促进个人的成长与发展。

社会化实践还能够培养学生的实践能力和解决问题的能力。在实践活动中，学生需要运用所学的知识和技能解决实际问题，这既考验了他们的理论水平，也锻炼了他们的动手能力和创新能力。学生通过参与科技创新竞赛，可以提高他们的实验设计能力和解决问题的能力，培养他们的创新意识和实践能力，为未来的发展打下坚实的基础。

社会化实践有助于培养学生的社会责任感和团队合作精神。在实践活动中，学生需要与他人合作，共同完成任务，这既培养了他们的团队合作精神，也增强了他们的责任心和使命感。学生通过参与志愿服务活动，可以增强他们的团队协作能力和组织管理能力，培养他们的社会责任感和奉献精神，使他们成为社会的有用之才。

社会化实践还有助于促进学校与社会的互动与合作，推动社会教育资源的共享与整合。在实践活动中，学校可以与社会各界合作，共同开展各类实践活动，充分利用社会教育资源，丰富学生的学习体验，提高教育教学的质量和效果。学校可以与企业合作开展实习项目，为学生提供实践机会和职业体验，促进学校教育与社会需求的对接，推动教育教学工作的深入发展。

### （二）拓宽学生视野

拓宽学生的视野，引导他们进行社会化实践，具有重要的意义。在当今信息爆炸的时代，学生往往只关注学校和家庭的小圈子，缺乏对社会的全面了解和认知。而通过参与社会化实践，学生能够接触到更广泛的社会环境和人群，拓宽自己的视野，增强社会适应能力，具备更强的综合素质。

社会化实践有助于学生了解社会的多样性。学校和家庭是学生生活的主要场所，但社会的多样性远远超出了这两个小圈子的范围。通过参与社会化实践，学生可以接触到不同地区、不同文化背景和不同社会阶层的人群，了解他们的生活方式、价值观念和社会问题，从而拓宽自己的视野，增强对社会的全面认知。

社会化实践有助于学生培养社会责任感和公民意识。在参与社会化实践的过程中，学生往往会接触到社会上存在的各种问题和困难，如贫困、环境污染、人权等。通过亲身经历和参与，他们能够更加深刻地认识到这些问题的严重性和影响，进而激发起他们的社会责任感和公民意识，希望通过自己的努力去改变社会，促进社会的进步和发展。

社会化实践有助于学生提升实践能力和解决问题的能力。在社会化实践中，学生需要面对各种各样的挑战和困难，需要不断地调整自己的思维方式和行为方式，寻找解决问题的有效途径。通过这样的实践活动，学生可以提升自己的实践能力和解决问题的能力，培养创新精神和团队合作精神，为将来面对各种挑战和竞争做好充分的准备。

社会化实践有助于学生形成正确的人生观和价值观。在社会化实践的过程中，学生会接触到各种各样的人生经验和价值取向，通过观察和思考，他们可以逐渐形成自己的人生观和价值观，确定自己的人生目标和价值追求。这对于他们的成长和发展具有重要的意义，能够帮助他们在今后的人生道路上保持积极向上的心态，勇敢面对挑战和困难，实现自己的人生理想。

## 二、社会化实践的特点

### （一）注重实践性和应用性

实践性是社会化实践的基本特点之一。实践性强调个体通过亲身实践和经验积累来获取知识和技能。在社会化实践中，个体通过参与各种社会活动，如工作、学习、生活等，来实践自己的能力和技能。在工作中，个体通过实际操作和实践经验来掌握工作技能和方法；在学习中，个体通过动手实践和实地考察来加深对知识的理解和应用。通过实践性的学习，个体能够更加深入地了解事物的本质和规律，提高自己的实际能力和应对能力。

应用性是社会化实践的重要特点之一。应用性强调个体在实践中所获取的知识和技能能够被应用到实际生活中去。在社会化实践中，个体通过实践所获取的知识和技能并不是停留在理论层面，而是能够被应用到实际的工作、生活和社会活动中去。在工作中，个体通过实践所学到的专业知识和技能能够被直接应用到工作实践中，解决实际问题和挑战；在生活中，个体通过实践所获取的生活技能和经验能够帮助他们更好地适应和应对生活中的各种情境和挑战。

通过应用性的实践，个体能够将所学知识和技能真正地转化为实际能力和应用效果，实现自我提升和价值实现。

实践性和应用性的结合是社会化实践的重要特点之一。实践性和应用性相辅相成，缺一不可。在社会化实践中，个体通过实践获取知识和技能，然后将其应用到实际生活中去，不断地进行实践和应用，形成良性循环。在工作中，个体通过实践不断地积累经验和提高能力，然后将所学所得应用到实际工作中去，不断地完善和提高自己的工作效率和质量；在学习中，个体通过实践不断地巩固和拓展知识，然后将所学所得应用到实际生活中去，不断地提高自己的实践能力和应对能力。通过实践性和应用性的结合，个体能够实现知行合一，真正地将所学所得转化为实际效果和价值。

## （二）具有开放性和灵活性

开放性和灵活性是社会化实践的重要特点之一。开放性意味着社会化实践不受束缚，能够适应不同的环境和情境。这种开放性使得社会化实践具有更广泛的适用性和灵活性，能够应对不同的挑战和需求，为个体提供更多的选择空间和发展机会。

社会化实践的灵活性体现在其方法和手段的多样性上。在社会化实践中，个体可以根据自身的需求和情况选择不同的方法和手段，来实现自己的目标和理想。这种灵活性使得社会化实践更加具有针对性和实效性，能够更好地满足个体的需求和要求。

社会化实践的开放性还表现在其参与主体的多样性上。在社会化实践中，个体可以选择不同的参与主体，如个人、家庭、社区、组织等，来实现自己的社会化目标。这种开放性使得社会化实践更加多元化和富有包容性，能够充分发挥不同主体的作用和潜力，为社会的发展和进步提供更多的动力和支持。

社会化实践的灵活性还表现在其内容和形式的多样性上。在社会化实践中，个体可以选择不同的内容和形式，如参加志愿活动、社会实践、职业培训等，来实现自己的社会化目标。这种灵活性使得社会化实践更加贴近个体的实际需求和兴趣，能够更好地促进个体的全面发展和成长。

## 第二节 社会化实践在体育教学中的应用现状

### 一、社会化实践在体育教学中的应用现状分析

#### （一）学校体育教学的社会化需求

学校体育教学的社会化需求日益凸显，这源于社会对学生全面发展的期待以及对体育素养的重视。体育教学不仅仅是传授运动技能，更重要的是培养学生的社会责任感和团队合作精神。在当今社会，团队合作能力和社会责任感是成功的关键因素之一，而体育教学正是培养这些素质的有效途径之一。

体育教学也承载了社会对于健康生活方式的期待。随着社会发展和生活水平提高，人们对健康的关注度也越来越高。体育教学不仅可以帮助学生掌握运动技能，更重要的是培养他们养成良好的生活习惯和健康的生活方式，从而提高整个社会的健康水平。

要实现体育教学的社会化需求，需要将社会化实践融入体育教学的方方面面。学校可以组织学生参与社区体育活动，例如义工服务、社区健身活动等，通过实践活动来培养学生的社会责任感和团队合作精神。学校还可以引入社会化实践课程，将社会实践与体育教学相结合，让学生在实践中学习，通过体验和反思来提高自己的社会化素养。

在体育教学中，社会化实践的应用现状也在不断发展。越来越多的学校和教师意识到了社会化实践在体育教学中的重要性，开始将社会化实践融入体育课程中。一些学校开设了社会化实践课程，组织学生参与社区体育活动，培养其社会责任感和团队合作精神。

一些体育教育机构也在积极探索社会化实践的应用模式。一些体育培训机构通过组织学生参加公益活动、举办公开赛事等方式，培养学生的社会责任感和团队合作精神，从而提高其综合素质和竞争力。

体育教学中社会化实践的应用还存在一些问题和挑战。由于学校体育资源不足、师资力量不足等原因，导致一些学校无法开展有效的社会化实践活动。需要加大对学校体育教学的支持力度，提高其社会化实践能力，从而更好地满足社会对体育教学的需求。

## （二）社会化实践在体育教学中的具体应用现状

### 1. 学校与社会体育组织合作

学校与社会体育组织合作是促进社会化实践在体育教学中应用的重要途径之一。当前，这种合作已经在许多地方得到了积极推广和实践，为学生提供了更加丰富多样的体育教学资源和实践机会。

通过学校与社会体育组织的合作，可以为学生提供更加丰富多样的体育活动和教学资源。在学校体育课程中，通常会有一些项目无法在学校内部开展，例如高水平的比赛训练、专业的技能培训等，而这正是社会体育组织擅长的领域。通过与社会体育组织合作，学校可以借助其丰富的资源和专业的教练团队，为学生提供更加优质的体育教学服务，满足他们不同层次、不同需求的学习需求。

学校与社会体育组织合作还可以促进学校体育教学水平的提升。社会体育组织通常拥有更加专业的教练团队和训练设施，具备更丰富的教学经验和更先进的教学理念。通过与这些组织合作，学校可以借鉴其先进的教学方法和管理经验，提高教师队伍的整体素质和水平，进一步提升学校体育教学的质量和效果。

学校与社会体育组织合作还可以为学生提供更广阔的发展平台和职业发展机会。社会体育组织通常与各类体育机构和企业有着密切的联系和合作关系，为学生提供了丰富的实践机会和职业发展渠道。通过与这些组织合作，学校可以为学生搭建更加广阔的职业发展平台，帮助他们更好地实现自己的体育梦想和职业目标。

学校与社会体育组织合作的模式也在不断创新和完善。当前，一些地方已经建立起了学校与社会体育组织联合办学的机制，通过共建共享的方式，充分发挥各自的优势，实现资源共享和优势互补，为学生提供更加优质的体育教学服务和实践机会。这种合作模式不仅有助于提高学校的教学水平和教学效果，还能够为社会体育组织拓展市场和拓展品牌提供更广阔的平台和更丰富的资源。

**2. 社会化实践项目开展**

社会化实践项目的开展在一定程度上丰富了体育教学的内容和形式。传统的体育教学往往局限于课堂内部的理论教学和技能训练，学生的参与度和体验感较低。而通过引入社会化实践项目，可以将体育教学与社会实践相结合，使学生在实践中学习，在学习中实践。组织学生参加社区义工活动或体育赛事，让他们亲身体验体育运动的魅力，感受团队合作的重要性，培养他们的社会责任感和团队意识。

社会化实践在体育教学中有助于促进学生的身心健康发展。体育运动是保持身体健康的重要途径之一，通过参与社会化实践项目，学生可以积极参与体育活动，锻炼身体，增强体质。体育活动还有助于释放学生的压力，调节情绪，提高心理素质。通过组织户外拓展活动或体育竞赛，学生可以在轻松愉快的氛围中享受运动的乐趣，释放自己的压力，提升自信心和抗挫能力。

社会化实践可以促进学生的综合素质提升。体育教学的目标不仅在于培养学生的体育技能，更重要的是培养他们的综合素质，包括社会适应能力、创新能力、团队合作精神等。通过参与社会化实践项目，学生可以锻炼自己的社会适应能力，学会与他人合作、沟通，培养创新思维和解决问题的能力。在体育赛事中，学生需要与队友协作、克服困难，这既是对他们体育技能的考验，也是对他们团队合作精神和应变能力的锻炼。

当前在体育教学中，社会化实践的应用还存在一些不足之处。由于学校教育资源的不足和师资力量的匮乏，一些学校无法为学生提供丰富多样的社会化实践项目。一些学校对于社会化实践的重视程度不够，体育教学往往被视为次要的课程，社会化实践项目无法得到充分的支持和重视。一些学校在组织社会化实践项目时存在安全隐患和管理不善的问题，导致学生参与社会化实践的积极性和热情不高。

为了更好地推动社会化实践在体育教学中的应用，我们应该采取一系列措施。政府部门应加大对体育教育的投入，提供更多的教育资源和师资力量，为学校组织社会化实践项目提供支持和保障。学校应加强对社会化实践的组织和管理，确保活动的安全性和有效性，激发学生参与的积极性和热情。教育部门和学校应加强对体育教学的宣传和推广，增强社会对体育教育的重视程度，为学生提供更广阔的发展空间和机会。

## 二、社会化实践在体育教学中的意义和挑战

### （一）培养社会责任感

在体育教学中，培养学生的社会责任感和进行社会化实践具有重要意义。体育教学是一个理想的平台，可以引导学生通过团队合作、公平竞争等方式培养社会责任感。通过参与社会化实践，学生可以将课堂所学应用到实际生活中，促进其社会参与意识的培养。要在体育教学中成功实施社会化实践也面临着诸多挑战。比如，如何将社会责任感融入体育教学中并不容易，需要教师有针对性地设计课程内容和教学方法。

为了在体育教学中有效培养学生的社会责任感，教师可以采取多种策略。一种方法是通过体育比赛和运动项目培养学生的团队合作精神和公平竞争意识。组织学生参与团队运动比赛，并强调团队合作和公平竞争的重要性，从而潜移默化地培养其社会责任感。教师还可以引导学生关注社会公益事业，组织义工

活动或社区服务项目,让学生通过实际行动体验社会责任的重要性。

要在体育教学中成功实施社会化实践也面临着一些挑战。现实中的体育教学往往受到课程设置和教学资源的限制,导致教师很难将社会化实践融入教学中。学生的个体差异和家庭背景也会影响他们对社会责任的理解和接受程度,需要教师采取差异化教学策略,针对不同学生的特点有针对性地进行教学。教师自身的素质和能力也是影响社会化实践效果的重要因素,需要教师具备跨学科的知识和教育技能,才能有效地引导学生进行社会化实践。

## (二) 面临的挑战

### 1. 资源不足

资源不足一直是制约社会化实践在体育教学中发展的主要障碍之一。社会化实践为学生提供了一个更广阔的学习平台,使他们能够在真实的社会环境中应用所学知识。社会化实践有助于培养学生的团队合作精神和领导能力,这在体育教学中尤为重要。通过社会化实践,学生可以更好地理解体育运动在社会中的意义,从而培养出积极的社会责任感。

社会化实践在体育教学中也面临着一些挑战。资源不足导致学校无法提供充足的场地、设备和经费支持社会化实践活动。社会化实践需要专业的指导和管理,但是由于师资力量不足,很多学校无法为学生提供高质量的指导和管理。社会化实践还存在着风险管理等方面的挑战,学校需要制定相应的安全措施来保障学生的安全。

要促进社会化实践在体育教学中的发展,需要采取一系列措施。政府和学校应加大对体育教育的投入,提高场地、设备和经费的供给水平,为社会化实践活动提供更好的条件。学校应加强师资队伍建设,培养更多专业化的体育教师和社会化实践指导员,提高教学质量和管理水平。学校还应加强对学生的安全教育,提高他们的安全意识,有效应对社会化实践活动中的各种风险。

**2. 教学管理困难**

在体育教学中，社会化实践具有重要的意义。它能够促进学生的综合素质发展。通过参与各种体育活动和比赛，学生不仅可以提高自身的运动技能，还可以培养团队合作精神和领导能力。社会化实践可以增强学生的社会适应能力。在体育活动中，学生需要与他人合作、竞争，这有助于他们逐渐适应社会生活中的各种人际关系和竞争环境。

社会化实践在体育教学中也面临着一些挑战。资源不足是制约社会化实践的主要因素之一。许多学校缺乏足够的体育设施和器材，导致学生参与体育活动的机会有限。社会化实践可能受到学生自身兴趣的影响。一些学生可能对体育活动缺乏兴趣，导致他们对参与社会化实践缺乏积极性。社会化实践的组织和管理也是一个挑战。学校需要合理安排体育课程和活动，确保每个学生都能够参与其中，并且要注意保障学生的安全。

针对社会化实践在体育教学中的意义和挑战，我们应该采取一系列措施。学校和政府部门应该加大对体育设施和器材的投入，提高学生参与体育活动的机会。我们可以通过丰富多彩的体育课程和活动来激发学生的兴趣，提高他们参与社会化实践的积极性。学校还应该加强对体育教师和管理人员的培训，提高他们组织和管理社会化实践的能力。只有这样，我们才能更好地发挥社会化实践在体育教学中的作用，促进学生健康成长。

# 第三节 社会化实践对体育教学模式的影响

## 一、丰富教学内容与方法

### （一）实践性教学内容

社会化实践不仅仅是一种理论概念，更是一种教学方法的实践运用。社会化实践通过提供真实的社会环境，能够激发学生的学习兴趣和参与度。在传统的体育教学中，学生可能更多地处于被动接受知识的状态，而通过社会化实践，他们有机会在真实的情境中运用所学的知识和技能，从而更深入地理解和掌握。

社会化实践对于体育教学模式的影响体现在其能够促进学生的团队合作意识和能力。在体育活动中，团队合作是至关重要的，而社会化实践提供了一个锻炼团队合作的理想平台。通过与同伴一起制订策略、协调配合、共同努力达成目标，学生不仅能够提高自己的团队合作能力，还能够学会倾听、尊重他人的意见，培养出良好的团队精神。

社会化实践还能够拓展体育教学的内容和形式。传统的体育教学往往局限于课堂内的理论讲解和简单的体育活动，而通过社会化实践，教师可以将学生带到更广阔的社会场景中进行实践。比如，组织学生参加社区体育活动、赛事等，让他们在更真实的环境中感受体育运动的魅力，同时也能够培养他们的比赛心态和应变能力。

社会化实践对体育教学模式的影响还表现在其能够促进学生的自主学习和创新能力。在社会化实践中，学生往往需要主动探索和解决问题，而不是被动地接受知识和指导。这种自主学习的过程能够激发学生的创新潜能，培养他们的问题解决能力和自主思考能力，从而更好地适应未来社会的发展需求。

社会化实践对体育教学模式的影响还在于其能够促进学生的综合素质发展。体育教育的目标不仅在于培养学生的运动技能，更在于培养他们的身心健康、团队合作、领导能力等综合素质。而社会化实践提供了一个综合性的学习平台，能够全方位地促进学生的综合素质发展，使其在未来的社会生活和工作中更具竞争力。

## （二）多样化教学方法

在体育教学中，采用多样化的教学方法是提高教学效果和满足学生多样化需求的关键。多样化的教学方法能够激发学生的学习兴趣和积极性，通过不同的教学活动和任务，满足学生的个性化学习需求，促进其全面发展。多样化的教学方法也有助于培养学生的批判性思维和解决问题的能力，使他们在体育运动中不仅能够掌握技能，还能够理解规则和策略，提高自己的运动表现。

社会化实践对体育教学模式的影响不容忽视。社会化实践提倡学生通过参与社会活动和实践经验来学习和成长，这与传统的体育教学模式有很大的不同。传统的体育教学模式主要注重技能和规则的传授，而社会化实践则更注重学生的主体性和实践性，鼓励学生主动参与和探索，从而培养其独立思考和解决实际问题的能力。这种变革不仅使体育教学更加贴近学生的实际需求和社会发展，也为学生提供了更多的学习机会和成长空间。

多样化的教学方法和社会化实践相结合，可以创新体育教学模式，提高教学效果。教师可以结合多媒体技术和互动教学方法，设计富有创意和趣味性的教学活动，激发学生的学习兴趣和积极性。教师还可以引入社会化实践的元素，组织学生参与社区服务、体育赛事或文化交流活动，让学生通过实践经验来理解和掌握体育知识和技能，培养其社会责任感和实践能力。

多样化的教学方法和社会化实践也面临一些挑战。教师需要具备跨学科的知识和教育技能，才能有效地设计和实施多样化的教学活动。教学资源和条件也是限制多样化教学方法和社会化实践发展的重要因素，需要教育部门和学校提供更多的支持和投入。学生的个体差异和家庭背景也会影响其对多样化教学方法和社会化实践的接受程度，需要教师和学校采取差异化教学策略，满足不同学生的学习需求。

## 二、促进学生全面发展与素质提升

### （一）培养实践能力

培养实践能力是体育教学的核心目标之一，而社会化实践对体育教学模式的影响在这一方面尤为显著。社会化实践鼓励学生将理论知识与实践能力相结合，使他们在实际操作中学习和应用体育技能。这种融合不仅增强了学生的学习兴趣，还培养了他们的实践能力和问题解决能力。

除了培养实践能力，社会化实践还给体育教学模式带来了更加开放和灵活的特点。传统的体育教学往往以课堂教学和固定的体育项目为主，而社会化实践则更注重学生的个性发展和多元化学习。学生可以选择参与不同类型的体育活动和项目，根据自己的兴趣和特长进行学习和实践，从而实现个性化的学习路径。

社会化实践还促进了体育教学与社会的紧密结合。通过与社会各界的合作和交流，学校可以为学生提供更丰富的学习资源，如实地考察、实践项目等。这不仅拓宽了学生的视野，还增强了他们的社会责任感和团队合作精神。

社会化实践在体育教学模式中也面临一些挑战。如何有效整合社会化实践资源和教学内容是一个关键问题。由于社会化实践涉及多方合作和资源整合，需要学校和教师具备一定的组织和管理能力。如何确保社会化实践活动的质量和效果也是一个不容忽视的问题。学校和教师需要对社会化实践活动进行严格的评估和监管，确保其能够有效地促进学生的全面发展。

为了更好地发挥社会化实践在体育教学模式中的作用，需要采取一系列措施。学校和教育部门应加强对社会化实践的政策支持和资源投入，为学生提供更多的学习机会和实践平台。学校应加强对教师的培训和指导，提高其组织和管理能力。学校还应加强对社会化实践活动的质量评估和监管，确保其能够有效地促进学生的全面发展。

## （二）促进团队合作

社会化实践在体育教学模式中发挥着重要的作用，特别是在促进团队合作方面。通过参与各种团队体育活动，如篮球、足球等，学生可以学习到团队合作的重要性。在这些活动中，每个人都需要发挥自己的特长，与队友密切配合，共同达成目标。这种团队合作的经验不仅能够提高学生的团队协作能力，还可以培养他们的沟通和交流能力。

实施社会化实践对促进团队合作也存在一定的挑战。不同学生的能力和兴趣可能存在差异，这可能导致团队合作中的摩擦和冲突。一些学生可能对某些体育项目不感兴趣或缺乏相关技能，这可能影响到团队的整体表现。团队合作需要时间和耐心的培养，学生们可能需要一段时间才能适应团队合作的模式，真正实现团队的和谐与统一。

为了充分利用社会化实践促进团队合作，我们可以采取一些有效的策略。体育教学中应注重团队建设和团队合作的培训。通过组织团队活动、团队挑战等形式，引导学生认识到团队合作的价值和重要性。教师在教学中应鼓励学生主动参与、积极交流，培养他们的团队精神和合作意识。教师还应该关注团队合作过程中出现的问题，及时进行指导和调解，确保团队的和谐运作。

学校还可以通过设置团队评价和奖励机制，激励学生积极参与团队活动，发挥个人优势，为团队做出贡献。通过这种方式，学生不仅能够体验到团队合作的乐趣，还能够真正理解和掌握团队合作的技巧和方法。总之，社会化实践在体育教学模式中对促进团队合作有着积极的影响，只要我们采取合适的策略和方法，就能够有效地培养学生的团队合作能力，为他们未来的发展打下坚实的基础。

# 第七章 教师角色转变与体育教学模式

## 第一节 教师角色转变的背景与意义

### 一、教师角色转变的背景

#### （一）教育理念的变革

教育理念的变革和教师角色的转变是当今教育领域的两大关键议题。这两者之间存在密切的联系和互动。教育理念的变革反映了社会、文化和技术的发展趋势，这些变革不仅影响着教育目标和内容，还对教师的角色和职责提出了新的要求。

随着知识经济和信息社会的到来，教育不再仅仅是传授知识和技能，更加注重培养学生的综合素质和创新能力。在这样的背景下，教育理念从单一的知识传授转变为以学生为中心，注重个性化、探究性和合作性学习。这种变革要求教师不再是简单地传授知识的"知识提供者"，而是变成了学生的"学习伙伴"和"指导者"。

技术的快速发展也为教育理念的变革提供了有力支持。现代技术，特别是信息技术和通信技术，使得教育可以更加灵活、多样化和个性化。在线学习、移动学习、虚拟现实等新兴技术的应用，使得教育不再受限于时间和空间，学生可以在任何地方、任何时间接受教育。这种技术驱动的变革要求教师具备更强的技术能力和创新精神，以适应这种新的教育环境。

社会的多元化和全球化也为教育理念的变革提供了新的视角。在全球化的背景下，跨文化、跨国界的交流和合作成为常态。这要求教育不仅要培养学生的国家认同感，还要培养他们的国际视野和跨文化交往能力。这种多元化和全球化的背景下，教师的角色也发生了转变，他们需要成为国际化的教育者，具备跨文化沟通和合作的能力。

教育理念的变革还受到教育研究和心理学研究的影响。随着对学习过程和学习者特点的深入研究，人们对教育的认识越来越深入，认识到学习是一个主动、探究和构建知识的过程。这种认识要求教育不仅要关注知识和技能的传授，还要注重学生的学习策略、学习习惯和学习动机的培养。这种研究驱动的教育变革，使得教师的角色从单一的教学者转变为学习的促进者和学习过程的引导者。

家长和社会对教育的期望和需求也是影响教育理念变革和教师角色转变的重要因素。随着家长对教育质量和教育公平的关注日益增强，他们对学校和教师提出了更高的要求。家长希望学校能够培养孩子的全面发展，不仅要关注他们的学术成就，还要关注他们的身心健康、社会能力和人生规划。这种社会压力和家长期望，使得教育者和教师不得不对自己的教育理念和教学方法进行反思和调整，以适应这种新的教育环境。

## （二）信息技术的发展

信息技术的飞速发展已经深刻地改变了教育领域的面貌，在这一变革背景下，教师的角色也正在发生重要的转变。随着互联网、移动设备和教育技术的普及，学生获取信息和知识的方式发生了根本性的变化。传统的"知识传授者"角色逐渐不再适应现代教育的需求，教师需要成为学生的指导者、合作伙伴和学习者，引导他们积极探索和主动学习。

信息技术的发展为教师提供了丰富的教学工具和资源，这也促使教师从单一的教学方式转变为多样化的教学策略。教师可以利用数字化教材、在线课程和教育应用程序来丰富课堂内容，提供个性化学习体验。教师还可以利用社交媒体和协作工具促进学生之间的交流和合作，培养他们的团队合作和问题解决能力。这种角色转变不仅提高了教学效果，还能够激发学生的学习兴趣和积极性。

教师角色的转变也带来了一系列的挑战和压力。教师需要不断地更新自己的教学知识和技能，掌握最新的教育技术和方法，以适应快速变化的教育环境。教师还需要调整自己的教学观念和态度，从"授课为主"转变为"学习为中心"，更加关注学生的个性发展和全面成长。教师还需要管理和评估学生的学习进度和成果，确保教学目标的实现，这对教师的组织和管理能力提出了更高的要求。

在信息技术发展的背景下，教师角色的转变也受到了社会、文化和教育政策的影响。社会对教育质量和教师专业素养的要求日益提高，这促使教师不断地提升自己的教学水平和教育观念。文化多样性和全球化趋势也对教师角色的转变提出了新的挑战和机遇，教师需要具备跨文化沟通和合作的能力，促进跨文化教育的发展。教育政策的变化和教育改革的推进也对教师角色的转变产生了重要影响，教师需要适应新的教育政策和课程标准，推动教育改革的深入实施。

## 二、教师角色转变的意义

### （一）促进教学效果的提升

促进教学效果的提升是每位教师追求的目标，而教师角色转变在这一过程中发挥着关键作用。传统的教师角色主要是知识的传授者和权威人物，而现代教育中，教师更多地成为学生学习的引导者和合作伙伴。这种角色转变意味着教师不再是单纯地向学生灌输知识，而是与学生共同探索、合作学习，从而激发学生的学习兴趣和主动性。

除了引导学生的学习，教师角色转变还有助于培养学生的批判性思维和创新能力。在传统教学模式中，学生往往被动接受知识，缺乏主动思考和创新的机会。而在新的教学模式下，教师鼓励学生提出问题、寻找答案，从而培养他们的批判性思维和创新能力。

教师角色转变还有助于建立积极的教师－学生关系。在传统的教学模式中，教师往往处于权威地位，与学生之间存在一定的距离。而在新的教学模式下，教师更多地与学生进行互动和交流，建立平等、开放的教学环境。这种积极的教师－学生关系有助于提高学生的学习积极性和教学效果。

教师角色转变也面临一些挑战。教师需要具备更多的教学技能和知识，以适应新的教学模式。教师需要掌握合作学习、项目式学习等多种教学方法，以满足学生的不同学习需求。教师还需要具备良好的心理素质和沟通能力，以建立与学生的积极关系，有效引导学生的学习。

为了成功实现教师角色的转变，需要采取一系列措施。学校和教育机构应提供相关的培训和支持，帮助教师掌握新的教学方法和技能。学校还应加强教师的专业发展，提供多种学习和交流的机会，以提高教师的教学水平和教学效果。学校还应鼓励教师与学生、家长、同行等多方面进行交流和合作，共同探索和实践新的教学模式。

## （二）适应学生需求的变化

### 1. 个性化需求

随着教育理念的变革和学生个性化需求的日益增长，教师角色也在发生转变。传统的教师角色主要是传授知识和技能，而现在的教师不仅要成为知识的传播者，更要成为学生学习的引导者和伙伴。这意味着教师需要更加关注学生的个性化需求，为他们提供个性化的学习支持和指导。

教师角色的转变对教育的意义深远。它有助于激发学生的学习兴趣和积极性。当教师能够理解和满足学生的个性化需求时，学生会感受到被尊重和关心，从而更加投入到学习中。教师作为学习的引导者和伙伴，能够帮助学生发现自己的潜能，培养他们的自主学习能力和批判性思维能力。

教师角色的转变也面临着一些挑战。教师可能需要接受新的教育理念和方法，这需要他们进行不断的专业发展和学习。个性化教育需要教师有更强的教学能力和心理素质，能够处理不同学生之间的差异和需求，确保每个学生都能够得到适合自己的学习支持。

为了适应教师角色的转变，教师们需要采取一系列的策略和方法。教师应该加强自身的专业发展，提高自己的教学能力和教育技能，以满足学生的个性化需求。教师还应该建立良好的师生关系，与学生建立信任和合作的关系，为他们提供必要的支持和指导。教师还可以利用现代技术和教育资源，如在线教育平台、教育软件等，为学生提供更加丰富和多样化的学习资源。

**2. 多样化需求**

多样化需求是现代社会教育领域的显著特点，这种多样性不仅反映在学生的学习需求上，还体现在家长、社会、文化和技术等多方面的期望中。在这样的背景下，教师角色的转变显得尤为重要和必要。教师作为教育的核心力量，需要适应和满足多样化的学习需求，这要求他们从传统的教学模式转变为更加灵活和多元化的教学方式。

现代学生的学习需求日益多元化，他们不再满足于单一的知识传授，更加追求个性化、探究性和实践性的学习体验。这种多样化的学习需求要求教师不仅要提供知识和技能的指导，还要激发学生的学习兴趣，培养他们的学习动机，引导他们发展自主学习和批判性思维的能力。这种转变意味着教师需要成为学习的引导者和促进者，而不仅仅是知识的传播者。

家长和社会对教育的期望也日益多样化，他们不再满足于传统的学术成就评价，更加关注学生的全面发展和综合素质的培养。这种多样化的期望要求教师不仅要关注学生的学术表现，还要关注他们的身心健康、社会能力、创新能力和人生规划。这种转变意味着教师需要成为学生全面发展的引导者和支持者，为他们提供个性化的教育服务和学习支持。

文化和社会的多样性也为教师角色的转变提供了新的挑战和机遇。在全球化的背景下，跨文化和跨国界的交流和合作成为常态，这要求教师具备跨文化沟通和合作的能力。这种转变意味着教师需要成为跨文化交往和合作的桥梁，促进学生的国际视野和跨文化交往能力的培养。

技术的快速发展也为教师角色的转变提供了有力支持。现代技术，特别是信息技术和通信技术，使得教育可以更加灵活、多样化和个性化。在线学习、移动学习、虚拟现实等新兴技术的应用，使得教师可以采用更加创新和多元化的教学方式，满足学生和家长日益增长的多样化需求。这种转变意味着教师需要成为技术应用的先行者和创新的推动者，积极探索和应用新的教育技术，提高教学效果和学习体验。

教育研究和心理学研究的进展也为教师角色的转变提供了理论支持和指导。随着对学习过程和学习者特点的深入研究，人们对教育的认识越来越深入，认识到学习是一个主动、探究和构建知识的过程。这种转变意味着教师需要成为学习过程的引导者和促进者，关注学生的学习策略、学习习惯和学习动机，积极引导和激发学生的学习兴趣和潜能。

## 第二节 教师角色转变在体育教学中的实践

### 一、教师角色转变在体育教学中的实践分析

#### （一）个性化教学实践

**1. 了解学生需求**

在体育教学中，了解学生的需求是实现教师角色转变的关键，这也是提高

教学质量和效果的基础。了解学生的需求意味着教师需要关注学生的兴趣、能力、学习风格和个性特点，以提供个性化和差异化的教学。通过与学生的互动和沟通，教师可以更好地了解他们的学习动机和目标，从而调整教学策略，满足学生的学习需求和期望。

实践中，教师角色的转变在体育教学中具有特殊的意义和价值。体育教学注重学生的身体和心理健康，教师需要成为学生的健康指导者和生活导师，促进他们形成积极的生活方式和健康习惯。教师还需要成为学生的技能教练和战略指导者，帮助他们掌握体育技能和策略，提高竞技水平和团队合作能力。

了解学生需求对于教师角色转变的实践提出了新的挑战和机遇。教师需要具备开放的心态和包容的态度，愿意接受和尊重学生的多样性，鼓励他们表达自己的观点和想法。教师还需要发展自己的沟通和倾听技巧，建立与学生的信任和合作关系，共同探讨和解决教学中的问题和困难。教师还需要积极参与专业发展和教育研究，不断地更新自己的教学知识和技能，提高教学效果和满足学生的学习需求。

在体育教学的实践中，教师角色转变的成功实现需要教师具备一定的教学策略和方法。教师可以采用问题导向和项目式学习的方法，鼓励学生通过实践经验来探索和解决体育问题，培养他们的批判性思维和创新能力。教师还可以利用技术工具和在线资源，设计富有趣味性和挑战性的教学活动，激发学生的学习兴趣和积极性。教师还需要定期评估和反思自己的教学实践，收集学生的反馈和建议，不断地调整和改进教学策略，提高教学效果和满足学生的学习需求。

**2. 差异化教学设计**

差异化教学设计是满足学生个体差异需求的有效方法，而教师角色转变在体育教学中的实践尤为关键。体育教学中的学生差异主要表现在体能、技能水平、兴趣和动机等方面。传统的教学模式往往以一刀切的方式进行，忽视了学生个体差异，导致部分学生的学习效果不佳。而教师角色转变鼓励教师更加关注学生的个体差异，根据学生的特点和需求进行差异化教学设计，以提高教学效果。

在差异化教学设计中，教师的角色从单一的知识传授者转变为学生学习的引导者和合作伙伴。教师不再仅仅传授体育知识和技能，而是根据学生的特点和需求，设计个性化的学习任务和活动，激发学生的学习兴趣和主动性。对于体能较强的学生，教师可以设计更具挑战性的体育活动和项目；对于技能水平较低的学生，教师可以提供更多的指导和支持，帮助他们逐步提高技能。

教师角色转变还有助于建立积极的教师－学生关系。在差异化教学设计中，教师与学生之间的互动和交流增多，教师更加关注学生的感受和需求，建立平等、开放的教学环境。这种积极的教师－学生关系有助于提高学生的学习积极性和教学效果。

教师角色转变在体育教学中的实践也面临一些挑战。如何有效地识别和应对学生的个体差异是一个关键问题。教师需要具备一定的教学技能和经验，以识别学生的特点和需求，设计适合的差异化教学策略。差异化教学设计需要教师投入更多的时间和精力，包括教学准备、活动设计、学生评估等，这对教师的工作量提出了更高的要求。

## （二）引导学生自主学习实践

### 1. 设立学习目标

在体育教学中，设立学习目标是至关重要的，而教师角色的转变对于实现这一目标也具有决定性的作用。明确的学习目标能够为体育教学提供清晰的方向和目的。教师作为学习的引导者，应该与学生共同制订学习目标，确保它们既具有挑战性，又符合学生的实际水平和需求。

教师角色转变在体育教学中的实践，对于提高学生的学习积极性和参与度具有积极的影响。教师作为学习的伙伴和指导者，应该与学生一起参与到学习过程中，鼓励他们主动参与、积极探索。这样，学生会感受到学习的乐趣和成就感，从而更加投入到体育活动中。

教师角色转变在体育教学中的实践也面临着一些挑战。教师需要具备专业的体育知识和技能，以确保他们能够有效地指导学生实现学习目标。教师需要了解每个学生的学习需求和能力水平，制订适合他们的学习计划和方法。这需要教师具有良好的教学能力和心理素质，能够处理不同学生之间的差异和需求。

为了实践教师角色的转变，在体育教学中设立和实现学习目标，教师们可以采取一系列的策略和方法。教师应该与学生共同制订学习目标，确保它们既具有挑战性，又能够实现。教师可以通过组织团队活动、个性化指导等方式，鼓励学生主动参与、积极探索，实现学习目标。教师还可以利用现代技术和教育资源，如视频教学、在线平台等，为学生提供丰富和多样化的学习资源，帮助他们实现学习目标。

### 2. 学习资源引导

学习资源引导在现代教育中占据着越来越重要的位置，特别是在体育教学中。随着技术的发展和教育理念的变革，学习资源从传统的教科书和讲授扩展到了包括数字化、在线平台、实践活动等多种形式。在这样的背景下，教师角色的转变在体育教学中显得尤为关键。教师不再是简单地传授知识和技能的传统角色，而是转变为学习资源的引导者和管理者。

在体育教学中，学习资源包括但不限于体育器材、训练场地、数字化学习平台、视频教程、实践活动等。这些资源为学生提供了丰富的学习机会和体验，帮助他们更好地理解和掌握体育知识和技能。教师的角色转变意味着他们需要根据学生的需求和兴趣，有效地引导和管理这些学习资源，使其更好地服务于教学目标和学生的学习需求。

教师角色的转变也意味着他们需要积极探索和应用新的教学方法和技术，以更好地利用学习资源。利用数字化学习平台和在线视频教程，教师可以为学生提供丰富的学习资源，满足他们的学习需求和兴趣。教师还可以组织实践活动，如户外探索、团队合作游戏等，使学生在实践中体验体育知识和技能，增强他们的学习体验和兴趣。

教师角色的转变还要求他们与学生建立更为紧密的互动和合作关系。作为学习资源的引导者，教师需要了解学生的学习需求和兴趣，根据他们的实际情况进行教学设计和资源配置。这种转变意味着教师需要成为学生的学习伙伴和指导者，与他们共同探索和利用学习资源，共同实现教学目标。

教师角色的转变还要求他们具备良好的组织和管理能力。有效地引导和管理学习资源，不仅需要教师了解和掌握各种学习资源的特点和使用方法，还需要他们能够合理地组织和安排教学活动，确保学生能够在安全、有序的环境中学习和实践。这种转变意味着教师需要成为教学活动的组织者和协调者，确保教学过程的顺利进行和有效实施。

教师角色的转变还要求他们具备持续的专业发展和学习能力。随着教育理念、教学方法和技术的不断发展和更新，教师需要不断地更新知识和技能，提高自己的教学水平和能力。这种转变意味着教师需要成为教学创新和发展的推动者，积极参与教育研究和教学改革，为学生提供更加优质和个性化的教学服务。

## 二、教师角色转变在体育教学中的意义

### （一）提升教学效果

在体育教学中，提升教学效果是教师们始终追求的目标。而教师角色的转变在这一过程中扮演着至关重要的角色。教师不再仅仅是知识的传递者，而是转变为学生学习的引导者和合作伙伴。这种角色转变有助于激发学生的学习兴趣和积极性，使他们更加主动参与到体育活动中，提高学习的效果和质量。

教师角色的转变在体育教学中具有深远的意义。教师作为学生的健康指导者，能够更加关注学生的身体和心理健康，指导他们形成良好的生活习惯和健康观念。教师作为学生的技能教练和战略指导者，能够帮助学生掌握体育技能和策略，提高他们的竞技水平和团队合作能力。这种角色转变不仅能够提升教

学效果，还能够培养学生的全面素养和综合能力。

在提升教学效果的过程中，教师角色的转变也面临着一系列的挑战和压力。教师需要不断地更新自己的教学知识和技能，适应快速变化的教育环境和学生的需求。教师还需要发展自己的沟通和协作能力，建立与学生的信任和合作关系，共同探讨和解决教学中的问题和困难。教师还需要积极参与专业发展和教育研究，不断地反思和改进教学实践，提高教学效果和满足学生的学习需求。

### （二）促进学生综合发展

促进学生综合发展是教育的根本目标之一，而教师角色转变在体育教学中扮演着关键的角色。体育教学不仅仅是传授体育知识和技能，更重要的是培养学生的身体素质、心理素质、社会交往能力和创新能力等多方面的综合素养。传统的教学模式往往重视知识的灌输，忽视了学生的全面发展。而教师角色转变鼓励教师更加关注学生的综合发展，通过差异化教学、合作学习和实践活动等方式，促进学生在体育教学中的全面成长。

在体育教学中，教师的角色从传统的知识传授者转变为学生的引导者、合作伙伴和激励者。教师不仅引导学生掌握体育知识和技能，还鼓励学生积极参与体育活动，锻炼身体，培养团队合作精神和领导能力。教师可以组织学生参与体育比赛、项目设计和社会实践活动，通过这些活动，学生不仅可以提高体育水平，还能锻炼自己的团队合作能力、解决问题的能力和创新能力。

教师角色转变还有助于建立积极的教师－学生关系。在体育教学中，教师与学生的关系很重要，它直接影响到学生的学习积极性和教学效果。通过教师角色转变，教师更加关注学生的感受和需求，建立平等、开放的教学环境，使学生感受到被尊重和被关心，从而更加积极地参与体育教学活动，实现自己的综合发展。

教师角色转变在体育教学中的实践也面临一些挑战。如何有效地实施综合素质教育是一个关键问题。教师需要掌握多种教学方法和策略，如差异化教学、合作学习、项目式学习等，以满足学生的不同需求。教师还需要具备一定的心理素质和沟通能力，以建立良好的教师－学生关系，有效引导学生的学习。

## 第三节 教师角色转变对体育教学的影响

### 一、教师角色转变对体育教学的影响分析

#### （一）从传授者到引导者

教师角色从传授者转变为引导者，这一转变对教育领域产生了深远的影响。作为传授者，教师主要是知识的提供者和传播者，而作为引导者，教师更注重培养学生的自主学习能力和批判性思维。这意味着教师需要从简单的知识传授转变为引导学生探索、分析和应用知识的过程，鼓励他们主动思考和解决问题。

#### （二）从单向传授到双向互动

从单向传授到双向互动的教学模式转变，标志着教育领域的深刻变革。这一变化不仅影响了教学方法和教学过程，也深刻地改变了教师的角色和地位。从单向传授到双向互动的转变意味着教师不再是单纯的知识传授者，而是成了学生学习的合作伙伴和引导者。

在传统的单向传授教学模式中，教师主要扮演着知识的提供者和权威人物的角色。在双向互动的教学模式中，教师与学生之间的关系发生了深刻的变化，变得更加平等、合作和互动。这种转变要求教师与学生建立起双向的沟通和合作关系，充分发挥学生的主体性和主动性，激发他们的学习兴趣和潜能。

从单向传授到双向互动的转变对教师的教学方法和策略提出了新的要求。在单向传授的教学模式中，教师主要采用讲授、演示等传统的教学方法，而在双向互动的教学模式中，教师需要采用更加多样化、灵活和创新的教学方法。

教师可以采用小组讨论、项目研究、案例分析等教学方法，激发学生的思考和探究，促进他们的主动参与和合作学习。

从单向传授到双向互动的转变也对教师的教学策略和技能提出了新的挑战。在单向传授的教学模式中，教师主要关注知识的传授和技能的训练，而在双向互动的教学模式中，教师需要关注学生的学习过程和学习策略，引导他们发展自主学习和批判性思维的能力。这种转变要求教师具备更强的教学设计、组织、引导和评估的能力，以确保教学活动的有效进行和学习目标的实现。

从单向传授到双向互动的转变还对教师的专业发展和个人成长提出了新的要求。在这种转变的背景下，教师需要不断地更新知识、提高技能、改进教学方法和策略，以适应教育改革和教学需求的发展。这种转变要求教师具备良好的自我反思和批判性思考的能力，不断地对自己的教学实践进行反思和改进，以提高教学效果和学习质量。

从单向传授到双向互动的转变对教师的职业认同和职业满足感也产生了积极的影响。在传统的教学模式中，教师可能面临知识过时、方法陈旧、学生被动等问题，导致职业压力和职业倦怠。在双向互动的教学模式中，教师与学生的互动和合作能够激发他们的工作热情和职业满足感，增强他们的职业认同和职业归属感。

## 二、教师角色转变对体育教学的促进作用

### （一）激发学生学习兴趣

在体育教学中，激发学生的学习兴趣是教师们追求的重要目标。而教师角色的转变在这一过程中起到了至关重要的作用。教师不再是单纯的知识传递者，而是变成了学生的学习引导者和合作伙伴。这种角色转变能够帮助教师更好地与学生建立联系，了解他们的兴趣和需求，从而设计出更加吸引学生的教学内容和方法，激发他们的学习兴趣。

在激发学生学习兴趣的过程中，教师角色转变也带来了一系列的挑战和机

遇。教师需要不断地更新自己的教学知识和技能，掌握最新的教育理念和方法，以适应快速变化的教育环境和学生的需求。教师还需要发展自己的沟通和协作能力，建立与学生的信任和合作关系，共同探讨和解决教学中的问题和困难。教师还需要利用现代技术工具和教学资源，设计富有趣味性和挑战性的教学活动，激发学生的学习兴趣和积极性。

### （二）促进学生全面发展

促进学生全面发展是现代教育的核心理念，而教师角色转变在体育教学中的影响对此具有深远的意义。传统的体育教学模式往往以知识传授为主，忽视了学生身心发展的全面性。而教师角色转变鼓励教师从单一的知识传授者转变为学生全面发展的引导者和合作伙伴，从而更好地满足学生身心发展的需求。

在体育教学中，教师的新角色要求他们不仅关注学生的体育技能和知识，还要关心学生的身心健康、社交能力、情感发展等方面。教师应该通过体育活动引导学生锻炼身体，提高身体素质；通过合作和竞技活动培养学生的团队精神和领导能力；通过反思和讨论帮助学生认识自己，建立自信，发展自我。

## 第四节 教师角色转变的启示与挑战

### 一、教师角色转变对体育教学的启示

#### （一）了解学生需求

了解学生需求是教师角色转变的核心之一，特别是在体育教学中。了解学生的需求意味着教师不仅要关注学生的学术表现，还要关注他们的兴趣、情感和身体健康。教师应该与学生建立良好的沟通渠道，了解他们的需求和期望，以便为他们提供个性化的学习支持和指导。

教师角色转变对体育教学的启示是深远的。教师应该成为学生学习的伙伴

和引导者，而不仅仅是知识的传授者。这意味着教师需要与学生一起参与体育活动，鼓励他们发现自己的潜能，培养他们的自信心和团队合作精神。教师应该关注每个学生的个性化需求，制订适合他们的学习计划和方法，确保每个学生都能够得到适当的学习支持。

教师角色转变也带来了一系列的挑战。了解学生的需求需要教师具备高度的敏感性和同理心，能够理解和体验学生的感受和需求。个性化教育需要教师具备丰富的教育知识和经验，能够灵活运用各种教学方法和策略，满足学生的不同需求。

## （二）促进学生综合素质的提升

促进学生综合素质的提升一直是教育的核心目标，特别在体育教学中，综合素质的培养更是不可或缺的重要组成部分。教师角色的转变对体育教学带来了深远的影响，为我们提供了有益的启示和思考。教师角色的转变意味着教师应成为学生综合素质培养的主导者和引导者，而不仅仅是体育技能和知识的传授者。

在传统的体育教学中，教师主要关注学生的体育技能和运动能力的培养，而对学生的综合素质，如身心健康、社会交往、情感管理等方面的培养关注不足。随着教师角色的转变，我们认识到体育教学应该关注学生的全面发展，不仅要培养他们的体育技能和运动能力，还要关注他们的身心健康、社会交往、情感管理等方面的综合素质。

教师角色的转变要求教师采用更加灵活、多样化和个性化的教学方法和策略。在传统的教学模式中，教师可能采用一成不变的教学方法，忽视学生的个体差异和兴趣特点。随着教师角色的转变，我们认识到体育教学应该注重学生的主体性和主动性，采用多样化的教学方法，如小组合作、项目研究、案例分析等，激发学生的学习兴趣和潜能，促进他们综合素质的提升。

教师角色的转变也要求教师与学生建立起紧密的互动和合作关系。在传统的教学模式中，教师可能扮演着权威和领导者的角色，而学生则处于被动接受和执行的状态。随着教师角色的转变，我们认识到教师应该与学生建立起平等、合作和互动的关系，充分发挥学生的主体性和主动性，激发他们的学习兴趣和潜能，促进他们综合素质的提升。

教师角色的转变还要求教师关注学生的身心健康和情感需求。在传统的教学模式中，教师可能过分关注学生的学习成绩和表现，忽视他们的身心健康和情感需求。随着教师角色的转变，我们认识到教师应该关注学生的身心健康，关心他们的情感需求，提供必要的支持和帮助，促进他们身心健康的发展，促进他们综合素质的提升。

## 二、教师角色转变对体育教学的挑战

### （一）教师角色定位问题

#### 1. 角色转变需求

角色转变是教育领域不可避免的话题，特别是在体育教学中，教师的角色定位更加复杂和多元。角色转变的需求源于社会和教育环境的变化。随着信息技术的发展和社会的进步，学生的学习方式、兴趣和需求也在发生改变。传统的教师角色，如知识的传递者和权威人物，已经不能满足现代教育的需求，需要教师转变角色，成为学生学习的引导者、合作伙伴和生活导师。

教师角色转变对体育教学带来了一系列的挑战。教师需要适应新的角色定位，发展自己的教学理念和方法。这需要教师不断地学习和成长，掌握新的教育理念和技能，以适应快速变化的教育环境和学生的需求。教师还需要面对学生的多样性和个体差异，如何平衡个性化教学和集体教学，如何满足学生的学习需求和期望，是教师需要思考和解决的重要问题。

教师角色定位问题是教育领域长期关注的议题。教师作为学生的引导者，需要指导学生形成良好的学习习惯和价值观。如何在指导学生的同时保持自己的教育立场和专业性，是教师面临的一个关键问题。教师还需要在个人和集体、自由和约束之间找到平衡，以实现教育目标和满足学生的学习需求。

在面对这些挑战和问题时，教师可以采取一系列的策略和方法。教师可以加强自己的专业发展，不断地学习和成长，提高自己的教学能力和教育水平。教师还可以加强与学生的沟通和合作，了解他们的学习兴趣和需求，调整教学内容和方法，以适应学生的学习风格和速度。教师还需要与同行和家长保持良好的关系，共同探讨和解决教育问题，提高教育质量和效果。

### 2. 角色定位模糊

角色定位模糊是教育领域常见的问题，尤其在教师角色转变的过程中，这一问题给体育教学带来了一系列挑战。传统的体育教学中，教师主要扮演的是知识的传授者和指导者的角色。随着教育理念的更新和教学模式的变革，教师角色逐渐向学生的引导者、合作伙伴和激励者转变。这一转变使得教师在教学实践中面临角色定位模糊的问题，不清楚自己应该扮演什么样的角色，如何平衡不同角色之间的关系，以及如何更好地促进学生的学习和发展。

在体育教学中，教师角色的模糊定位给教师带来了一系列挑战。教师可能会感到困惑，不知道如何同时兼顾传授知识、引导学生和合作互动等多项任务。这种困惑可能导致教师在教学实践中缺乏明确的方向和策略，影响教学效果。角色定位模糊可能导致教师在教学中出现行为不一致、信息不连贯的情况，使学生感到困惑和不满，进而影响学生的学习积极性和教学效果。

角色定位模糊还可能导致教师在教学实践中出现过度干预或过度放任的问题。过度干预可能导致学生失去自主学习的机会，影响其发展自主学习和解决问题的能力；而过度放任可能导致学生缺乏必要的指导和支持，影响其学习效果和成长。这些问题都反映了教师角色定位模糊对体育教学带来的挑战。

## （二）个性化教学难度

### 1. 学生差异带来的挑战

学生差异带来的挑战是体育教学中不可避免的现实。每个学生都有自己独特的学习风格、能力和兴趣，这意味着教师需要面对一个多样化和复杂化的学生群体。这些学生差异可能包括学习速度、体育技能、团队合作能力以及对体育活动的感兴趣程度。教师在体育教学中面临着如何有效地满足每个学生的需求和提供个性化支持的挑战。

教师角色转变对体育教学带来的挑战是显而易见的。作为传统的知识传授者，教师可能更容易采用统一的教学方法和策略，忽视了学生的差异性。而现在，教师需要转变为学生学习的引导者和伙伴，这要求他们具备更高的教学能力和更强的教育技巧，能够灵活地应对学生的差异性需求。教师需要花费更多的时间和精力去了解每个学生的学习特点和需求，制订适合他们的个性化学习计划，这无疑增加了教师的教学负担。

面对学生差异带来的挑战，教师可以采取一系列的策略和方法来应对。教师应该加强自身的专业发展，提高自己的教学能力和教育技能，以满足学生的个性化需求。教师可以采用多元化的教学方法和策略，如合作学习、项目学习、游戏化学习等，以适应学生的差异性需求。教师还可以利用现代技术和教育资源，如视频教学、在线平台等，为学生提供丰富和多样化的学习资源，帮助他们提高体育技能和团队合作能力。

### 2. 时间和精力压力

时间和精力压力是现代教育中不可避免的挑战，特别是在体育教学中，这种挑战尤为明显。教师角色的转变虽然为体育教学带来了许多积极的改变，但同时也带来了一系列的挑战。教师角色的转变要求教师在有限的时间和精力内，完成更多的教学任务和教育目标。

在传统的体育教学中，教师主要关注学生的体育技能和运动能力的培养，教学内容和方法相对固定，教师的角色相对单一。随着教师角色的转变，教师不仅要关注学生的体育技能和运动能力，还要关注学生的综合素质、身心健康、社会交往、情感管理等方面的培养。这种转变意味着教师需要在有限的时间和精力内，平衡和满足不同的教学需求和教育目标。

教师角色的转变也要求教师不断地更新知识和提高技能，以适应教育改革和教学需求的发展。时间和精力的压力可能会限制教师的专业发展和学习，导致教师的知识更新和技能提升相对滞后。这种转变要求教师具备良好的时间管理和精力管理的能力，有效地安排教学任务和教育活动，确保教学质量和效果。

教师角色的转变还要求教师与学生建立起紧密的互动和合作关系，充分发挥学生的主体性和主动性，激发他们的学习兴趣和潜能。时间和精力的压力可能会限制教师与学生的互动和合作，导致教学过程中的互动性和合作性不足。这种转变要求教师采用灵活、多样化和个性化的教学方法和策略，激发学生的学习兴趣和潜能，提高教学效果和学习质量。

教师角色的转变还要求教师具备持续的专业发展和学习能力，不断地更新知识和提高技能，以适应教育改革和教学需求的发展。时间和精力的压力可能会限制教师的专业发展和学习，导致教师的教学水平和教育质量相对滞后。这种转变要求教师具备良好的自我管理和自我提升的能力，不断地对自己的教学实践进行反思和改进，提高教学效果和学习质量。

# 第八章　校园文化建设与体育教学模式

## 第一节　校园文化建设的意义与特点

### 一、校园文化建设的意义

#### （一）凝聚校园共识

校园文化建设是教育事业中至关重要的一环，对于形成健康、积极、富有活力的校园环境具有决定性的影响。校园文化不仅仅是物质环境的体现，更是学校价值观、教育理念和学生品质的集中反映。一个良好的校园文化能够促进学生的全面发展，培养他们的社会责任感、团队合作精神和创新能力，为他们的未来发展打下坚实的基础。

校园文化建设的意义在于凝聚校园共识，形成统一的教育目标和价值观。通过建立明确的教育理念和目标，学校能够为教职员工提供明确的方向和指导，确保他们的工作与学校的发展目标和教育理念保持一致。学校还可以通过各种活动和项目，如主题日、文化节、志愿服务等，加强学生与教职员工之间的交流和合作，增强校园凝聚力和向心力。

在校园文化建设的过程中，学校面临着一系列的挑战和机遇。学校需要充分考虑学生的多样性和个体差异，尊重每个学生的独特性，提供个性化的教育服务。学校还需要与家长和社区保持良好的关系，共同参与校园文化建设，形成共同的教育观念和价值观。学校还需要利用现代技术和教育资源，设计富有特色和创新性的文化活动，激发学生的学习兴趣和积极性。

在校园文化建设的实践中，学校可以采取一系列的策略和方法。学校可以制订明确的文化建设规划和方案，明确目标和任务，确保校园文化建设的连续性和稳定性。学校还可以加强与社会各界的合作和交流，引入外部资源和优秀文化元素，丰富校园文化内涵，提高文化建设的质量和效果。学校还可以加强教师培训和学生教育，提高教职员工和学生的文化素养和审美意识，共同推动校园文化建设的深入发展。

### （二）提升学校形象

提升学校形象是每所学校追求的目标，而校园文化建设在这一过程中扮演了至关重要的角色。校园文化是学校的精神灵魂和核心价值的体现，它反映了学校的教育理念、教学方法、师生关系以及学生的成长环境。一个富有活力、积极向上的校园文化可以吸引优秀的教师和学生，提高学校的声誉和吸引力，从而有效地提升学校的形象。

在校园文化建设中，培养学生的综合素质是至关重要的。校园文化不仅要强调学术成就，还要注重学生的身心健康、社会责任感、团队合作精神等方面的培养。通过丰富多彩的课外活动、社团组织、志愿服务等，学生可以在实践中锻炼自己，培养自己的综合素质，从而更好地适应社会的发展和变化。

校园文化建设还有助于加强师生之间的互动和合作。一个积极向上、和谐融洽的校园文化可以营造一个开放、包容、互助的教育环境。教师和学生可以更加自由地交流和合作，相互学习、相互促进，共同推动学校的发展和进步。

校园文化建设也面临一些挑战。如何有效地塑造和传承学校的文化是一个关键问题。学校的文化建设需要时间、耐心和持续的努力，需要学校、教师、学生和家长共同参与和支持。校园文化建设需要与学校的教育目标、教学内容和教学方法相结合，需要在实践中不断调整和完善，以适应学校和社会的发展和变化。

为了成功地进行校园文化建设,需要采取一系列措施。学校应明确自己的教育理念和价值观,制订合适的文化建设策略和计划,确保文化建设与学校的教育目标和发展战略相一致。学校应鼓励教师、学生和家长积极参与文化建设,发挥各自的优势和特长,共同推动文化建设的进程。学校还应提供必要的资源和支持,如资金、场地、设备等,以支持校园文化建设的实施。

## 二、校园文化建设的特点

### (一) 多元化与包容性

多元化与包容性是现代校园文化建设的重要特点。多元化意味着学校应该欢迎来自不同文化、背景、信仰和能力的学生。这不仅有助于拓宽学生的视野,增强他们的文化包容性,还能够促进学生之间的交流与合作,培养他们的团队合作和跨文化交往能力。

包容性则是多元化的必然结果。包容性校园文化强调接纳每一个学生的独特性和价值,不因个体的差异而歧视或排斥他们。这种文化鼓励学生展现自己的特长和潜能,培养他们的自信心和自尊心,使他们在一个支持性和友善的环境中健康成长。

校园文化的这两个特点给教育带来了积极的影响。多元化与包容性能够激发学生的学习兴趣和积极性。在这样的文化环境中,学生更容易找到自己的兴趣点和激情,更愿意参与学校的各种活动,积极探索和学习。多元化与包容性有助于培养学生的社会责任感和公民意识。在接触到不同文化和背景的同学后,学生更能理解和尊重他人,形成正确的价值观和世界观。

多元化与包容性的校园文化建设也面临一些挑战。如何平衡多元化与包容性与学校的整体教育目标和价值观是一个需要深思熟虑的问题。学校需要确保在追求多元化和包容性的同时不失去其核心价值和教育方向。如何有效地实施多元化与包容性的策略和措施也是一个挑战。这需要学校制定明确的政策和计划，提供必要的资源和支持，确保多元化与包容性的理念得到落实。

为了实现多元化与包容性的校园文化建设，学校可以采取一系列的策略和方法。学校应该制定明确的多元化与包容性的政策和计划，确保这些理念得到全面和持续的实施。学校还可以组织各种跨文化交流和合作的活动，如文化节、主题讨论、团队项目等，促进学生之间的交流与合作。学校还可以加强教师的专业发展，提高他们的跨文化教育和包容性教育能力，为学生提供更好的学习支持和指导。

多元化与包容性是现代校园文化建设的重要特点。它们不仅有助于提高学生的学习兴趣和积极性，培养他们的社会责任感和公民意识，还能够促进学生之间的交流与合作，培养他们的团队合作和跨文化交往能力。尽管面临一些挑战，但只要学校能够采取适当的策略和方法，制定明确的政策和计划，加强教师的专业发展，就能够有效地实现多元化与包容性的校园文化建设，为学生提供一个支持性和友善的学习环境。

## （二）以人为本与创新性

以人为本与创新性是现代校园文化建设的核心理念，它强调的不仅是对个体的尊重和关注，还包括对创新的追求和实践。这种文化建设方式为校园带来了独特的特点和魅力。以人为本的校园文化建设突出了个体的价值，强调每个成员在校园中的重要性和作用。

传统的校园文化往往过于强调规则和制度，忽视了个体的需求和情感。而以人为本的校园文化建设，注重个体的成长和发展，鼓励学生发挥自己的特长和潜能，提供一个支持和鼓励的环境。这种文化特点使得校园成为一个温馨、包容和充满活力的地方，激发学生的学习兴趣和创造力，促进他们的全面发展。

创新性是以人为本校园文化建设的另一个重要特点。在这种文化环境中，鼓励学生和教职员工勇于创新，尝试新的想法和方法，挑战传统的观念和做法。

这种创新性的特点使得校园充满活力和创造力，促进校园的持续发展和进步。

以人为本与创新性的校园文化建设也注重校园的参与性和民主性。在这种文化环境中，学生、教职员工和家长都被视为校园文化建设的重要参与者，他们被鼓励参与决策和管理，分享自己的想法和建议。这种参与性和民主性的特点使得校园成为一个共同创造和分享的社区，增强了校园的凝聚力和归属感。

以人为本与创新性的校园文化建设也注重校园的包容性和多样性。在这种文化环境中，尊重和欣赏每个成员的差异和特点，鼓励他们发展自己的兴趣和潜能，不断地学习和成长。这种包容性和多样性的特点使得校园成为一个多元化、开放和包容的地方，激发学生的好奇心和探究欲望，培养他们的全球视野和跨文化交往能力。

在这种文化环境中，学校不仅关注学生的学术成就和个人发展，还关注他们的社会责任感和公民素养，鼓励他们为社会做出贡献，为社会的发展和进步做出贡献。这种责任感和社会责任感的特点使得校园成为一个培养社会责任感和公民素养的地方，培养学生的社会责任感和公民素养，培养他们成为有道德、有才华、有追求的公民。

## （三）鼓励参与与互动

校园文化建设的特点之一是鼓励参与与互动。一个成功的校园文化需要全体师生的积极参与和共同建设。这意味着不仅教师和学生，还包括行政人员、家长以及社区的各界人士都应该参与到校园文化建设中来。通过广泛的参与，可以确保校园文化更加贴近实际，更具有代表性，同时也能够激发每个人的创造力和活力。

鼓励参与与互动的校园文化强调团队合作和社交交往。在这样的文化环境中，学生学会如何与他人合作，如何分享自己的见解和经验，以及如何尊重和欣赏他人的观点。这不仅有助于培养学生的社会交往能力，还能够促进他们的情感和智力发展。

学校可以通过开展各种团队活动、文化节、主题日等，为学生提供展示自己才华和兴趣的平台。学校还可以鼓励学生参与学生会、社团组织等学校组织，提供更多的自我管理和领导机会。这些活动不仅能够丰富学生的课余生活，还能够培养他们的团队合作和组织管理能力。

在鼓励参与与互动的校园文化中，学校应该注重创新和多样性。学校可以鼓励学生和教师尝试新的教育方法和活动形式，如项目式学习、游戏化学习等，以激发学生的学习兴趣和积极性。学校还可以提供丰富多彩的文化活动，如艺术展览、音乐会、体育比赛等，满足学生的不同兴趣和需求。

在鼓励参与与互动的校园文化中，学校也应该注重反馈和改进。学校可以定期收集学生和教师的反馈意见，了解他们对校园文化建设的看法和建议。学校还应该对校园文化建设的效果进行评估和分析，找出存在的问题和不足，及时进行调整和改进。

## 第二节 校园文化建设对体育教学模式的影响

### 一、校园文化建设对体育教学模式的影响分析

#### （一）倡导体育文化

倡导体育文化是提升学校整体素质和形象的重要方面，而校园文化建设在体育教学模式中的影响尤为显著。体育文化不仅仅关于运动和竞技，它更是一种生活态度、价值观和行为准则的体现。通过校园文化建设，学校可以倡导和弘扬积极健康的体育文化，鼓励学生热爱体育、积极参与体育活动，从而促进学生身心健康的全面发展。

传统的体育教学往往以技能训练和知识传授为主，而忽视了学生的兴趣和参与度。通过校园文化建设，可以推动体育教学模式向更为开放、灵活和多元

化的方向发展。引入项目式学习、合作学习、探究性学习等方法，鼓励学生主动参与、积极探索，培养他们的团队精神、合作能力和创新思维。

体育活动不仅仅是体育课的一部分，它还可以成为校园文化建设的重要载体。通过举办体育赛事、文化活动、主题周等，学校可以将体育教学与校园文化紧密结合，创造一个积极向上、和谐融洽的体育文化氛围，促进学校的整体发展。

如何有效地整合体育教学资源和校园文化建设资源是一个关键问题。学校需要统筹规划、合理配置资源，确保体育教学和校园文化建设的有效结合。如何确保体育教学模式的改革和创新与校园文化建设相一致、相互促进，是一个需要重视和解决的问题。这要求学校、教师、学生和家长共同参与和支持，共同推动体育教学模式的改革和校园文化建设的进程。

### (二) 强化体育教学的整体效果

#### 1. 培养体育氛围

培养体育氛围是校园文化建设中的重要任务。一个良好的体育氛围可以激发学生对体育活动的兴趣和热情，促进他们积极参与体育锻炼，提高身体健康。这不仅有助于学生的身体发展，还能够培养他们的团队合作精神、竞争意识和自律能力。

校园文化建设对体育教学模式的影响是多方面的。它鼓励教师采用更加灵活和多样化的体育教学方法。在一个重视体育氛围的学校中，教师可以组织各种体育活动和比赛，如运动会、体育节、团队合作项目等，吸引学生参与，提高他们的体育技能和兴趣。校园文化建设也鼓励教师将体育教学与学校的核心价值观和教育目标相结合，通过体育活动培养学生的公民意识、社会责任感和团队精神。

校园文化建设对体育教学模式的影响也面临一些挑战。如何确保体育教学与学校的整体文化建设相协调是一个问题。学校需要确保体育教学不仅能够满足学生的身体健康需求，还能够培养他们的团队合作和社会责任感。如何平衡学生的个性化需求和体育教学的普及性也是一个挑战。在一个多元化的体育氛围中，教师需要关注每个学生的个性化需求，同时确保体育教学的普及性，使每个学生都能够受益。

为了应对这些挑战，学校可以采取一系列的策略和方法。学校应该制订明确的体育教学目标和计划，确保体育教学与学校的整体文化建设相协调。学校还可以加强教师的专业发展，提高他们的体育教学能力和教育技能，为学生提供更好的体育教学支持和指导。学校还可以组织各种体育活动和比赛，如运动会、体育节、团队合作项目等，激发学生的体育兴趣和热情，提高他们的体育技能和竞争意识。

**2. 促进师生互动**

校园文化建设对体育教学模式的影响是深远的，其中一个显著的方面就是促进师生互动。当校园文化强调以人为本和创新性时，体育教学模式也会相应地发生变革，更加注重师生之间的互动与合作。强调师生互动的校园文化为体育教学模式提供了一个更加开放和灵活的环境。

在传统的体育教学模式中，教师往往扮演着知识的传授者和指导者的角色，而学生则是被动接受和执行的对象。当校园文化强调师生互动时，体育教学模式将更加注重教师和学生之间的互动和合作。教师不仅提供知识和技能，还鼓励学生参与教学过程，分享自己的想法和经验，共同探索和实践体育知识和技能。

强调师生互动的校园文化鼓励体育教学模式采用多样化和个性化的教学方法。在这种文化环境中，教师和学生可以共同探讨和决定教学内容、教学方法和教学进度，根据学生的兴趣、需求和能力，调整教学策略和方法，提供更加个性化和差异化的教学服务。

强调师生互动的校园文化还促进了体育教学模式的实践性和探究性。在这种文化环境中，教师和学生可以共同参与体育活动、项目研究、案例分析等实践活动，共同探索和实践体育知识和技能，培养学生的实践能力和探究精神。

强调师生互动的校园文化也鼓励体育教学模式注重反馈和评价。在这种文化环境中，教师和学生可以共同参与教学评价和反馈，探讨教学效果、学习成果和改进措施，促进教学质量的提高和教学效果的优化。

强调师生互动的校园文化还促进了体育教学模式的持续创新和发展。在这种文化环境中，教师和学生都被鼓励不断地学习和创新，尝试新的教学方法、技术和策略，探索和实践更加有效和有趣的体育教学模式。

## 二、校园文化建设在体育教学模式中的实践应用

### （一）体育赛事与课程融合

体育赛事与课程融合是校园文化建设对体育教学模式的一个重要实践应用。将体育赛事与课程融合可以增强学生的参与度和兴趣。学生在参与体育赛事的过程中，不仅能够锻炼身体，提高身体素质，还可以学习到团队合作、策略规划等技能。将体育赛事与课程融合，能够使学生在更加有趣和富有挑战性的环境中学习，激发他们的学习兴趣和积极性。

校园文化建设对体育教学模式的实践应用还可以促进学生的全面发展。通过参与体育赛事，学生可以更好地理解体育课程中的理论知识，将学到的知识应用到实践中，提高学习效果和体验质量。体育赛事还能够培养学生的团队合作精神、竞争意识和挑战精神，帮助他们形成积极的人生态度和价值观。

在体育赛事与课程融合的实践中，学校应该注重赛事的设计和组织。学校可以设计各种不同类型的体育赛事，如足球比赛、篮球比赛、田径比赛等，以满足学生的不同兴趣和需求。学校还应该注重赛事的组织和管理，确保比赛的公平、公正和公开，提高比赛的质量和影响力。

体育赛事与课程融合的实践还需要教师的积极参与和引导。教师可以作为赛事的组织者和指导者，提供必要的指导和支持，确保赛事的顺利进行。教师还可以将体育赛事作为教学资源，设计相关的教学活动和任务，引导学生进行

探究和实践，提高学习效果和体验质量。

在体育赛事与课程融合的实践中，学校还应该注重与家长和社区的合作。学校可以邀请家长和社区的代表参与体育赛事的组织和评价，共同推动校园文化建设和体育教学模式的创新。学校还可以利用体育赛事的影响力，加强与社会各界的交流和合作，提高学校的社会声誉和影响力。

### (二) 校园体育文化节

校园体育文化节作为一种特殊的活动形式，对于校园文化建设和体育教学模式的实践应用具有重要的意义。校园体育文化节为学校营造了一个集体育教学、体育竞技、体育艺术和体育休闲为一体的综合性平台。通过这种形式，学校不仅可以展示学生的体育才华，还可以丰富校园文化，增强学生的体育意识和体育兴趣，从而促进体育教学模式的实践应用。

在校园体育文化节中，体育教学模式得到了创新和拓展。传统的体育教学往往侧重于技能训练和理论知识的传授，而校园体育文化节提供了一个展示和实践的机会。学生可以通过参与各种体育活动、表演和比赛，实践他们在体育课上学到的知识和技能，培养他们的团队合作精神、竞争意识和创新能力，从而使体育教学模式更加生动和有效。

校园体育文化节还有助于弘扬和传播校园体育文化。通过举办各种活动，如体育比赛、体育艺术表演、健康讲座等，学校可以向学生传达体育的重要性和价值，激发学生的体育热情和参与积极性，形成全校共同参与、共同建设的良好氛围，进一步促进校园文化建设和体育教学模式的融合和发展。

校园体育文化节的成功举办也面临一些挑战。如何确保体育教学模式的改革和校园体育文化节的组织、策划和实施相互促进、相互支持，是一个需要重视和解决的问题。这要求学校、教师、学生和家长共同参与和支持，共同推动体育教学模式的改革和校园体育文化节的成功举办。如何充分利用有限的资源，确保体育教学和校园体育文化节的有效结合和持续发展，也是一个需要解决的问题。

为了成功地将校园体育文化节纳入校园文化建设和体育教学模式的实践应

用，需要采取一系列措施。学校应明确体育教学和校园体育文化节的目标和方向，制订合适的策略和计划，确保两者相互促进、相互支持。学校应鼓励教师、学生和家长积极参与体育活动、体育教学和校园体育文化节，发挥各自的优势和特长，共同推动体育文化的传播和发展。学校还应提供必要的资源和支持，如场地、设备、资金等，以支持体育教学和校园体育文化节的实施。

## 第三节 校园文化建设与体育教学模式创新的关系

### 一、校园文化建设对体育教学模式创新的促进作用

#### （一）文化氛围营造

文化氛围营造是校园文化建设的核心任务之一。文化氛围反映了学校的核心价值观、教育理念和学术氛围，它对学生的学习、成长和发展产生深远的影响。一个积极、开放和鼓励创新的文化氛围能够激发学生的创造力和创新思维，促进他们在各个领域的全面发展。

校园文化建设对体育教学模式的创新有着积极的促进作用。文化建设鼓励教师采用更加灵活、多样化的教学方法和策略。在一个重视文化氛围的学校环境中，教师更容易接受和尝试新的教学方法，如项目式学习、合作学习、技术辅助教学等，以满足学生的个性化学习需求。文化建设强调学生的主体性和参与性，鼓励他们积极参与体育活动的策划、组织和执行，培养他们的团队合作和领导能力。

校园文化建设对体育教学模式创新也面临一些挑战。如何平衡传统体育教学和创新体育教学是一个问题。在推动体育教学模式创新的学校需要确保不失去传统体育教学的优点和价值。如何确保体育教学模式创新与学校的整体文化建设相协调也是一个挑战。学校需要确保体育教学模式创新不仅能够满足学生

的个性化学习需求，还能够支持学校的核心价值观和教育目标。

文化氛围营造是校园文化建设的核心任务，它对体育教学模式创新有着积极的促进作用。通过文化建设，学校能够鼓励教师采用更加灵活、多样化的教学方法，强调学生的主体性和参与性，培养他们的团队合作、领导和创新能力。尽管面临一些挑战，但只要学校能够采取适当的策略和方法，制订明确的教学目标和策略，加强教师的专业发展，鼓励学生的参与和创新，就能够有效地推动体育教学模式的创新，提高体育教学的质量，为学生提供一个积极、健康的学习环境。

### (二) 文化活动融合

校园文化建设对体育教学模式创新的促进作用体现在多个方面，其中一个重要的方面就是文化活动融合。文化活动融合不仅丰富了校园生活，也为体育教学模式提供了新的创新机会。校园文化建设通过文化活动融合，使得体育教学模式与其他学科和文化活动产生了更加紧密的联系。

在传统的体育教学模式中，教学内容往往局限于体育知识和技能的传授，缺乏与其他学科和文化活动的融合。当校园文化建设强调文化活动融合时，体育教学模式不仅可以融合其他学科的知识和技能，如生物学、物理学等，还可以融合校园文化活动，如艺术表演、节日庆祝等，提供一个更加全面和多元的教学内容。

校园文化建设通过文化活动融合，促进了体育教学模式的实践性和探究性。在这种文化环境中，体育教学模式可以通过组织文化活动、项目研究、案例分析等实践活动，培养学生的实践能力和探究精神，使得学生不仅可以掌握体育知识和技能，还可以学习和体验其他学科和文化活动的知识和技能。

校园文化建设通过文化活动融合，提高了体育教学模式的互动性和合作性。在这种文化环境中，教师和学生可以通过组织文化活动、项目研究、案例分析等实践活动，共同探讨和解决问题，共享资源和信息，增强教师和学生之间的互动和合作，促进教学效果的提高。

校园文化建设通过文化活动融合，鼓励体育教学模式的持续创新和发展。在这种文化环境中，教师和学生都被鼓励不断地学习和创新，尝试新的教学方法、技术和策略，探索和实践更加有效和有趣的体育教学模式，使得体育教学模式不断地适应和满足学生的需求和期望。

## （三）理念引领

理念引领在校园文化建设中扮演着至关重要的角色，特别是对体育教学模式的创新起到了积极的促进作用。一个明确、先进的理念能够为体育教学模式提供清晰的方向和目标。当学校明确将学生的全面发展和健康成长作为体育教学的核心理念时，就会促使教师在教学过程中注重培养学生的身体素质、技能水平、团队合作和竞技精神，进而推动体育教学模式的创新和优化。

校园文化建设对体育教学模式创新的促进作用还表现在培养创新精神和实践能力上。一个开放、包容、鼓励创新的校园文化能够激发教师的创新意识和教学热情。在这样的文化氛围中，教师更容易尝试和探索新的教学方法和手段，如项目式学习、合作学习、技术辅助教学等，从而不断地推动体育教学模式的创新和发展。

理念引领在校园文化建设中还可以促进体育教学模式的个性化和差异化。一个强调个性发展、尊重差异的理念能够鼓励教师根据学生的特点、需求和兴趣，设计和实施个性化的教学方案。在这样的教学模式中，每个学生都能够得到适合自己的教学内容和方法，更容易取得学习成果，从而推动体育教学模式的多样化和个性化。

在理念引领的指导下，校园文化建设还可以促进体育教学模式与社会、科技的融合。一个强调与时俱进、开放合作的理念能够鼓励学校与社会、科技机构等外部资源进行广泛合作，引入新的教学理念、方法和技术，不断地更新和完善体育教学模式。这样的合作不仅可以提高教学质量和效果，还可以增强学校的社会影响力和竞争力。

理念引领在校园文化建设中的作用是全面的，它不仅能够为体育教学模式提供明确的方向和目标，还能够培养教师的创新精神和实践能力，促进体育教学模式的个性化、差异化和与社会、科技的融合。通过这样的引领作用，校园文化建设为体育教学模式的创新提供了有力的支持和保障，推动学校体育教学工作走上新的发展道路。

## 二、体育教学模式创新对校园文化建设的推动作用

### （一）注重实践与体验

注重实践与体验是现代教育的核心理念，而体育教学模式的创新正是这一理念在校园文化建设中的具体体现。传统的体育教学模式往往以理论知识和技能训练为主，学生的参与度和体验感相对较低。而通过体育教学模式的创新，特别是注重实践与体验的教学方法，学生可以更加积极主动地参与体育活动，实践他们在体育课上学到的知识和技能，从而增强他们的学习兴趣和体育意识。

在体育教学模式的创新中，注重实践与体验的方法得到了广泛的应用。项目式学习、探究性学习和合作学习等方法，都强调学生的实践和体验，鼓励他们在实践中探索和学习，培养他们的团队合作精神、解决问题的能力和创新思维。这些方法不仅能够提高体育教学的效果，还能够丰富校园文化，推动学校文化建设的深入发展。

体育教学模式的创新和注重实践与体验也有助于弘扬校园文化。通过体育活动、比赛、表演和体验活动等形式，学校可以营造一个积极向上、开放自由、互相尊重的文化氛围，鼓励学生积极参与、勇于尝试、敢于创新，从而形成一个充满活力、充满创意、充满激情的校园文化。

体育教学模式的创新和注重实践与体验也面临一些挑战。如何确保体育教学模式的创新与校园文化建设相互促进、相互支持，是一个需要重视和解决的问题。这要求学校、教师、学生和家长共同参与和支持，共同推动体育教学模式的改革和校园文化建设的深入发展。如何确保体育教学模式的创新和实践经

验的丰富性，以及如何充分利用有限的资源，也是一个需要解决的问题。

## （二）强化团队合作

强化团队合作是体育教学的核心目标之一。团队合作能够培养学生的团队精神、沟通能力和协作能力，这些都是他们未来生活和工作中不可或缺的技能。通过体育活动和团队项目，学生学会了如何与他人合作，如何解决团队中出现的问题，如何共同努力实现目标。

体育教学模式创新对校园文化建设有着显著的推动作用。创新的体育教学模式鼓励学生积极参与体育活动，提高他们的体育技能和兴趣。这不仅有助于培养学生的身体健康，还能够增强他们的团队合作精神和竞争意识。创新的体育教学模式强调学生的主体性和参与性，鼓励他们在体育活动中发挥自己的特长和潜能，培养他们的自信心和自尊心。

## （三）推动校园文化传承与发展

体育教学模式的创新对校园文化建设的推动作用在于推动校园文化的传承与发展，两者相互促进，形成良性循环，进一步丰富和深化校园文化的内涵和外延。体育教学模式的创新为校园文化的传承与发展提供了新的载体和平台。

传统的体育教学模式往往注重技能的传授和知识的灌输，而新的体育教学模式则强调学生的主体性和实践性，鼓励学生参与体育活动、项目研究、案例分析等实践活动。这种创新的教学模式不仅提高了学生的体育素养，还培养了他们的团队精神、创新思维和社会责任感，为校园文化的传承与发展注入了新的活力。

体育教学模式的创新促进了校园文化的内涵和外延的扩展。在这种创新的教学模式下，体育不再仅仅是一门课程或一项活动，而是成了校园文化的重要组成部分。通过组织体育比赛、文化交流、艺术表演等活动，体育与其他学科和文化活动融合，形成了一个多元化、开放和包容的校园文化，丰富了校园文化的内涵和外延。

体育教学模式的创新促进了校园文化的价值观和精神内核的传承与发展。在这种创新的教学模式下，体育不仅是一种运动，更是一种精神，一种追求卓越、团结合作、公平竞争的精神。这种精神通过体育教学和校园文化建设传递给学生，培养他们的责任感、团队精神、公平竞争和社会责任感，为校园文化的传承与发展提供了坚实的价值基础。

体育教学模式的创新还促进了校园文化与社会文化的对接与融合。在这种创新的教学模式下，体育不再是孤立的，而是与社会文化、历史文化、地方文化等多种文化形态融合，形成了一个开放、多元和包容的校园文化。这种文化融合不仅丰富了校园文化的内涵和外延，还促进了校园文化与社会文化的互动和交流，使得校园文化更加生动、丰富和有活力。

体育教学模式的创新促进了校园文化建设的持续发展和进步。在这种创新的教学模式下，教师和学生都被鼓励不断地学习和创新，尝试新的教学方法、技术和策略，探索和实践更加有效和有趣的体育教学模式。这种持续的创新和发展不仅提高了体育教学的质量和效果，还推动了校园文化的传承与发展，使得校园文化更加丰富、多元和有活力。

# 第九章　学科发展与体育教学模式

## 第一节　学科发展对体育教学模式的影响

### 一、学科发展对体育教学模式的影响

#### （一）跨学科整合与体育教学

**1. 健康科学的融合**

健康科学的融合对体育教学模式的影响是深远的。健康科学的知识和理论为体育教学提供了科学的依据和指导。通过将健康科学的原理、方法和技术融入体育教学中，可以使教学内容更加科学、系统和全面，帮助学生建立正确的健康观念和生活方式，从而提高他们的身体素质和健康水平。

学科发展对体育教学模式的影响还表现在教学方法和手段的创新上。随着健康科学的发展，出现了许多新的教学方法和手段，如健康测评、运动处方、健康教育等。这些新的教学方法和手段能够更好地满足学生的学习需求和兴趣，提高教学效果和体验质量，从而推动体育教学模式的创新和优化。

健康科学的融合还能够促进体育教学模式的跨学科和综合性发展。健康科学涉及生物学、医学、心理学、社会学等多个学科的知识和理论，能够为体育教学提供多元化的视角和方法。通过跨学科的教学内容和活动设计，可以帮助学生建立全面、系统的健康观念和生活方式，培养他们的跨学科思维和综合应

用能力。

在健康科学的融合下,学科发展对体育教学模式的影响还体现在教师角色和教学理念的转变上。教师不再只是知识的传授者,而是变成了学生健康的引导者和指导者。在这样的教学模式中,教师需要不断地更新自己的教学知识和技能,掌握最新的健康科学理论和方法,以适应快速变化的教育环境和学生的需求。

健康科学的融合为体育教学模式的创新提供了重要的理论和实践支持。通过将健康科学的知识和理论融入体育教学,可以使教学内容更加科学、系统和全面,帮助学生建立正确的健康观念和生活方式,提高他们的身体素质和健康水平。健康科学的发展也为体育教学提供了丰富的教学方法和手段,促进体育教学模式的创新和优化。通过这样的融合,体育教学不仅能够满足学生的学习需求和兴趣,还能够培养他们的跨学科思维和综合应用能力,为他们的健康成长打下坚实的基础。

**2. 心理学与体育教学**

心理学与体育教学的跨学科整合是近年来教育领域的一个重要趋势,这种整合对体育教学模式的影响是深远的。传统的体育教学模式往往重视技能训练和理论知识的传授,而忽视了学生的心理健康和心理发展。通过心理学与体育教学的跨学科整合,可以更好地了解学生的心理需求和心理特点,调动学生的学习积极性,优化体育教学方法,提高体育教学效果。

在体育教学模式的创新中,心理学与体育教学的跨学科整合得到了广泛的应用。运用心理学原理设计体育活动和训练计划,如激励理论、自我效能感理论、心流理论等,可以提高学生的参与度、学习兴趣和体育成绩。通过心理健康教育和心理辅导,帮助学生解决心理问题,提高他们的自信心、抗挫折能力和人际交往能力,全面促进学生的身心健康发展。

心理学与体育教学的跨学科整合也有助于推动体育教学模式与学校文化建

设的深入融合。通过体育活动和心理健康教育的结合，可以营造一个积极、健康、和谐的校园氛围，促进学校文化的全面发展。这种整合不仅能够提高体育教学的效果，还能够丰富校园文化，推动学校文化建设的深入发展。

心理学与体育教学的跨学科整合也面临一些挑战。如何确保心理学原理在体育教学中的有效应用，如何培训和支持教师掌握和运用心理学知识和技能，是一个需要重视和解决的问题。如何确保心理健康教育和心理辅导的有效实施，如何提高学生的心理素质和心理健康水平，也是一个需要解决的问题。

## （二）技术科学与体育教学创新

### 1. 运动科学的应用

运动科学的应用在体育教学中起着越来越重要的作用。运动科学为我们提供了深入了解人体运动、身体机能和运动训练原理的科学依据。通过运动科学的研究，教师能够更加科学地设计和实施体育教学计划，确保学生的身体健康和运动技能的提高。

学科发展对体育教学模式的影响是显著的。随着运动科学的发展，体育教学模式也在不断地创新和进化。传统的体育教学方法已逐渐被更加科学、系统的体育训练方法所取代。这些新的体育教学模式更加注重学生的个性化需求和能力发展，能够更有效地提高学生的运动技能和兴趣。运动科学的研究为体育教学提供了丰富的教学资源和工具，如运动生物力学分析、运动心理学测试、运动营养指导等，这些都有助于教师更好地理解和指导学生的体育训练。

运动科学的应用和学科发展也面临一些挑战。如何将运动科学的理论知识有效地转化为体育教学实践是一个问题。教师不仅需要具备运动科学的专业知识，还需要具备一定的教学经验和技能，能够将理论知识与实际教学相结合。运动科学的研究仍然存在一定的局限性，尚有许多问题和难题有待进一步研究和解决。这需要教师保持教学方法的灵活性和创新性，不断地更新和完善自己的教学理念和方法。

为了应对这些挑战,教师可以采取一系列的策略和方法。教师应该加强自身的专业发展,不断地学习和更新运动科学的知识和理论,提高自己的教学能力和教育技能。教师还可以利用现代技术和教育资源,如运动生物力学分析软件、运动心理学测试平台等,为学生提供丰富和多样化的学习资源。教师还应该鼓励学生积极参与体育活动,培养他们的体育兴趣和能力,实现个性化教学和全面发展。

**2. 信息技术与体育教学**

信息技术的快速发展对体育教学模式带来了深远的影响,使得体育教学更加现代化、高效化和个性化。学科发展对体育教学模式的影响体现在推动教学方法、工具和资源的创新,同时也提升了学生的学习体验和教学效果。信息技术为体育教学模式提供了丰富的教学资源和工具。

随着数字技术和互联网的发展,体育教学不再局限于传统的教室和体育场地,教师和学生可以利用各种信息技术工具,如智能手机、平板电脑、电子白板等,进行远程教学、在线教学和混合教学。这些技术工具不仅丰富了教学内容,提供了更多的教学资源,还提高了教学效率,使得体育教学更加灵活、便捷和个性化。

信息技术推动了体育教学模式的个性化和差异化。在传统的体育教学模式中,教师往往采用统一的教学方法和教学内容,忽视了学生的个性差异和学习需求。信息技术使得教师可以根据学生的兴趣、能力和需求,选择合适的教学资源和工具,设计个性化和差异化的教学方案,提供定制化的学习体验,满足学生的学习需求和期望。

信息技术提升了体育教学模式的互动性和参与性。在这种技术支持下,教师和学生可以通过各种在线平台和社交媒体工具,进行实时互动、合作学习和分享资源。这种互动性和参与性不仅增强了教师和学生之间的联系,提高了教学效果，还促进了学生的主动参与和合作学习，培养了他们的团队精神、创新思维和社交能力。

信息技术也提供了强大的数据支持，推动了体育教学模式的数据驱动和智能化。通过各种教学管理系统和学习分析工具，教师可以收集、分析和利用学生的学习数据，了解学生的学习进展、困难和需求，调整教学策略和方法，提供个性化的学习支持，优化教学效果。

信息技术也促进了体育教学模式与其他学科和行业的融合与交叉。在这种跨学科和跨行业的合作中，体育教学可以借鉴其他学科和行业的先进理念、方法和技术，丰富教学内容，提升教学质量，培养学生的综合素质和跨学科能力。

## 二、学科发展对体育教学模式的实践

### （一）健康科学与体育教学整合

健康科学与体育教学的整合对体育教学模式带来了积极的实践影响。整合健康科学的知识和理论可以使体育教学内容更加科学和系统。教师可以根据健康科学的指导原则设计和实施教学活动，帮助学生建立健康的生活方式和习惯，提高他们的身体素质和健康水平。这样的整合不仅可以提高教学的质量和效果，还能够培养学生的健康观念和自我管理能力。

学科发展对体育教学模式的实践影响还表现在教学方法和手段的创新上。整合健康科学的知识和理论为体育教学提供了丰富的教学方法和手段。通过健康测评、运动处方、健康教育等方式，教师可以更有效地评估学生的身体健康状况，制订个性化的训练计划，提高教学的针对性和效果。

健康科学与体育教学的整合还能够促进跨学科的合作和交流。健康科学涉及生物学、医学、心理学等多个学科的知识和理论，可以为体育教学提供多元化的视角和方法。通过与其他学科的教师和研究者合作，体育教学可以得到更全面、系统的支持和指导，促进教学内容和方法的创新和优化。

## （二）信息技术与体育教学创新

### 1. 虚拟实验室应用

虚拟实验室应用在学科发展中的应用已经成为一种趋势，它对体育教学模式的实践带来了全新的机遇和挑战。传统的体育教学模式主要依赖于实地训练和实际体验，而虚拟实验室技术提供了一种全新的、模拟真实体验的学习环境。通过虚拟实验室，学生可以在模拟的环境中进行各种体育活动，实践他们在实地训练中所学到的技能和知识，从而提高学习效率和教学质量。

在体育教学模式的创新中，虚拟实验室应用已经得到了广泛的关注和应用。运用虚拟现实技术模拟不同的运动场景，如足球、篮球、游泳等，学生可以在虚拟环境中进行实践，体验不同的运动技能和战术，从而增强他们的学习兴趣和体育意识。通过虚拟实验室，教师可以更好地监控和指导学生的学习过程，提供实时的反馈和指导，优化教学方法，提高教学效果。

虚拟实验室应用也有助于推动体育教学模式与学科发展的深度融合。随着技术的不断进步和应用的广泛推广，虚拟实验室将成为体育教学的重要组成部分，为学生提供更为丰富、多样的学习资源和学习机会。这种整合不仅能够提高体育教学的效果，还能够促进体育学科的发展，推动体育教学模式的创新和完善。

虚拟实验室应用在体育教学模式的实践中也面临一些挑战。如何确保虚拟实验室的内容和技术与实际体育活动相一致、相互促进，是一个需要重视和解决的问题。如何确保虚拟实验室的应用能够满足学生的学习需求和教师的教学需求，如何充分利用虚拟实验室的优势，也是一个需要解决的问题。

为了成功地将虚拟实验室应用纳入体育教学模式和学科发展中，需要采取一系列措施。学校和教育机构应明确虚拟实验室应用的目标和方向，制订合适的策略和计划，确保虚拟实验室与体育教学和学科发展相互促进、相互支持。学校应鼓励教师、学生和家长积极参与虚拟实验室的应用，发挥各自的优势和特长，共同推动虚拟实验室的发展和应用。学校还应提供必要的资源和支持，如技术培训、设备更新、内容开发等，以支持虚拟实验室应用的实施。

## 2. 在线学习平台建设

在线学习平台建设在当前的教育领域中日益受到重视。在线学习平台提供了一个灵活、便捷的学习环境，学生可以根据自己的时间和地点进行学习，大大提高了学习的自由度和便利性。这种模式特别适合体育教学，学生可以通过在线平台观看教学视频、参与线上讨论、完成在线测验等，实现随时随地、个性化的学习。

学科发展对体育教学模式的实践产生了深远的影响。随着在线学习平台的建设和发展，传统的体育教学模式正在发生变革。教师可以将课堂教学与在线学习相结合，设计更加多样化和富有创新性的教学活动，提高学生的学习积极性和参与度。在线学习平台还为体育教学提供了丰富的教学资源，如教学视频、模拟实验、在线讨论等，教师可以根据自己的教学需求和学生的学习特点选择合适的教学资源，实现个性化教学和全面发展。

在线学习平台建设和学科发展对体育教学模式的实践也面临一些挑战。如何有效地利用在线学习平台资源进行体育教学是一个问题。教师不仅需要具备体育教学的专业知识，还需要具备在线教学的技能和经验，能够将传统的体育教学方法转化为在线教学活动。在线学习平台的建设和维护需要大量的时间和资源投入，学校和教师需要解决平台的技术支持、内容更新、用户管理等一系列问题。

为了应对这些挑战，教师可以采取一系列的策略和方法。教师应该加强自身的在线教学能力培训，熟悉在线学习平台的使用方法和教学资源，提高自己的在线教学能力和经验。学校可以加强在线学习平台的建设和维护，提供必要的技术支持和资源投入，确保平台的稳定运行和内容更新。教师还可以鼓励学生积极参与在线学习，提高他们的在线学习能力和自主学习能力，实现个性化教学和全面发展。

# 第二节 学科发展对高校体育教学的启示

## 一、学科发展对体育教学内容与方法的启示

### （一）创新教学方法

学科发展对体育教学内容与方法的启示在于引导体育教学不断创新，适应时代发展和学生需求的变化，使得教学内容更加丰富、深入，教学方法更加灵活、有效。学科发展强调跨学科的整合与融合。

体育不再是一个孤立的学科，而与生物学、心理学、物理学等多个学科形成了紧密的联系。运动生理学的研究为体育教学提供了科学的运动训练原理；运动心理学的理论则帮助教师了解学生的心理需求和情感体验，从而调整教学策略和方法。这种跨学科的整合与融合不仅丰富了体育教学内容，也拓展了教学方法，使得教学更加科学、全面和人性化。

**1. 学科发展强调个性化教学与差异化教学**

每个学生都是独特的，有着自己的兴趣、能力和需求。体育教学不应采用一刀切的教学方法和教学内容，而应根据学生的个性和差异，设计个性化和差异化的教学方案。这可以通过体育兴趣小组、项目式学习、分层教学等方式实现，使得每个学生都能在体育教学中找到自己的位置，体验成功和成长。

**2. 学科发展强调实践性与探究性教学**

传统的体育教学往往过于注重理论知识的传授，忽视了学生的实践能力和探究精神。学科发展认为，体育教学应该是一个实践性和探究性的过程。教师应该鼓励学生参与各种体育活动、项目研究、案例分析等实践活动，培养他们的实践能力、探究精神和解决问题的能力，使得体育教学更加生动、有趣和

有效。

### 3. 学科发展强调技术与教育的结合

随着信息技术的发展，教育技术成为体育教学的重要支撑。教师可以利用各种教育技术工具，如智能手机、平板电脑、电子白板、虚拟现实设备等，设计丰富多彩的教学内容和活动，提高教学效率和效果。通过使用运动追踪器、虚拟现实技术等工具，教师可以为学生提供实时反馈，调整运动技能和策略，提高运动表现。

### 4. 学科发展强调教师的专业发展与自我成长

作为教育工作者，教师应该不断地学习和成长，更新教学理念、方法和技能，提高教学质量和效果。教师应该积极参加各种教育培训、学术研讨会、专业发展活动等，不断地提升自己的专业能力和教学水平，为体育教学的创新和发展提供强有力的支撑。

## （二）理论与实践结合

理论与实践的结合给学科发展对体育教学内容与方法的启示带来了深远的启示。理论为体育教学提供了坚实的基础和指导，而实践则为理论的验证和应用提供了场所和条件。理论和实践的结合可以使体育教学内容更加丰富和深入，教学方法更加灵活和有效，从而提高教学的质量和效果。

学科发展对体育教学内容与方法的启示还表现在教学内容的多样性和针对性上。随着学科的发展，出现了许多新的研究成果和教学资源，如运动生理、心理、技术等。这些新的内容可以丰富体育教学的内容，使其更加贴近学生的实际需求和兴趣，提高学生的学习积极性和参与度。

理论与实践的结合还能够促进教学方法的创新和优化。通过将理论知识应用于实际教学中，教师可以不断地探索和尝试新的教学方法和手段，如项目式学习、合作学习、技术辅助教学等。这些新的教学方法能够更好地满足学生的学习需求和兴趣，提高教学效果和体验质量，从而推动体育教学模式的创新和发展。

学科发展对体育教学内容与方法的启示还表现在教师专业发展和教学团队建设上。随着学科的发展，教师需要不断地更新自己的教学知识和技能，掌握最新的研究成果和教学方法，以适应快速变化的教育环境和学生的需求。教师还需要与其他教师和研究者合作，分享教学经验和资源，共同推动体育教学内容与方法的优化和创新。

理论与实践的结合为体育教学内容与方法的启示提供了重要的支持和保障。通过理论的指导和实践的验证，体育教学内容可以更加丰富和深入，教学方法可以更加灵活和有效。学科发展为体育教学提供了丰富的研究成果和教学资源，可以促进教学内容与方法的多样性和针对性。理论与实践的结合还能够促进教师专业发展和教学团队建设，共同推动体育教学内容与方法的创新和发展。

通过理论与实践的结合，体育教学不仅能够满足学生的学习需求和兴趣，还能够提高教学的质量和效果，促进教师专业发展和教学团队建设，为学生的健康成长和全面发展提供有力的支持和保障。

## 二、学科发展对体育教学理念与模式的启示

### (一) 终身学习观念

终身学习观念在当今社会已成为一种教育理念的重要组成部分，这种观念对体育教学的理念与模式带来了深远的启示。传统的体育教学模式往往侧重于短期的技能训练和知识传授，而终身学习观念强调的是学生应具备持续学习和自主学习的能力。体育教学应更注重培养学生的学习兴趣、学习方法和学习能力，使他们能够在学校教育结束后，继续进行体育活动，享受体育带来的乐趣和健康益处。

在体育教学的理念与模式中，终身学习观念启示我们应更加注重培养学生的自主学习能力和持续学习意识。通过引导学生主动参与体育活动的选择、规

划和实践，教师可以帮助他们建立健康的体育生活方式，培养他们的自我管理能力和持续学习意识。教师应根据学生的兴趣和需求，提供多样化的体育活动和学习资源，鼓励学生积极参与，培养他们的体育兴趣和自我驱动力。

终身学习观念也启示我们应更加注重体育教学模式的创新和完善。随着社会的发展和人们对健康的重视，体育活动的种类和方式也在不断变化。体育教学应根据社会发展和学生需求，不断调整和优化教学内容、方法和手段，提高教学效果和适应性。这要求教师具备敏锐的观察力、创新思维和持续学习的能力，不断提升自己的教学水平和能力。

终身学习观念在体育教学理念与模式中的实践也面临一些挑战。如何确保体育教学内容和方法能够真正满足学生的学习需求和兴趣，如何有效地培养学生的自主学习能力和持续学习意识，是一个需要重视和解决的问题。如何确保体育教学模式的创新和完善与学校教育目标和政策相一致、相互促进，也是一个需要解决的问题。

为了成功地将终身学习观念应用于体育教学理念与模式中，需要采取一系列措施。学校和教育机构应明确终身学习的目标和方向，制订合适的策略和计划，确保体育教学与学生的终身学习需求相一致、相互促进。学校应鼓励教师、学生和家长共同参与体育教学的规划和实践，发挥各自的优势和特长，共同推动体育教学模式的创新和完善。学校还应提供必要的资源和支持，如培训、资金、设备等，以支持体育教学的发展和实施。

## （二）多元评价体系

多元评价体系在当今的教育领域中逐渐受到广泛关注和应用。多元评价体系强调综合评价，不仅仅是对学生学术成绩的评价，还包括学生的综合素质、创新能力、团队合作能力等方面。这种评价方式能够更全面、公正地反映学生的实际能力和潜力，有助于培养学生的全面发展。

学科发展对体育教学理念与模式的启示是深远的。多元评价体系推动了体育教学理念的变革，从以往的注重技能和成绩导向，转向注重学生全面发展和个性化发展。体育教学不再仅仅是传授技能，而是注重培养学生的综合素质、团队合作能力、创新精神等。多元评价体系鼓励体育教学模式的创新，教师可以根据学生的实际情况和需求，设计更加多样化、富有挑战性的教学活动，提高学生的学习积极性和参与度。

多元评价体系的实施也面临一些挑战。如何确保评价的公正性和客观性是一个问题。多元评价体系需要教师具备较高的评价能力和专业素养，能够客观、公正地评价学生的各项能力和表现。如何确保评价的有效性和可操作性也是一个挑战。评价方法和工具需要简单、易于操作，能够有效地反映学生的实际能力和潜力。

为了应对这些挑战，教师可以采取一系列的策略和方法。教师应该加强自身的评价能力培训，熟悉多元评价体系的理念和方法，提高自己的评价技能和专业素养。学校可以提供必要的支持和资源，如评价工具、培训课程、专家指导等，帮助教师提高评价能力和实施多元评价体系。教师还可以鼓励学生积极参与评价过程，提高他们的自我评价能力和反思能力，实现个性化发展和全面提升。

## （三）社会化实践

学科发展对体育教学理念与模式的启示在于强调社会化实践的重要性，认为体育教学不仅仅是传授知识和技能，更应该培养学生的社会责任感、团队合作精神和实践能力。学科发展提倡将体育教学与社会实践紧密结合。

在传统的体育教学模式中，教学往往局限于课堂和体育场馆，忽视了体育在社会中的作用和意义。学科发展认为，体育教学应该是一个与社会实践紧密结合的过程。教师应该引导学生参与社会体育活动、社区服务、公益活动等，让学生将体育知识和技能应用到实践中，体验体育的社会价值和意义。

**1. 学科发展强调体育教学的社会化思维和批判性思维**

体育教学不仅仅要传授运动技能和规则，更应该培养学生的社会化思维和批判性思维。在这种教学理念下，教师应该鼓励学生思考体育与社会、文化、政治等多个方面的关系，培养他们的社会责任感、公民意识和批判性思维，使得学生能够理解体育的社会价值，批判体育中的不平等和不公正现象，为社会变革和进步做出贡献。

**2. 学科发展强调体育教学的社会参与和合作学习**

体育教学不应该是一个孤立的过程，而应该是一个与社会、团队、伙伴紧密合作的过程。在这种教学模式下，教师应该鼓励学生参与团队运动、集体项目、合作竞赛等活动，培养他们的团队合作精神、沟通协作能力和社会参与意识，使得学生能够在团队中合作共赢，为集体目标而努力，体验合作的乐趣和社会的责任。

**3. 学科发展强调体育教学的社会反馈和评价**

在传统的体育教学中，教学评价往往局限于技能表现和成绩考核，忽视了学生的社会参与和个性发展。学科发展认为，体育教学的评价应该是一个全面的过程，不仅要评价学生的技能和知识掌握，还要评价他们的社会参与、个性发展和自我实现。教师应该通过多种方式和工具，如自我评价、同伴评价、教师评价等，为学生提供全面、公正、有建设性的反馈，促进他们的个性发展和社会成长。

**4. 学科发展强调体育教学的社会责任和伦理教育**

体育不仅仅是一种运动，更是一种社会责任和伦理责任。在这种教学理念下，教师应该引导学生思考体育的伦理价值和社会责任，培养他们的诚实守信、公平竞争、尊重他人和团队合作等伦理品质，使得学生能够在体育中树立正确的价值观和人生观，为社会和谐、进步做出贡献。

# 第三节　学科发展与体育教学模式创新的关系

## 一、学科发展与体育教学模式创新的关系分析

### (一) 学科发展的推动作用

学科发展在推动体育教学模式创新方面起到了关键的推动作用。学科发展带来了新的理论、方法和技术，为体育教学提供了丰富的教学资源和参考资料。这些新的资源和资料可以激发教师的创新意识，鼓励他们探索和尝试新的教学方法和手段，从而推动体育教学模式的创新和发展。

学科发展与体育教学模式创新的关系还表现在教学内容的丰富性和针对性上。随着学科的发展，体育教学内容不断地丰富和拓展，涵盖了运动生理、心理、技术等多个方面。这些新的内容可以丰富体育教学的内容，使其更加贴近学生的实际需求和兴趣，提高学生的学习积极性和参与度。

学科发展还能够促进教学方法的创新和优化。新的教学理论和方法为教师提供了新的思路和途径，鼓励他们尝试各种教学方法，如项目式学习、合作学习、技术辅助教学等。这些新的教学方法能够更好地满足学生的学习需求和兴趣，提高教学效果和体验质量，从而推动体育教学模式的创新和发展。

学科发展在推动体育教学模式创新方面的作用是全面的。通过引入新的理论、方法和技术，学科发展为体育教学提供了丰富的教学资源和参考资料，激发了教师的创新意识，推动了教学模式的创新和发展。学科发展还促进了教学内容的丰富性和针对性，提高了教学效果和体验质量。学科发展也推动了教师专业发展和教学团队建设，提高了教师的教学水平和团队的合作效率。

## （二）体育教学模式创新的学科支撑

### 1. 学科理论指导

学科理论指导在学科发展中起着至关重要的作用，它对体育教学模式的创新提供了坚实的理论基础。体育教学模式的创新不仅需要教学实践经验，更需要学科理论的指导和支持。学科理论可以帮助教师深入理解体育教学的本质和规律，把握教学的方向和重点，从而指导和推动体育教学模式的创新和完善。

在体育教学模式的创新过程中，学科理论的指导不仅为教师提供了理论依据，还促进了教学实践与学科理论的紧密结合。基于运动学、生物力学、心理学等学科理论，教师可以创新体育教学内容、方法和手段，提高教学效果和学生的学习兴趣。通过体育教学实践，教师也可以发现和提出新的问题，为学科理论的发展和完善提供实践基础和反馈。

学科理论的指导还有助于体育教学模式的创新与学科发展的深度融合。随着体育学科的发展和社会的变化，体育教学面临着新的挑战和机遇。学科理论的指导可以帮助教师把握学科发展的趋势和方向，及时调整和优化教学内容、方法和手段，推动体育教学模式的创新和适应学科发展的需要。

学科理论的指导在体育教学模式创新与学科发展中也面临一些挑战。如何确保学科理论的指导与体育教学实践相结合，确保理论与实践的紧密结合，是一个需要重视和解决的问题。如何确保学科理论的指导能够满足体育教学模式创新的实际需求，如何确保学科理论的指导与教学实践的质量和效果相一致，也是一个需要解决的问题。

为了成功地将学科理论指导应用于体育教学模式创新与学科发展中，需要采取一系列措施。学校和教育机构应明确学科发展的目标和方向，制订合适的策略和计划，确保体育教学与学科理论指导相一致、相互促进。学校应鼓励教师参与学科研究和学科理论的学习，提高教师的学科理论素养和研究能力，为体育教学模式的创新提供理论支持。学校还应提供必要的资源和支持，如研究资金、培训、设备等,以支持体育教学模式的创新和学科发展。

**2. 学科技术支持**

学科技术支持在当今的教育领域中扮演着越来越重要的角色。学科技术支持提供了丰富的教学资源和工具,如交互式教学软件、数字化教学材料、虚拟实验室等,这些都有助于丰富体育教学内容,提高教学质量。学科技术支持能够提高教学效率,例如通过在线教学平台和应用程序,教师可以更便捷地进行教学设计、资源分享和学习管理,提高教学的灵活性和适应性。

科技发展与体育教学模式创新有着密切的关系。随着科技的发展,体育教学模式正在经历从传统到现代、从单一到多元的转变。科技支持使得体育教学模式更加多样化和灵活,教师可以根据学生的需求和特点,设计更加富有创意和挑战性的教学活动,提高学生的学习积极性和参与度。科技支持也促进了体育教学方法的创新,例如利用运动传感器、虚拟现实技术、人工智能等高科技手段,可以更精确地监测学生的运动状态、分析运动技能、提供个性化指导,实现更有效的教学和学习。

科技支持在体育教学中的应用也面临一些挑战。如何有效地整合和应用各种科技资源和工具是一个问题。教师需要具备一定的科技素养,能够熟练地使用各种教学软件和设备,将科技支持有效地融入教学过程中。如何确保科技支持的应用与体育教学目标和需求相协调也是一个挑战。教师不仅需要注重技术的应用,还要注重教学的目标、内容和方法,确保科技支持能够真正地提高教学质量和效果。

为了应对这些挑战,教师可以采取一系列的策略和方法。教师应该加强自身的科技素养培训,熟悉各种教学软件和设备的使用方法,提高自己的教学能力和效果。学校可以提供必要的支持和资源,如科技培训课程、设备购置和维护、技术指导等,帮助教师提高科技支持的应用水平和效果。教师还可以鼓励学生积极参与科技支持的应用,提高他们的科技素养和创新能力,实现个性化发展和全面提升。

## 二、学科发展与体育教学模式的实践创新

### (一) 跨学科整合的应用

学科发展与体育教学模式创新的实践体现在跨学科整合的应用上,这种整合不仅拓宽了体育教学的内容领域,还促进了教学方法和策略的创新,使得体育教学更加丰富、多元和有效。跨学科整合为体育教学提供了更为广泛的知识资源。

体育教学不再仅仅局限于运动技能和规则的传授,而是通过跨学科整合,引入了生物学、心理学、社会学、艺术等多个学科的知识和理念。运动生理学的研究为体育教学提供了科学的运动训练原理。

#### 1. 跨学科整合促进了体育教学模式的创新和教学方法的多样化

在跨学科整合的应用中,教师可以结合不同学科的理念和方法,设计丰富多彩的教学活动和项目,如跨学科项目学习、问题解决、案例研究等。这种教学模式不仅能够激发学生的学习兴趣和动力,提高他们的学习效果和成就感,还能够培养他们的跨学科思维、综合能力和实践能力,使得学生在体育教学中获得全面发展。

跨学科整合推动了体育教学与社会、文化、科技等多个领域的对接和融合。

在这种教学模式下,体育不再是一个孤立的学科,而与社会、文化、科技等多个领域形成了紧密的联系和互动。教师可以引导学生探索体育与社会、文化、科技等领域的关系,参与社会体育活动、文化体验、科技创新等实践项目,培养他们的社会责任感、文化意识和科技素养,使得学生能够在体育教学中获得更为广泛和深入的社会化实践经验。

#### 2. 跨学科整合促进了体育教学的个性化和差异化

在跨学科整合的应用中,教师可以根据学生的兴趣、能力和需求,选择合适的学科知识和教学方法,设计个性化和差异化的教学方案。这种教学模式不仅能够满足学生的个性化学习需求,提高他们的学习积极性和满意度,还能够

培养他们的自主学习能力、批判性思维和解决问题的能力，使得学生在体育教学中获得个性化和差异化的成长。

**3. 跨学科整合促进了体育教学的反思与创新**

在跨学科整合的应用中，教师需要不断地反思和改进教学内容、方法和策略，以适应时代发展和学生需求的变化。这种持续的反思和创新不仅能够提高体育教学的质量和效果，还能够培养教师的教学能力、专业素养和创新精神，为体育教学的持续发展和进步提供强有力的支撑。

## （二）技术应用的实践

在技术应用的实践中，学科发展与体育教学模式创新展现出了紧密的联系。技术的发展为体育教学提供了丰富的工具和资源，如智能设备、虚拟现实、移动应用等。这些技术工具不仅能够增强教学的互动性和趣味性，还能够提供实时的反馈和数据分析，帮助教师更好地了解学生的学习情况，调整教学策略，从而推动体育教学模式的创新和发展。

技术应用的实践还促进了体育教学内容的丰富化和多样化。随着技术的进步，体育教学可以更容易地融入真实的运动场景中，如通过虚拟现实技术进行体育场馆的模拟，或使用智能设备进行运动技能的实时分析。这些实践性的教学内容不仅能够增强学生的学习兴趣和参与度，还能够提高他们的学习效果和实践能力。

技术应用的实践在推动教学方法创新方面也起到了重要的作用。新的技术工具和平台为教师提供了新的教学方法和策略，如在线教学、混合式教学、自主学习等。这些教学方法能够更好地满足学生的学习需求和兴趣，提高教学效果和体验质量，从而推动体育教学模式的创新和发展。

技术应用的实践还能够促进教师专业发展和教学团队建设。教师需要不断地更新自己的技术知识和技能，掌握最新的技术工具和平台，以适应快速变化的教育环境和学生的需求。教师还需要与技术专家和教学设计师合作，分享教学经验和资源，共同推动体育教学内容与方法的优化和创新。

　　在技术应用的实践中，学科发展与体育教学模式创新的实践体现了紧密的互动关系。通过技术的引入和应用，学科发展为体育教学提供了丰富的教学资源和工具，激发了教师的创新意识，推动了教学模式的创新和发展。技术应用的实践也促进了教学内容的丰富化和多样化，提高了学习效果。技术应用的实践还促进了教师专业发展和教学团队建设，共同推动体育教学内容与方法的优化和创新。

# 第十章　教学管理创新与体育教学模式

## 第一节　教学管理创新的背景与意义

### 一、教学管理创新的背景

#### （一）信息技术的发展

信息技术的发展已经成为教育领域中不可忽视的重要因素，它为教学管理创新提供了强大的技术支持和广阔的应用空间。随着信息技术的飞速发展，教育界逐渐意识到其在教学管理中的巨大潜力。信息技术可以帮助教育机构实现教学资源的数字化、网络化和个性化，提高教学管理的效率和质量，为教学管理创新提供了新的可能性和机遇。

在教学管理创新的背景下，信息技术的发展为教育机构提供了丰富多样的工具和平台。学校可以利用管理信息系统（MIS）、学生信息系统（SIS）等技术平台，实现教学资源、学生信息、教学进度等教学管理数据的集中管理和实时监控。教育机构还可以利用云计算、大数据、人工智能等先进技术，分析和挖掘教学管理数据，提供决策支持，优化教学管理流程，提高教学管理的效率和效果。

信息技术的发展还促进了教学管理模式的创新。在传统的教学管理模式中，教师和教育机构通常依赖于手工操作、纸质文档和传统通信方式，管理效率低、管理成本高、管理效果不佳。而信息技术可以提供自动化、智能化的管理工具和平台，帮助教师和教育机构实现教学资源的快速共享、教学进度的实时监控、教学效果的即时反馈，从而实现教学管理模式的创新和优化。

信息技术的发展在教学管理创新中也面临一些挑战。如何确保信息技术的应用与教学管理的实际需求相匹配，如何确保信息技术的应用能够真正提高教学管理的效率和效果，是一个需要重视和解决的问题。如何确保信息技术的应用不仅能够满足教学管理的基本需求，还能够适应教学管理的不断变化和发展，也是一个需要解决的问题。

为了成功地将信息技术的发展应用于教学管理创新中，需要采取一系列措施。教育机构应明确教学管理的目标和需求，制订合适的信息技术应用策略和计划，确保信息技术的应用与教学管理的实际需求相一致、相互促进。教育机构应鼓励教师和管理人员参与信息技术的培训和学习，提高他们的信息技术素养和应用能力，为教学管理的创新提供技术支持。教育机构还应提供必要的资源和支持，如技术设备、软件应用、人力培训等，以支持信息技术在教学管理中的应用和发展。

## （二）教育理念的变革

### 1. 个性化教育需求

个性化教育需求在当今的教育领域中逐渐受到重视。每个学生都是独特的，拥有自己的学习风格、兴趣和潜能。个性化教育旨在满足学生的个性化学习需求，提供更加个性化、针对性强的学习体验。个性化教育强调学生的主体性和参与性，鼓励学生积极参与学习过程，发挥自己的潜能，实现全面发展。

教学管理创新的背景是多方面的。随着社会的发展和教育理念的变革，教学管理也面临着新的挑战和机遇。传统的教学管理模式已不能满足现代教育的需求，需要引入更加先进、灵活的教学管理方法。个性化教育需求的提出和强调，也促使教学管理进行创新。为了实现个性化教育，需要对教学管理进行更为精细化、人性化的管理，强调学生的主体地位，注重学生的个性发展和全面提升。

教学管理创新也面临一些挑战。如何有效地整合和应用各种教学资源和工具是一个问题。教学管理需要有一套科学、合理的管理体系和方法，能够有效地整合和应用各种教学资源和工具，满足个性化教育的需求。如何确保教学管理的公正性和客观性也是一个挑战。教学管理需要注重公正、公平的原则，确保每个学生都能够得到平等的机会和资源，实现个性化发展和全面提升。

为了应对这些挑战，教学管理需要进行创新。教学管理应该注重学生的主体地位，强调学生的个性发展和全面提升。教学管理不仅要关注学生的学术成绩，还要关注学生的兴趣、潜能和需求，为学生提供个性化的学习支持和指导。教学管理应该注重教师的专业发展和培训，提高教师的教学能力和管理水平，为教师提供必要的支持和资源，帮助他们更好地实施个性化教育。

**2. 学生中心教育**

以学生中心教育为核心的教学管理创新，是当代教育改革的重要方向。这一改革背景下，教学管理不再是单一的管理行为，而是转向更加注重学生需求和发展的综合管理。学生中心教育强调个性化学习路径的设计。

在传统的教学管理中，教师往往按照统一的教学计划和进度进行教学，忽视了学生的个性差异和学习需求。而学生中心教育则鼓励教师根据学生的兴趣、能力和需求，设计个性化的学习路径和课程方案，使得每个学生都能在自己的节奏和兴趣下进行学习，提高学习的积极性和效果。

学生中心教育强调学生参与和合作的教学模式。

在学生中心的教育理念下，教学管理需要鼓励学生参与教学决策、合作学习和团队项目，培养他们的主动学习能力、团队合作精神和实践能力。这种教学模式不仅能够激发学生的学习兴趣和动力，还能够提高他们的批判性思维、问题解决和沟通协作能力，培养他们的综合素质和未来的职业能力。

学生中心教育强调教学评价的多元化和全面性。

在传统的教学管理中，教学评价往往局限于学术成绩和考试成绩，忽视了学生的综合发展和个性特点。而学生中心教育则倡导多元化和全面性的教学评价，包括学生自我评价、同伴评价、教师评价、项目评价等，使得教学评价更加公正、客观和全面，能够真实反映学生的学习成果和发展状况。

学生中心教育强调教师专业发展和教学管理的持续创新。

在学生中心的教育环境中，教师需要不断地学习、成长和创新，提高自己的教学能力、教学素养和教学管理能力。教师应该积极参加各种教育培训、学术研讨会、专业发展活动等，更新教学理念、方法和技能，提高教学质量和效果，为学生提供更好的学习环境和条件。

学生中心教育强调教学管理与家庭、社会、技术等多方面的合作与融合。

在学生中心的教育理念下，教学管理不仅仅是学校内部的事务，还需要与家庭、社会、技术等多方面进行合作与融合，共同为学生提供优质的教育资源和服务。教育部门、家长、社会组织、科技企业等应该共同参与教学管理，为学生提供全方位、多层次的教育支持和帮助，促进学生的全面发展和未来的成功。

以学生中心教育为核心的教学管理创新是当代教育改革的必然趋势。这一改革背景下，教学管理从单一的管理行为转变为注重学生需求和发展的综合管理，强调个性化学习路径的设计、学生参与和合作的教学模式、教学评价的多元化和全面性、教师专业发展和教学管理的持续创新、教学管理与家庭等多方面的合作与融合，共同推动学生的全面发展和未来的成功。

## 二、教学管理创新的意义

### （一）提升教学效果

提升教学效果是教育工作的核心目标，而教学管理创新在实现这一目标中起到了至关重要的作用。教学管理创新可以提高教学质量和效率。通过引入先进的管理理念和方法，如项目管理、数据分析、持续改进等，学校和教师可以更有效地组织和管理教学活动，确保教学过程的顺利进行，从而提高教学效果。

教学管理创新还能够促进教学资源的合理配置和利用。通过优化教学资源的分配和利用，学校可以更好地满足教学需求，提高资源利用率，从而提高教学效果。通过智能排课系统和在线教学平台，可以更灵活地安排教学资源，满足学生的个性化学习需求，提高教学效果。

教学管理创新在推动教师专业发展方面也起到了重要的作用。通过提供更多的专业发展机会和培训资源，学校可以帮助教师提高教学水平和专业能力，从而提高教学效果。通过组织教学方法和技术的培训工作坊，教师可以学习和掌握最新的教学方法和技术，提高教学质量和效果。

教学管理创新还能够促进教学评估和反馈的及时性和准确性。通过引入先进的评估工具和方法，如教学评价系统、学生反馈系统等，学校和教师可以更准确地了解教学效果，及时发现和解决问题，从而提高教学效果。通过使用在线评估工具和即时反馈系统，教师可以实时了解学生的学习情况和反馈，调整教学策略，提高教学效果。

教学管理创新的意义还体现在促进教学团队建设和校际合作方面。通过建立和完善教学管理机制和制度，学校和教师可以更好地协同合作，共同推进教学工作，提高教学效果。通过建立教学团队和专家咨询机制，可以实现教师之间的互相学习和交流，共同提高教学水平和效果。

教学管理创新在提升教学效果方面具有重要的意义。通过引入先进的管理理念和方法，优化教学资源的分配和利用，推动教师专业发展，提高教学评估和反馈的及时性和准确性，促进教学团队建设和校际合作，教学管理创新能够有效地提高教学效果，满足学生的学习需求，推动学校的教育发展。

## （二）促进教育教学模式创新

### 1. 引领教育变革

引领教育变革的任务在当今时代显得尤为重要，其中教学管理创新成为推动教育前行的核心力量。教学管理不仅关乎教育机构的运行效率，更直接影响到教学质量和教育效果。传统的教学管理模式往往依赖于手工操作、纸质文档和传统通信方式，管理效率低、管理成本高、管理效果不佳。而教学管理创新通过引入先进的信息技术、管理理念和方法，能够提高教学管理的效率和效果，实现教育资源的优化配置和教学过程的精细化管理。

在引领教育变革的背景下，教学管理创新具有深远的意义。教学管理创新可以促进教育公平和教育质量的提升。通过优化教学资源的分配和教学过程的管理，教育机构可以更好地满足不同学生的学习需求，提高教学质量和教育效果，实现教育公平的目标。教学管理创新可以促进教育模式的创新和教育内容的更新。随着社会的发展和教育需求的变化，传统的教学管理模式和教育内容已经难以满足当前的教育需求和教育发展的要求。而教学管理创新可以引入先进的教育理念、方法和技术，推动教育模式的创新和教育内容的更新，提高教育的适应性和前瞻性。

教学管理创新还有助于培养学生的综合素质和创新能力。在传统的教学管理模式下，教育机构通常注重学生的知识掌握和考试成绩，忽视学生的综合素质和创新能力的培养。而教学管理创新可以通过引入项目式学习、合作学习、问题解决等教学方法，促进学生的主动参与和实践经验的积累，培养学生的综合素质和创新能力，为学生的未来发展和社会需求做好充分准备。

教学管理创新在引领教育变革的过程中也面临一些挑战。如何确保教学管理创新与教育机构的实际情况相匹配，如何确保教学管理创新能够真正提高教学管理的效率和效果，是一个需要重视和解决的问题。如何确保教学管理创新不仅能够满足当前的教育需求和教育发展的要求，还能够适应教育的不断变化和发展，也是一个需要解决的问题。

为了成功地推进教学管理创新和引领教育变革，需要采取一系列措施。教育机构应明确教育变革的目标和方向，制订合适的教学管理创新策略和计划，确保教学管理创新与教育机构的实际情况相一致、相互促进。

## 2. 提高教学管理效率

教学管理是教育工作的重要组成部分，提高教学管理效率对于促进教育事业的发展至关重要。教学管理创新意义重大，不仅能够提升教学效果，更能够适应不断变化的教育需求，推动教育事业朝着更加科学、高效的方向发展。

在当前信息化快速发展的时代背景下，教学管理创新具有重要的现实意义。随着信息技术的广泛应用，教学管理可以借助各种软件工具实现信息化、智能化，从而提高管理效率。利用教育管理系统，可以实现教学资源的共享和管理，使教学过程更加高效、便捷。

教学管理创新不仅能够提高教学效率，更能够促进教育教学模式的创新与升级。传统的教学管理模式往往以教师为中心，而现代教学管理创新将学生置于更加重要的位置，注重个性化、差异化的教学管理方式，从而更好地满足学生多样化的学习需求，提升教学效果。

教学管理创新还能够促进教师专业发展和教学质量提升。通过引入先进的教学管理理念和方法，加强对教师的培训和指导，提高其教学管理水平和专业素养，进而提升教学质量。教学管理创新还可以为教师提供更多的教学资源和支持，激发其教学创新的热情，推动教育事业的不断发展。

教学管理创新对于提高教育整体效益具有积极的推动作用。通过优化教学管理流程，提高教学资源的利用效率，降低教育成本，实现教育资源的合理配置和共享，从而提高教育整体效益。这不仅有助于提高教育质量，更能够促进教育公平，推动教育事业全面、协调、可持续发展。

教学管理创新对于提高教学管理效率具有重要的意义。它不仅能够推动教育事业的发展，更能够促进教育教学模式的创新与升级，提升教学质量，促进教育公平，实现教育整体效益的提升。各级教育管理部门和学校应当积极探索教学管理创新的路径，不断完善管理机制，推动教育事业迈向更加科学、高效的发展轨道。

# 第二节 教学管理创新在体育教学中的实践

## 一、教学管理创新在体育教学中的具体实践分析

### (一) 个性化教学管理

在体育教学中,个性化教学管理的第一步是充分了解学生的个体差异。通过开展调查问卷、个别访谈等方式,教师可以了解到学生的兴趣爱好、身体素质、学习习惯等方面的信息。这些信息为制订个性化教学计划提供了重要依据。

个性化教学管理的另一个重要实践是差异化教学。在体育课堂上,学生的体能水平、技能掌握程度各不相同。教师可以根据学生的实际情况,设置不同的教学内容和难度,采用小组合作、个别指导等方式,让每个学生都能得到适当的学习支持和挑战。

个性化教学管理还需要注重情感关怀。体育教学中,学生面临着身体上的挑战和压力,教师应该关注他们的情绪变化,及时进行心理疏导和情感支持。通过建立良好的师生关系,激发学生学习的积极性和主动性。

个性化教学管理的实践效果主要体现在提高学生的学习积极性和学习效果上。通过个性化的教学管理,每个学生都能在学习中找到自己的定位和价值,增强学习的自信心和动力。个性化教学管理也能促进学生之间的合作与交流,培养团队精神和集体荣誉感。

### (二) 技术辅助教学管理

在体育教学中,技术辅助教学管理的创新应用已经成为提升教学效果和管理效率的重要手段。通过技术辅助教学管理,教师可以更好地组织教学活动,

激发学生的学习兴趣,实现教学目标的有效达成。

一种体育教学管理创新的方式是利用智能化设备和软件进行课堂教学。教师可以利用智能手环、智能眼镜等设备,实时监测学生的运动数据,了解他们的运动状态和表现。通过分析这些数据,教师可以更准确地评估学生的运动水平,针对性地进行教学指导,帮助他们改进技术和提高成绩。

另一种体育教学管理创新的方式是利用虚拟现实技术进行教学实践。虚拟现实技术可以为学生提供身临其境的运动体验,使他们在虚拟环境中感受到真实运动场景的冲击和挑战。通过虚拟现实技术,学生不仅可以更直观地理解运动技术和规则,还可以在安全的环境中进行反复练习,提高技能水平和竞技能力。

除了智能化设备和虚拟现实技术,教学管理创新还包括利用大数据和人工智能技术进行学情分析和个性化教学。通过收集和分析学生的学习数据,教师可以了解每个学生的学习习惯、兴趣特点和学习水平,为他们量身定制教学方案,提供个性化的学习支持。这种个性化教学管理方式可以更好地满足学生的学习需求,提高他们的学习效果和学习动机。

在实践中,体育教学管理创新需要教师具备丰富的教学经验和跨学科的知识背景,能够灵活运用各种技术手段,设计和组织多样化的教学活动。学校和教育部门也需要加强对教师的培训和支持,提供先进的技术设备和教学资源,为教师的教学管理创新提供良好的条件和环境。

### 1. 在线教学平台应用

在体育教学中,传统的教学管理模式往往面临诸多挑战。随着在线教学平台的出现,教学管理的方式得以革新。通过在线教学平台,教师可以更加便捷地组织课程内容,并实时跟踪学生的学习进度。

在线教学平台的应用为体育教学管理注入了新的活力。教师可以利用平台上丰富多样的教学资源,设计出更加生动、有趣的教学内容,激发学生的学习兴趣和参与度。

与传统的面对面教学相比，在线教学平台为体育教学提供了更大的灵活性。教师可以根据学生的实际情况，灵活调整教学计划和内容，实现个性化教学，最大程度地满足学生的学习需求。

在线教学平台的智能化特点，为体育教学管理带来了更多的可能性。通过数据分析和学习情况反馈，教师可以及时调整教学策略，帮助学生更好地掌握体育知识和技能，提升教学效果。

**2. 虚拟实验室技术**

虚拟实验室技术在体育教学中的应用，为教学管理带来了创新的可能性。利用这一技术，教师可以设计多样化的虚拟实验环境，提供更具互动性和趣味性的学习体验。在体育教学中，这种创新的管理方式为学生提供了更丰富的学习资源和更灵活的学习方式。

在体育教学实践中，通过虚拟实验室技术，教师能够模拟各种运动场景，提供生动的视觉体验。这种实践不仅能够增强学生的学习兴趣，还可以加深他们对体育知识的理解和记忆。通过虚拟实验室技术，学生可以身临其境地体验不同运动项目的技术要领，从而更好地掌握运动技能。

教学管理创新的另一个方面是通过虚拟实验室技术提供个性化的学习支持。每个学生的学习习惯和水平都不同，传统的教学模式往往无法满足所有学生的需求。而虚拟实验室技术可以根据学生的个性化需求，提供定制化的学习内容和反馈。这种个性化的教学管理方式能够更好地激发学生的学习兴趣，提高他们的学习效果。

在体育教学管理创新中，虚拟实验室技术还可以促进师生之间的互动和合作。传统的体育课程往往局限于教师的讲解和学生的听从，缺乏真正的互动和合作。而通过虚拟实验室技术，教师和学生可以共同参与到模拟实验中，共同探讨和解决问题。这种互动和合作不仅可以增强师生之间的沟通和信任，还可以培养学生的团队合作精神和创新能力。

## 二、教学管理创新在体育教学中的实践应用

### (一) 个性化训练计划

个性化训练计划旨在根据学生的特点和需求，量身定制教学内容和方法，以促进他们的全面发展。在这个过程中，教学管理的创新发挥着至关重要的作用，它不仅可以提高学生的学习效果，还可以激发他们的学习兴趣和自主性。

在体育教学中，个性化训练计划的实践应用需要充分考虑到学生的个体差异。每个学生的体能水平、兴趣爱好和学习习惯都不尽相同，因此教师应该根据这些差异制订相应的教学方案。对于喜欢篮球的学生，可以设计以篮球为主题的个性化训练计划，结合他们的兴趣点，提高他们的参与度和学习动力。

个性化训练计划的实践应用还需要注重教学方法的创新。传统的体育教学往往以集体训练为主，而个性化训练计划则更注重针对性和差异化。教师可以尝试采用分层教学、小组合作等新型教学方法，根据学生的不同需求和能力水平进行个性化指导，从而提高教学效果。

在实践中，个性化训练计划还需要与现代科技手段相结合，以促进教学管理的创新。借助智能化设备和在线平台，教师可以更加方便地收集和分析学生的学习数据，及时调整个性化训练计划，实现精准教学。利用多媒体技术和虚拟现实技术，可以丰富教学内容，增强学生的学习体验。

个性化训练计划的实践应用还需要注重与学生家长的沟通和合作。家长是学生成长过程中重要的支持者和监督者，他们对学生的特点和需求了解更为全面。教师应该与家长保持密切联系，及时分享学生的学习情况和个性化训练计划的实施效果，征求他们的意见和建议，共同为学生的发展努力。

### (二) 差异化评价方式

在体育教学中，采用差异化评价方式是教学管理创新的一项关键实践。传

统的评价方式往往过于侧重于学生的成绩和表现，忽视了他们个体差异的特点。而差异化评价方式则注重于发掘和尊重每个学生的潜能和特长，为他们提供更个性化的学习支持和评价反馈。

一种差异化评价方式是多元化评价方法的运用。传统的评价方式主要以笔试和口试为主，忽视了学生在其他方面的表现和能力。而多元化评价方法则包括书面评价、口头评价、实践评价等多种形式，能够全面地了解学生的学习状况和能力水平，更准确地评价他们的学习成绩和表现。

另一种差异化评价方式是个性化评价标准的制定。传统的评价标准往往过于笼统和抽象，缺乏针对性和可操作性。而个性化评价标准则根据学生的不同特点和需求，制定具体、可操作的评价指标和标准，为他们提供更明确和有效的学习目标和评价标准。

在实践中，差异化评价方式的应用需要教师具备丰富的教学经验和教学技能，能够灵活运用各种评价方法和工具，全面了解学生的学习状况和特点，为他们提供个性化的学习支持和评价反馈。学校和教育部门也需要加强对教师的培训和支持，提供先进的评价工具和资源，为差异化评价方式的实践应用提供良好的条件和环境。

## 第三节　教学管理创新对体育教学的影响

### 一、教学管理创新概述

#### （一）教学管理创新的内涵

教学管理创新是指在教育教学领域中，为了适应社会发展和教育改革的需要，采取新的思维方式、方法和手段，对教学过程进行全面、系统的改革和创新。其内涵十分丰富，涉及教学目标的确定、教学内容的设计、教学方法的选择、教学评价的实施等方方面面，是推动教育现代化发展的关键之一。

教学管理创新的内涵体现在对教学目标的重新审视和明确。传统的教学目标往往偏重于知识传授，而现代教学管理创新强调培养学生的综合素质和能力。这就要求教师在设计教学目标时，不仅要考虑知识的传授，更要关注学生的实际需求和未来发展，使教学目标更加符合时代潮流和社会需求。

教学管理创新的内涵还包括对教学内容的创新和优化。随着社会的不断发展和进步，知识更新换代的速度越来越快，传统的教学内容已经不能满足学生的需求。教学管理创新要求教师不断更新教学内容，结合学科前沿和社会热点，设计更具有挑战性和启发性的教学内容，激发学生的学习兴趣和求知欲。

教学管理创新还需要在教学方法和手段上进行探索和改进。传统的教学方法往往以教师为中心，注重传授知识，而现代教学管理创新倡导以学生为主体，注重启发式教学和探究式学习。这就要求教师不断探索和尝试新的教学方法和手段，如信息技术在教学中的应用、项目化学习、合作学习等，提高教学的灵活性和多样性。

教学管理创新还涉及教学评价体系的建立和完善。传统的教学评价往往以考试成绩为主要依据，忽视了学生的综合素质和能力的培养。现代教学管理创新强调多元化评价，注重对学生的综合能力、创新意识和团队合作精神的考核。这就需要建立多元化的评价体系，包括平时表现评价、项目评价、作品评价等，全面了解学生的学习情况，为其个性化发展提供有效的指导。

### （二）教学管理创新的重要性

教学管理创新的重要性无可否认，它是推动教育事业蓬勃发展的关键一环。在当今快速变化的社会环境下，传统的教学管理模式已经难以适应新时代的需求。教学管理的创新成了当务之急。通过不断的探索和实践，我们可以有效地应对教育领域的挑战，提高教学质量，促进学生全面发展。

教学管理创新有助于激发教育活力。传统的教学管理往往呈现出僵化、刻板的特点，缺乏灵活性和创造性。而通过引入新的管理理念和方法，可以激发教育工作者的创新意识和活力，激发教学的热情和活力，从而推动教育事业朝着更加健康、可持续的方向发展。

教学管理创新有助于提升教学效率。在传统的管理模式下，教育资源往往分配不均，教学过程效率低下，难以满足不同学生的个性化需求。而通过引入信息化、智能化等新技术，可以实现教学资源的优化配置，提高教学效率，为学生提供更加高效、便捷的学习体验。

教学管理创新有助于促进教育公平。在传统的管理模式下，教育资源往往集中在一些优质学校或地区，而其他学校或地区却面临资源匮乏的困境，导致教育公平问题日益突出。而通过创新教学管理模式，可以实现资源共享，促进教育资源的均衡配置，为每一个学生提供公平的学习机会，缩小不同地区、不同学校之间的教育差距。

教学管理创新有助于培养学生的创新能力和实践能力。在传统的管理模式下，教育往往注重传授知识，而忽视了学生的能力培养。而通过创新的管理模式，可以将学生置于实践和创新的环境中，激发他们的创新潜能，培养他们的实践能力和创新能力，使他们具备更强的竞争力和适应能力。

## 二、教学管理创新在提升体育教学效果中的作用

### （一）信息技术在体育教学管理中的运用

信息技术在体育教学管理中的应用，为提升体育教学效果带来了全新的可能。教学管理的创新，尤其是信息技术的运用，不仅可以提高教学效率，还能够增强学生的学习体验和参与度，从而达到更好的教学效果。

在体育教学中，信息技术的运用为教学管理带来了便利。通过电子课表、在线成绩管理系统等工具，教师可以更加高效地安排教学活动和管理学生学习进度。可以利用在线平台发布课程内容和作业，方便学生随时随地获取信息，

提高学习效率。

信息技术的运用还可以丰富体育教学的教学手段和方法。利用视频分析软件对学生的运动技能进行录像分析,帮助他们发现问题并及时改进。利用虚拟现实技术,可以模拟各种运动场景,提供更加真实的体验,激发学生的学习兴趣和动力。

信息技术的运用还可以促进体育教学的个性化发展。通过学生信息管理系统,教师可以了解每个学生的学习特点和需求,针对性地制订个性化教学方案。根据学生的体能水平和兴趣爱好,设计不同难度和内容的训练计划,满足不同学生的学习需求。

信息技术的运用也能够促进教学资源的共享和交流。通过在线平台,教师可以分享教学资源和经验,借鉴他人的成功做法,提高教学质量。学生也可以通过网络平台分享自己的学习体会和成果,形成良好的学习氛围,促进共同进步。

在实践中,信息技术的运用需要教师不断学习和探索。教师需要不断更新自己的技术知识,熟练掌握各种教学管理工具和软件,才能更好地应用于教学实践中。教师还需要关注信息技术发展的最新趋势,及时调整教学管理策略,确保教学效果的持续提升。

## (二)体育教学管理模式的创新与实践

体育教学管理模式的创新与实践在提升体育教学效果方面具有重要作用。传统的教学管理模式往往以教师为中心,注重知识的传授和学生的听从,忽视了学生的主体地位和个体差异。而创新的教学管理模式则强调以学生为中心,注重激发学生的学习兴趣和主动性,为其提供更个性化、多样化的学习支持和服务。

一种创新的教学管理模式是个性化学习模式的推广应用。传统的教学管理模式往往以集体教学为主,忽视了学生个体差异的特点和需求。而个性化学习模式则根据学生的不同特点和需求，设计和实施个性化的学习计划和教学方案，为其提供更有针对性、有效的学习支持和服务。

另一种创新的教学管理模式是技术辅助教学模式的推广应用。传统的教学管理模式往往依赖于传统的教学手段和资源，教学效果受到诸多限制。而技术辅助教学模式则借助于先进的技术手段和资源，设计和实施多样化、互动性强的教学活动，提高教学效果和管理效率。

**1. 分层次、个性化的体育教学管理模式**

分层次、个性化的体育教学管理模式是一种针对学生个体差异和发展需求，以及教学资源优化配置的管理模式。在这种模式下，教师通过对学生的分类，制订相应的教学计划和教学方法，实现对学生个性化的教育管理。教学管理创新在提升体育教学效果中扮演着至关重要的角色，它不仅促进了学生身心健康的全面发展，还提高了体育教学的针对性和有效性。

分层次、个性化的体育教学管理模式能够更好地满足学生的学习需求。由于每个学生的身体素质、兴趣爱好和学习能力不同，传统的一刀切教学方法往往难以满足所有学生的需求。而通过分层次、个性化的教学管理模式，教师可以根据学生的实际情况进行分类，有针对性地开展教学活动，更好地满足学生的学习需求，提高学生的学习积极性和学习效果。

分层次、个性化的体育教学管理模式有利于发挥学生的个性潜能。每个学生都有自己独特的个性和特长，而传统的教学模式往往忽视了学生个性的培养。而通过分层次、个性化的教学管理模式，教师可以更好地发现和挖掘学生的个性潜能，为其提供个性化的培养和发展机会，促进学生全面发展。

分层次、个性化的体育教学管理模式还有助于提高教学效率和教学质量。传统的一刀切教学模式容易造成教学资源的浪费和学生学习的被动性，而分层次、个性化的教学管理模式能够更有效地配置教学资源，使其发挥最大的作用。针对不同层次的学生采取相应的教学方法和手段，可以更好地激发学生的学习兴趣和学习动力，提高教学效果和教学质量。

分层次、个性化的体育教学管理模式有利于培养学生的自主学习能力和团队合作精神。在这种模式下，教师不再是单一的知识传授者，而是学生学习的引导者和组织者。学生在个性化的学习环境中，更加自主地探索和学习知识，同时也更加注重团队合作和交流，培养了学生的自主学习能力和团队合作精神，为其未来的发展打下了坚实的基础。

**2. 学生参与式的体育教学管理模式**

教学管理创新可以激发学生的学习兴趣和主动性。传统的体育教学往往以教师为中心，学生处于被动地位，缺乏主动性和积极性。而通过引入学生参与式的管理模式，可以让学生成为教学过程中的积极主体，他们可以根据自己的兴趣和特长选择体育项目，参与课堂讨论和活动，从而激发了他们的学习兴趣和主动性，提高了学习效果。

教学管理创新可以促进学生的综合能力发展。体育教学不仅仅是传授运动技能，更重要的是培养学生的身体素质、协作能力和领导能力等综合能力。而通过学生参与式的管理模式，可以为学生提供更多的实践机会和锻炼空间，让他们在体育活动中不断地挑战自我、锻炼意志，从而全面提升了他们的综合能力。

教学管理创新可以促进教师与学生之间的互动与交流。在传统的管理模式下，教师往往是知识的传授者，学生则是知识的接收者，双方之间缺乏有效的互动和交流。而通过引入学生参与式的管理模式，可以打破传统的教学模式，建立起教师与学生之间的平等互动关系，激发了学生的学习兴趣和积极性，促进了教学效果的提升。

教学管理创新可以促进体育教学资源的优化配置。在传统的管理模式下，体育教学资源往往受到限制，无法充分满足学生的需求。而通过引入学生参与式的管理模式，可以充分利用学生的参与和反馈，及时调整教学资源的配置，满足学生的个性化需求，提高了教学效果和教学质量。

## 三、教学管理创新对提升体育教学质量的影响

教学管理创新对提升体育教学质量具有深远的影响。通过引入新的管理理念和方法，教学管理创新不仅能够提高教学效率，还可以激发学生的学习兴趣，促进他们的全面发展，从而达到提升体育教学质量的目的。

教学管理创新可以优化教学组织和管理流程。传统的体育教学管理往往依赖于教师的个人经验和能力，容易出现资源浪费和教学效率低下的情况。而通过引入现代管理工具和方法，如信息技术、项目管理等，可以实现教学过程的精细化管理，提高教学效率，减少资源浪费，从而提升体育教学的整体质量。

教学管理创新可以促进教学内容和方法的更新与优化。随着社会的不断发展和进步，体育教学内容和方法也需要与时俱进。通过创新教学管理，可以更好地吸收和借鉴国内外先进的教学理念和方法，引入多样化的教学资源和手段，丰富教学内容，提升教学质量。

教学管理创新可以提升教师的专业水平和教学能力。传统的体育教学管理往往局限于课堂教学，忽视了教师自身的专业发展和能力提升。而通过引入创新的管理理念和方法，如教学评估、教学反思等，可以激励教师不断提升自己的教学水平和专业素养，从而提高体育教学的整体质量。

教学管理创新可以促进学生的参与度和学习积极性。传统的体育教学管理往往以教师为中心，忽视了学生的主体地位和参与度。而通过引入创新的管理理念和方法，如个性化教学、合作学习等，可以激发学生的学习兴趣和自主性，提高他们的参与度和学习积极性，从而提升体育教学的整体质量。

教学管理创新可以促进教育教学的均衡发展。传统的体育教学管理往往过于注重学生的身体锻炼，忽视了他们的心理健康和综合素质的培养。而通过引入创新的管理理念和方法，如健康教育、心理辅导等，可以实现教育教学的全面发展，提高学生的身心健康水平，从而提升体育教学的整体质量。

教学管理创新可以促进教育资源的合理配置和共享。传统的体育教学管理

往往存在资源分配不均衡、教学资源利用率低等问题。而通过引入创新的管理理念和方法，如信息化教学、资源共享等，可以实现教育资源的优化配置和共享利用，提高资源利用效率，从而提升体育教学的整体质量。

### （一）激发学生学习兴趣与潜能

激发学生学习兴趣与潜能是体育教学管理创新的核心目标之一。传统的体育教学管理往往以教师为中心，注重知识的传授和学生的听从，忽视了学生的主体地位和个体差异。而创新的教学管理则通过各种方式和手段，激发学生的学习兴趣和主动性，挖掘和发展他们的学习潜能，从而提升体育教学质量。

一种创新的教学管理方式是注重个性化教学。传统的体育教学管理往往采取统一的教学模式和教学内容，忽视了学生个体差异的特点和需求。而个性化教学则根据学生的不同特点和需求，设计和实施个性化的教学计划和教学方案，为其提供更有针对性、有效的学习支持和服务。

另一种创新的教学管理方式是注重多样化教学手段的应用。传统的体育教学管理往往依赖于传统的教学手段和资源，教学活动单一，缺乏趣味性和互动性。而多样化教学手段的应用则借助于多种教学方法和工具，设计和实施丰富多彩、生动活泼的教学活动，激发学生的学习兴趣和主动性。

### （二）提高教师教学水平与专业发展

提高教师教学水平与专业发展是教育教学领域永恒的主题，而教学管理创新则是实现这一目标的关键之一。在体育教学领域，教学管理创新对提升教学质量起到了至关重要的作用。它不仅促进了教师专业水平的提升，还有效地推动了体育教学质量的全面提高。

教学管理创新为教师提供了更多的教学支持和资源。在传统的教学管理模式下，教师往往需要自行准备教学资源和教学材料，工作量较大，且质量参差不齐。而通过教学管理创新，学校可以提供更多的教学支持和资源，如教学设备、教学资料等，为教师的教学活动提供有力保障，提高了教学的效率和质量。

教学管理创新有利于激发教师的教学创新能力和探索精神。在传统的教学管理模式下，教师往往受制于固定的教学计划和教学方法，缺乏创新意识和实践机会。而通过教学管理创新，教师被鼓励和支持开展教学创新活动，如探索新的教学方法、开展跨学科教学等，为学生提供更加丰富多彩的学习体验，提高了教学的吸引力和趣味性。

教学管理创新还有助于促进教师之间的合作与交流。在传统的教学管理模式下，教师往往是孤立地进行教学活动，缺乏与同行的交流与合作。而通过教学管理创新，学校可以建立教师合作共建的平台，促进教师之间的交流与合作，如开展教学观摩活动、组织教学研讨会等，激发了教师的合作精神和创新能力，提高了教学的水平和质量。

教学管理创新有利于建立健全的教师培训与评价机制。在传统的教学管理模式下，教师培训往往缺乏系统性和针对性，而教师评价往往局限于学生的考试成绩，忽视了教师的教学能力和专业水平。而通过教学管理创新，学校可以建立健全的教师培训与评价机制，为教师提供系统化的培训和发展机会，同时建立多元化的评价体系，全面了解和评价教师的教学水平和专业发展，为教师提供持续的成长空间和动力。

## 第四节 教学管理创新的启示与挑战

### 一、教学管理创新给体育教学带来的启示

#### （一）重视技术手段在体育教学中的应用

重视技术手段在体育教学中的应用是提升教学效果和管理水平的重要途径之一。随着科技的不断发展，各种新技术被逐渐引入到体育教学中，为教学过

程增添了新的活力和可能性。教学管理创新在体育教学中的应用，给我们带来了深刻的启示，具体体现在以下几个方面。

技术手段的应用可以丰富体育教学内容，提高学生的学习兴趣。传统的体育教学往往局限于有限的教学资源和内容，难以激发学生的学习兴趣。而通过引入技术手段，如虚拟现实技术、运动传感器等，可以为体育教学增添更多的元素和趣味性，使学生更加积极参与，提高了教学效果。

技术手段的应用可以提高体育教学的教学效率。在传统的教学模式下，教师需要花费大量的时间和精力来准备教学材料和课堂内容，教学过程效率低下。而通过技术手段的应用，教师可以借助多媒体教学、在线资源等，实现教学内容的快速更新和传播，提高了教学效率，节省了教师的时间和精力。

技术手段的应用可以促进体育教学资源的共享和优化配置。在传统的管理模式下，体育教学资源往往受到限制，难以满足学生的需求。而通过技术手段的应用，可以实现体育教学资源的共享和优化配置，让学生在任何时间、任何地点都能够获得所需的教学资源，提高了教学的灵活性和效果。

技术手段的应用可以促进教师与学生之间的互动和交流。在传统的教学模式下，教师往往是知识的传授者，学生则是知识的接收者，双方之间缺乏有效的互动和交流。而通过技术手段的应用，教师和学生可以通过在线平台、社交网络等进行及时的互动和交流，建立起更加紧密的师生关系，促进了教学效果的提升。

### 1. 引入信息技术促进体育教学的现代化

引入信息技术促进体育教学的现代化是当今教育领域的一项重要举措。信息技术的蓬勃发展为体育教学提供了丰富的工具和资源，使教学更加生动、多样化，同时也激发了学生的学习兴趣。教学管理创新在这一过程中扮演着关键角色，不仅需要适应信息技术的应用，还需要重新审视教学管理的理念和方法，为体育教学的现代化提供有效支持和指导。

引入信息技术不仅仅是为了体育教学注入新的技术手段，更重要的是提升教学质量和效率。通过使用信息技术，教师可以轻松地制订和调整教学计划，实现个性化教学；学生可以通过在线资源获取更加丰富的学习内容，提高学习的灵活性和自主性。这种便捷性和高效性有助于提升整体的教学质量，使体育教学更加现代化。

信息技术的应用为体育教学注入了新的活力和创造力。利用虚拟现实技术，可以模拟各种运动场景，让学生身临其境地体验运动的乐趣；通过运用智能化设备，可以实现对学生运动技能的精准分析和指导。这种创新性的教学手段不仅丰富了教学内容，也激发了学生的学习兴趣，使体育教学更具吸引力和活力。

信息技术的引入也为教学管理带来了新的挑战和机遇。教学管理创新需要与信息技术相结合，通过建立学生信息管理系统、在线成绩管理系统等工具，实现对学生学习过程的全面监控和管理。也需要加强对教师的信息技术培训，提高其信息化教学和管理的水平，从而更好地应对教学管理的现代化需求。

教学管理创新给体育教学带来了启示，即要以学生为中心，借助信息技术等现代手段，推动教学理念和方法的转变。传统的教学管理往往以教师为主导，忽视了学生的主体地位和参与度。而现代教学管理应该注重激发学生的学习兴趣和自主性，提倡个性化教学，充分尊重学生的差异性，让每个学生都能在体育教学中找到自己的位置和价值。

教学管理创新还要注重教师的专业发展和能力提升。教师是教学管理的核心和关键，只有不断提升教师的专业水平和教学能力，才能更好地应对教学管理的现代化需求。教育部门和学校应加强对教师的培训和支持，提供更多的学习和发展机会，激励教师不断创新和进步。

教学管理创新还需要注重教学资源的共享和开放。信息技术的应用使得教学资源更加丰富和便捷，但同时也带来了资源的碎片化和重复建设的问题。需要建立起开放共享的教学资源平台，让教育资源更加高效地流通和利用，为体育教学的现代化发展提供更多的支持和保障。

### 2. 充分利用大数据分析提升体育教学的效果

充分利用大数据分析是提升体育教学效果的一项重要举措。传统的体育教学管理往往依靠教师的主观经验和感觉，评价体育课程的效果和学生的表现。随着信息技术的不断发展，大数据分析逐渐成了优化教学管理的重要工具。通过收集、整理和分析大量的学生数据，教师可以更加客观地了解每个学生的学习情况和特点，为其提供个性化的学习支持和服务，从而提升体育教学的效果。

大数据分析可以帮助教师更准确地了解学生的学习习惯和兴趣特点。传统的教学管理往往缺乏对学生学习过程的深入了解，教师往往只能根据表面现象来评价学生的学习状况和水平。而大数据分析则可以通过收集和分析学生的学习数据，了解他们的学习习惯、兴趣特点和学习偏好，为教师提供更准确、更全面的学生画像，从而指导教师更好地设计和实施教学活动，提升教学效果。

大数据分析还可以帮助教师更好地监测学生的学习进展和表现。在传统的教学管理中，教师往往难以及时了解每个学生的学习情况，无法及时发现学生的学习问题和困难。而大数据分析则可以实时收集和分析学生的学习数据，监测他们的学习进展和表现，及时发现并解决学生的学习问题，为其提供个性化的学习支持，提高学习效果。

在实践中，教师可以通过各种方式利用大数据分析来优化体育教学管理。教师可以利用学生信息管理系统收集和整理学生的学习数据，建立学生档案，实现对学生学习情况的全面了解。教师可以利用数据分析工具和技术对学生的学习数据进行分析，发现学生的学习问题和困难，并根据其特点和需求，设计个性化的学习计划和教学方案。教师还可以通过数据分析来评估教学效果，及时调整教学策略，不断提升教学质量。

## （二）分层次管理模式

分层次管理模式是一种基于学生个体差异和发展水平的管理方法，通过对学生进行分层次分类，采用不同的教学策略和手段，实现对学生个性化、差异化的教育管理。在体育教学领域，教学管理创新以分层次管理模式为核心，为体育教学带来了诸多启示，推动了体育教学质量的不断提升。

分层次管理模式为体育教学提供了个性化发展的机会。体育教育注重培养学生的身心健康和全面发展，而每个学生的体能水平、兴趣爱好和学习能力各不相同。传统的一刀切教学模式难以满足不同学生的需求，而分层次管理模式能够根据学生的实际情况进行分类，为每个学生提供个性化的学习和发展机会，充分调动学生的学习积极性，促进其全面发展。

分层次管理模式有利于提高体育教学的针对性和有效性。体育教学涉及多个方面，如体育技能、体育知识、体育意识等，不同学生在这些方面的需求和水平各异。通过分层次管理模式，教师可以有针对性地针对不同层次的学生进行教学，采用不同的教学方法和手段，使教学更加精准、有效，提高了体育教学的针对性和实效性。

分层次管理模式有助于激发学生的学习兴趣和自主学习能力。体育教学应该是一种积极向上的学习体验，而传统的一刀切教学模式往往让学生感到枯燥乏味。通过分层次管理模式，教师可以根据学生的兴趣爱好和学习能力设计个性化的教学内容和活动，激发学生的学习兴趣，培养其自主学习能力，使学生在积极参与中享受学习的乐趣。

分层次管理模式有助于提高教师的教学能力和管理水平。在传统的教学管理模式下，教师往往是一种"全能型"教师，需要应对各种不同水平的学生，压力较大。而通过分层次管理模式，教师可以将精力更集中地放在针对性教学上，提高了教学效率和质量。教师也能够更好地了解学生的学习情况和需求，不断完善自己的教学方法和手段，提高了教师的教学水平和管理水平。

## 二、教学管理创新给体育教学带来的挑战

### （一）应对技术手段应用带来的挑战

应对技术手段应用带来的挑战是体育教学管理创新过程中必须面对和解决的重要问题。虽然技术手段的应用可以为体育教学带来许多好处，但同时也会

带来一系列挑战和难题。只有充分认识和应对这些挑战，才能更好地推动体育教学管理的创新发展，提升教学质量和效果。

技术手段的应用可能会增加教师和学生的技术负担。在传统的教学模式下，教师主要负责教学内容的传授和管理，学生主要负责学习和掌握知识。而通过技术手段的应用，教师需要花费更多的时间和精力来学习和掌握新技术，制作教学资源，管理在线课堂等，增加了他们的工作量。学生也需要花费更多的时间和精力来适应新的学习环境和方式，增加了他们的学习负担。

技术手段的应用可能会增加教学成本。引入新技术需要投入大量的资金购买设备、软件和资源，同时还需要培训教师和学生使用新技术，这些都会增加教学的成本。特别是对于一些资源匮乏的学校和地区来说，引入新技术可能会面临更大的困难和挑战，导致教育资源的不均衡分配，加剧了教育不公平的问题。

技术手段的应用可能会带来教学内容和方法的单一化。在传统的教学模式下，教师和学生可以通过面对面的交流和互动来进行教学，教师可以灵活地调整教学内容和方法，满足不同学生的需求。而通过技术手段的应用，教学内容和方法往往更加固化和标准化，学生的个性化需求难以得到满足，导致教学效果的降低。

技术手段的应用可能会增加教学过程中的安全风险和隐患。在体育教学中，学生往往需要进行各种体育活动和运动训练，存在一定的安全风险。而通过技术手段的应用，如虚拟现实技术、运动传感器等，学生可能会在虚拟环境中进行体育活动，存在一定的安全隐患，一旦技术设备出现故障或操作失误，可能会导致学生受伤。

**1. 技术设备更新换代的管理与维护**

技术设备更新换代的管理与维护在现代体育教学中是一项重要而富有挑战性的任务。随着科技的不断进步，体育教学所使用的技术设备也在不断更新换代，这为教学管理带来了新的挑战。教学管理创新在这一背景下显得尤为重要，它需要及时适应新技术设备的变化，并合理安排管理与维护工作，以确保体育教学的顺利进行和教学质量的提升。

技术设备更新换代的管理涉及设备采购、更新、维护等方面。教育机构需要根据教学需求和预算状况，及时更新技术设备，引入新的教学工具和资源。需要建立健全的设备管理制度，明确责任部门和管理流程，确保设备的正常运行和维护。还需要加强对教师和技术人员的培训，提高他们应对新设备的能力和技术水平，以确保设备的有效使用和维护。

技术设备更新换代的管理还需要面对设备兼容性、软硬件更新等挑战。随着技术的不断更新，新设备往往与旧设备不兼容，这给设备的管理和使用带来了一定的困难。教育机构需要在设备采购和更新时考虑设备的兼容性，尽量选择可以与已有设备无缝对接的产品。还需要加强对软硬件的更新和升级，及时更新设备的驱动程序和系统软件，以保证设备的正常运行和教学效果的提升。

教学管理创新给体育教学带来了新的挑战，其中包括对技术设备更新换代的管理和维护。传统的教学管理往往以教师为中心，忽视了技术设备的重要性和管理维护的难题。而现代教学管理需要更加注重设备管理与维护，采取有效措施应对设备更新换代带来的挑战，以确保体育教学的顺利进行和教学质量的提升。

教学管理创新还需要加强对教师的技术培训和支持。教师是教学管理的关键，他们的技术水平和使用能力直接影响到教学设备的有效使用和管理维护。教育机构需要加强对教师的技术培训，提高他们应对新技术设备的能力和使用水平。还需要建立起完善的技术支持体系，及时解决教师在使用过程中遇到的技术问题，提高他们的工作效率和教学质量。

教学管理创新还需要加强对技术设备的维护和保养。技术设备的正常运行和维护是保障体育教学顺利进行的重要条件。教育机构需要建立起健全的设备管理和维护制度，明确设备的保养周期和维护责任，定期对设备进行检查和维修，确保设备的安全稳定运行。还需要加强设备的保险和防盗措施，提高设备的使用寿命和安全性。

### 2. 大数据分析结果的有效利用与解读

有效利用和解读大数据分析结果是教学管理创新中面临的重要挑战之一。随着信息技术的不断发展，大数据分析在体育教学管理中的应用日益普及，为教师提供了丰富的学生数据和信息资源。如何有效地利用和解读这些数据结果，为教学实践提供指导和支持，是当前体育教学管理面临的一个重要问题。

教师需要具备良好的数据分析能力和专业知识。传统的体育教学管理往往依赖于教师的主观经验和感觉，教师往往缺乏对学生学习数据的深入了解和分析能力。而大数据分析则需要教师具备一定的数据处理和分析技能，能够熟练运用各种数据分析工具和方法，从海量的学生数据中提取有价值的信息，为教学实践提供指导和支持。

教师需要关注数据的准确性和可靠性。在大数据分析过程中，数据的准确性和可靠性直接影响到分析结果的有效性和可信度。教师需要加强对数据采集和整理过程的监控和管理，确保数据的来源清晰、数据的完整性和一致性得到保障，从而保证分析结果的准确性和可信度。

教师需要注意数据分析结果的解读和应用。大数据分析虽然能够提供丰富的学生数据和信息资源，但教师需要注意避免过度解读和误解分析结果。在解读数据分析结果时，教师需要综合考虑各种因素和因素之间的相互关系，客观分析问题的本质和原因，避免片面和主观地解读分析结果，从而制订合理有效的教学策略和措施。

在实践中，教师可以通过各种方式克服大数据分析带来的挑战。教师可以加强对数据分析技能和知识的培训和学习，提高自身的数据处理和分析能力。教师可以利用专业的数据分析工具和软件，简化数据分析的过程，提高数据分析的效率和准确性。教师可以加强与专业数据分析人员和团队的合作，共同研究和解决数据分析中的问题和挑战，为教学管理创新提供更好的支持和保障。

## （二）管理模式创新所面临的挑战与困难

### 1. 传统教学观念的转变与接受

传统教学观念的转变与接受是体育教学发展中的重要课题。随着时代的进步和社会的发展，传统的教学观念已经逐渐不能满足当代学生的需求，需要转变和更新。而教学管理创新作为推动教育改革的重要手段之一，为体育教学带来了诸多挑战，促使教育者不断反思和探索，实现教学理念的转变与接受。

传统教学观念的转变与接受需要教育者转变对教学目标的认识。传统教学往往以传授知识为主要目标，忽视了学生的个性发展和综合素质的培养。而教学管理创新倡导以学生为中心，注重培养学生的创新能力、合作精神和自主学习能力。这就需要教育者转变对教学目标的认识，从知识传授转向能力培养，关注学生的个性发展和全面素质的提升。

传统教学观念的转变与接受需要教育者转变对教学方法的选择。传统的教学方法往往以教师为中心，注重教师的讲解和传授，忽视了学生的参与和体验。而教学管理创新提倡以学生为主体，注重启发式教学和探究式学习。这就需要教育者转变对教学方法的选择，采用更加多样化和灵活的教学方法，激发学生的学习兴趣和主动性，提高教学效果和质量。

传统教学观念的转变与接受需要教育者转变对教学管理的理念。传统的教学管理往往以教师为中心，强调教师的权威和管理，忽视了学生的主体地位和参与性。而教学管理创新倡导以学生为主体，注重教师和学生之间的合作与互动。这就需要教育者转变对教学管理的理念，从"管理者"转变为"服务者"，为学生提供更加个性化和多样化的教育服务，促进学生全面发展。

### 2. 学校管理体制与教学资源配置的适应问题

学校管理体制与教学资源配置的适应问题是体育教学管理创新过程中必须认真面对和解决的挑战之一。随着教育理念的不断更新和社会需求的变化，学校管理体制和教学资源配置需要不断适应新的要求和挑战。教学管理创新在体育教学中的实践，也面临着诸多挑战和困难，只有充分认识和应对这些问题，才能更好地促进体育教学的发展和提升教学质量。

学校管理体制的创新需要与时俱进，适应新的教育要求和社会需求。传统的学校管理体制往往比较僵化，难以适应新时代教育的发展趋势和变革需求。面对社会多元化、个性化的需求，学校管理体制需要进行改革和创新，加强教师队伍建设，提高教学质量，满足学生的个性化需求。

教学资源配置的适应性需要不断加强，以满足教学需求和发展要求。传统的教学资源配置往往存在着不合理、不均衡的现象，一些学校和地区缺乏必要的教学资源，导致教学质量无法得到有效提升。面对这一问题，需要采取有效措施，优化教学资源配置，加强资源共享，充分发挥教育资源的效益，促进教学质量的提高。

教学管理创新给体育教学带来了新的挑战和困难。传统的教学管理模式往往以教师为中心，学生为被动接受者，缺乏灵活性和活力。而通过引入学生参与式的管理模式，要求教师更加注重学生的个性化需求和发展，培养学生的创新意识和实践能力，这对教师的教学水平和管理能力提出了更高的要求。

教学管理创新还涉及技术手段的应用，这也给体育教学带来了一定的挑战。尽管技术手段可以丰富教学内容，提高教学效率，但其应用也需要教师具备相应的技术能力和教学理念，同时还需要投入大量的时间和精力进行教学资源的制作和管理，这对教师的专业能力和工作量提出了更高的要求。

教学管理创新还需要面对体育教学特有的挑战和困难。体育教学往往需要大量的场地、设备和人力资源，而这些资源的配置和管理需要大量的时间和精力。体育教学还面临着安全风险和隐患，一旦发生意外事故，可能会对学生的健康和安全造成严重影响，因此需要加强安全管理和风险防范。

# 第十一章 学生综合素质提升与体育教学模式

## 第一节 学生综合素质提升的意义与特点

### 一、学生综合素质提升的意义

#### （一）促进个人发展

个人发展和学生综合素质提升在当今社会具有重要的意义。它们有助于培养学生全面发展的能力。在这个信息爆炸的时代，单一的知识面已经无法满足社会的需求，而培养学生综合素质，则能够让他们具备更强的适应能力和解决问题的能力。

个人发展和学生综合素质提升也是培养良好社会公民的关键。通过培养学生的综合素质，他们不仅能够在学业上有所成就，更能够具备良好的道德素养和社会责任感，从而为社会的进步和发展贡献力量。

个人发展和学生综合素质提升还能够促进社会的和谐与稳定。当社会中的每个个体都能够充分发展自己的潜能，并且具备良好的综合素质时，社会的竞争压力会减小，各个群体之间的关系也会更加和谐，从而促进社会的稳定和繁荣。

个人发展和学生综合素质提升还能够推动国家的发展和进步。优秀的人才是一个国家进步和发展的重要动力，而培养具备综合素质的学生，则是培养未来国家发展所需的人才队伍的重要途径。个人发展和学生综合素质提升对于一个国家的长远发展具有不可替代的作用。

## （二）适应社会需求

适应社会需求，是教育体系不可忽视的重要任务。学生综合素质提升，是培养未来社会建设者和领导者的基础。从个体到整体，这一过程蕴含着深刻的意义。探讨其重要性，对于教育改革和学生成长具有积极的指导意义。

在当今竞争激烈的社会环境中，学生综合素质提升扮演着关键的角色。唯有具备广泛的知识基础、扎实的学习能力和灵活的应变能力，才能在激烈的竞争中脱颖而出。培养学生的综合素质不仅仅是一种追求，更是适应社会需求的必然选择。

学生综合素质提升的意义不仅仅体现在个人层面，更体现在社会整体发展的层面。当大多数人都具备高水平的综合素质时，整个社会将呈现出更高效、更稳定的发展态势。提升学生的综合素质，是推动社会进步和发展的基础保障。

学生综合素质的提升不仅仅意味着知识技能的提升，更意味着思维能力和创新能力的培养。在日益复杂多变的社会环境中，单一的知识技能已经无法满足人们的需求。培养学生的创新能力和解决问题的能力，才能真正适应社会的发展需求。

## 二、学生综合素质提升的特点

### （一）持续性的培养过程

持续性的培养过程对学生综合素质提升具有深远的影响。这一过程不仅仅是一时的努力，而是一个长期的、持续不断的系统工程。其特点之一在于，它注重个体的全面发展，而非片面追求某一方面的提升。这种全面性的培养涉及学生的认知、情感、技能等多个维度，通过持续的学习和实践，促使学生在各个方面得到均衡发展。

另一个特点在于，持续性的培养过程强调个体的自主性和主动性。在这一过程中，学生不仅仅是被动接受知识和技能的输入，更要求他们能够自主地思考、探索和实践。通过给予学生足够的自主权和选择权，激发他们的学习兴趣和动力，从而更好地促进其综合素质的提升。

持续性的培养过程还注重个体的反思和反馈。学生在不断学习和实践的过程中，需要及时对自己的表现进行评估和反思，发现问题、改进方法。而教师和辅导员则需要及时给予学生针对性的反馈和指导，帮助他们更好地认识自己、发现问题、改进提升，形成良好的学习闭环。

持续性的培养过程还强调跨学科和综合性。在这一过程中，学生不仅仅是学习某一学科的知识和技能，更要求他们能够跨越学科的界限，将不同学科的知识和技能进行整合和应用。通过跨学科的学习和实践，培养学生的综合分析和解决问题的能力，使其具备更强的综合素质。

## （二）综合评价的体系

综合评价的体系对于学生综合素质提升具有重要意义。综合评价的体系是一种全面、多角度的评价方式。通过综合评价，学校可以从学生的学业成绩、思想品德、身心健康等多个方面对其进行全面评估，从而更准确地了解学生的整体发展状况。

综合评价的体系能够激发学生的学习动力。相比传统的单一评价方式，综合评价更加注重个性化和多样化。学生在参与各类综合评价活动的过程中，会感受到自己的努力和进步得到了认可，从而更有动力去积极参与学习、提升自己的综合素质。

综合评价的体系促进了学生的全面发展。传统的学习评价往往只关注学生的学业成绩，而忽视了学生其他方面的发展。而综合评价的体系则更加注重学生的综合素质，包括但不限于学术能力、思想品德、实践能力等方面的提升，从而促进了学生的全面成长。

综合评价的体系有利于培养学生的综合能力。在综合评价的过程中，学生需要展现自己的多方面能力，如表达能力、解决问题的能力、团队合作能力等。这些能力的培养不仅有助于学生在学习中取得更好的成绩，也为他们未来的发展打下了良好的基础。

综合评价的体系能够提高学生的综合竞争力。随着社会的不断发展，人才选拔越来越注重综合素质，而非单一的学习成绩。通过参与综合评价，学生不仅可以在学校内部展现自己的优势，还可以在未来的升学、就业过程中具备更强的竞争力。

### （三）多元化的培养方式

多元化的培养方式对于学生综合素质提升具有显著的特点和重要的意义。多元化的培养方式能够满足不同学生的发展需求。由于每个学生的兴趣、能力和特长各不相同，因此采取多元化的培养方式可以更好地激发他们的学习动力和潜能，实现个性化发展。

多元化的培养方式有利于培养学生的创新能力和实践能力。传统的教学方式往往偏重于传授知识，而多元化的培养方式则更加注重学生的实际操作和创造性思维，使他们能够在实践中不断探索、实践和创新，从而提升综合素质。

多元化的培养方式还能够促进学生的全面发展。在多元化的学习环境中，学生将有机会接触到各种各样的学科和活动，从而拓宽自己的知识面，培养综合素质。这种全面发展不仅有助于学生在学业上取得更好的成绩，更能够使他们在未来的社会生活和工作中游刃有余。

多元化的培养方式还能够培养学生的合作意识和团队精神。在多元化的学习环境中，学生往往需要与他人合作，共同完成各种任务和项目。通过这种合作，他们不仅能够学会与他人相处，更能够培养团队合作精神，从而提升自己的综合素质。

## 第二节　学生综合素质提升在体育教学中的实践

### 一、体育教学中学生综合素质提升的重要性

#### （一）培养团队合作精神

团队合作精神在体育教学中扮演着至关重要的角色。通过体育教学，学生们不仅仅是在提升自身的身体素质，更重要的是培养了团队合作的精神，这对于他们的综合素质提升具有不可忽视的作用。

在体育教学中，学生们需要通过各种体育项目来展现个人的技能和团队的配合能力。在篮球比赛中，每个队员都要在不同的位置上发挥自己的特长，相互配合才能达到最佳的比赛效果。这种团队合作的精神不仅仅是在体育场上有用，更是在日常生活中的人际交往中至关重要的品质之一。

通过体育教学，学生们可以学会倾听、理解和尊重他人的意见，这是团队合作不可或缺的一部分。在团队项目中，每个人的意见和建议都是宝贵的，只有通过相互尊重和理解，才能形成更有效的团队合作。这种倾听和理解他人的能力，对于学生的综合素质提升具有极为重要的意义。

体育教学中的团队合作不仅仅是在比赛时的表现，更是在日常训练和准备过程中的体现。在团队训练中，学生们需要相互协作、相互帮助，共同克服困难和挑战。这种团队合作精神不仅培养了学生们的团队意识，更加强了他们的凝聚力和集体荣誉感，对于提升学生的综合素质具有重要的促进作用。

团队合作精神在体育教学中的重要性还体现在培养学生的领导能力和责任感上。在团队项目中，每个人都有自己的角色和责任，只有每个人都尽职尽责，团队才能取得成功。通过体育教学，学生们可以学会承担责任、带领团队，这对于他们的综合素质提升具有深远的影响。

团队合作精神在体育教学中的重要性不言而喻。通过体育教学,学生们不仅能够提升自身的身体素质,更重要的是培养了团队合作的精神,这对于他们的综合素质提升具有重要的促进作用。我们应该重视体育教学,在课堂上和训练中注重培养学生的团队合作意识,为他们的未来发展打下坚实的基础。

## (二) 培养良好的生活习惯

培养良好的生活习惯对于学生的健康成长至关重要。在体育教学中,培养学生良好的生活习惯不仅仅是关于锻炼身体,更是一种全面的素质提升。定期的体育锻炼有助于增强学生的体魄,提高身体素质。比如,每天坚持晨跑可以增强心肺功能,提高体能水平,从而增强抵抗力,减少生病的概率。这种坚持不懈的锻炼习惯会在学生的生活中潜移默化地形成。

良好的生活习惯还包括合理的饮食习惯和规律的作息时间。通过体育教学,学生可以了解到运动员们的饮食和作息习惯是如何影响他们的体能和竞技状态的。适当的碳水化合物摄入可以提供运动所需的能量,而规律的作息时间可以保证充足的休息,有利于身体恢复和生长发育。这些健康的饮食和作息习惯将对学生的身体健康和学习效率产生积极的影响。

体育教学中培养良好的生活习惯还能够提高学生的自律能力和责任感。每周参加固定的体育课程和课外运动训练,需要学生们具备自律的精神,坚持不懈地完成训练任务。而这种自律精神在日常生活中同样能够体现,比如在完成学习任务、处理人际关系等方面。通过体育教学培养的自律能力和责任感将成为学生未来发展的宝贵财富。

良好的生活习惯对于学生综合素质的提升具有长远的意义。体育教学不仅仅是为了培养学生的运动技能,更是为了培养他们健康的生活方式和积极的人生态度。通过培养良好的生活习惯,学生将会更加自信、坚强,面对困难和挑战时更加从容应对。这种积极向上的心态和生活态度将成为他们未来成功的重要基石。

## 二、体育教学中学生综合素质提升的实践方法

### （一）强化体育锻炼的计划性和系统性

我们可以通过设立详细的锻炼计划来确保学生的体育活动具有计划性。比如，制订每周锻炼时间表，明确规定每次锻炼的内容和目标，从而使学生在体育锻炼中不仅能够得到全面的身体锻炼，还能够培养良好的锻炼习惯。

建立系统性的体育教学课程也是提升学生综合素质的有效途径。通过科学地组织体育课程内容，设置合理的教学目标和学习任务，引导学生系统地学习各种体育运动技能和知识，从而全面提升他们的体育水平和综合素质。

我们还可以采用多种形式的体育锻炼活动，以丰富学生的锻炼体验，激发他们的学习兴趣。比如，组织丰富多彩的体育比赛和运动会，设置各种具有挑战性的体育项目和游戏，让学生在锻炼中感受到快乐和成就感，从而增强他们的参与度和积极性。

我们还可以注重体育锻炼与学科知识的融合，促进学生在体育教学中的综合素质提升。比如，在体育课程中引入相关的科学知识和技术理论，让学生了解体育运动背后的科学原理和规律，从而提高他们的学科素养和科学素质。

我们还可以注重培养学生的团队合作精神和领导能力，通过体育锻炼活动培养学生的团队意识和合作精神，让他们学会在集体中相互配合、共同进步；通过组织学生担任队长或组织者等角色，培养他们的领导能力和组织能力，从而全面提升学生的综合素质。

### （二）建立完善的评价体系

利用定量评价方法来评估学生的体育技能水平是必不可少的。通过定量评价，我们可以客观地了解学生在各项运动项目中的表现，从而有针对性地制订训练计划，帮助他们提高技能水平。

采用定性评价方法来评估学生的综合素质也同样重要。除了考虑学生在运动中的表现外，还应该关注他们的团队合作能力、领导力、沟通能力等方面的发展。这种综合素质的评价能够更好地反映学生的综合能力，为他们未来的发展提供更有价值的参考。

建立360度全方位评价体系也是一种有效的实践方法。这种评价体系不仅包括老师的评价，还包括同学、家长甚至是学生自评的意见。通过多方参与的评价，可以更全面地了解学生的表现，及时发现问题并加以解决，促进其全面发展。

注重课外活动的评价同样具有重要意义。学生在课外体育活动中所展现的表现同样能够反映其综合素质的提升情况。我们可以通过定期组织课外体育活动，并对学生的表现进行评价，来全面了解他们的发展情况。

建立反馈机制也是评价体系中不可或缺的一部分。及时向学生反馈其在体育教学中的表现，指出其优点和不足，并提出改进意见，能够帮助他们更好地认识自己，进而不断提升。也可以通过反馈了解教学方法的效果，及时调整教学策略，更好地促进学生的综合素质提升。

### （三）注重个性化的指导和辅导

在体育教学中，注重个性化的指导和辅导是提升学生综合素质的重要实践方法之一。每个学生的身体素质、兴趣爱好和学习能力都有所不同，个性化的指导和辅导可以更好地满足学生的需求，促进其综合素质的全面发展。

个性化的指导和辅导意味着教师需要根据学生的特点和需求，设计相应的教学方案和训练计划。对于身体素质较好的学生，可以设置更高难度的训练项目，挑战其身体极限，提升其运动能力；而对于身体素质较差的学生，则可以采取更温和、个性化的训练方法，帮助他们逐步提升自己的身体素质。

个性化的指导和辅导还包括对学生个体差异的充分理解和尊重。教师需要认识到每个学生都是独一无二的个体，有着自己独特的特点和优势，因此在教学过程中应该尊重学生的个性和需求,给予他们充分的关爱和支持。

在体育教学中,个性化的指导和辅导可以通过小组教学、个别辅导等方式实现。小组教学可以让学生在小组中相互配合、相互学习,激发他们的团队合作精神和竞争意识;而个别辅导则可以让教师更加关注每个学生的学习情况和进步,及时发现和解决问题,促进其个体发展。

个性化的指导和辅导还需要结合现代科技手段,充分利用信息技术等工具,为学生提供个性化的学习资源和辅助工具。通过智能化的训练设备、个性化的训练软件等,可以更好地满足学生的学习需求,提高他们的学习效率和兴趣,促进其综合素质的提升。

## 第三节 学生综合素质提升对体育教学的影响

### 一、学生综合素质提升对体育教学的积极影响

#### (一)提高学习积极性

提高学习积极性对学生的综合素质提升至关重要。在体育教学中,激发学生学习的积极性不仅仅是提高体育水平,更是一种全面的素质提升。通过体育课堂上的丰富多彩的教学内容和形式,可以激发学生的学习兴趣和求知欲。比如,组织丰富多样的体育比赛和游戏活动,让学生在愉悦的氛围中学习体育知识和技能,从而激发他们对学习的热情和动力。

体育教学中注重个性化的教学方法和差异化的学习任务,也能够提高学生的学习积极性。每个学生的体育兴趣和能力不同,因此需要采用不同的教学方法和内容来满足他们的需求。比如,对于喜爱篮球的学生可以组织篮球训练营,对于喜爱游泳的学生可以组织游泳比赛,通过个性化的教学方式激发学生的学习兴趣,提高他们的学习积极性。

体育教学中注重学生参与和合作的精神，也能够提高学生的学习积极性。在团体项目和合作游戏中，学生需要相互配合、相互支持，培养团队精神和集体荣誉感。通过这种合作学习的方式，学生能够感受到团队的力量和凝聚力，从而增强学习的信心和动力，提高学习的积极性。

体育教学中注重学生自主学习和反思能力的培养，也能够提高学生的学习积极性。通过给学生提供自主选择课程内容和制订学习计划的机会，让他们在学习过程中发挥主动性和创造性，从而增强学习的自信心和满足感。通过学生自主反思和评价的过程，让他们意识到自己的优点和不足之处，从而不断改进和提高学习效果，提高学习积极性。

## （二）培养健康生活习惯

定期开展体育锻炼活动是培养学生健康生活习惯的重要途径。通过组织丰富多样的体育课程和户外活动，让学生在锻炼中感受到运动的乐趣和益处，培养他们坚持锻炼的意识和习惯，从而养成良好的生活方式。

加强体育健康知识的宣传教育也是培养学生健康生活习惯的重要手段。通过体育课堂上的讲解和普及，向学生传播健康生活的重要性和方法，引导他们养成良好的饮食习惯、睡眠习惯等，从而提高他们的生活质量和身体素质。

建立健康评价和监测机制也是培养学生健康生活习惯的有效途径。通过定期对学生的身体健康状况进行评估和监测，及时发现并解决存在的健康问题，引导学生根据自身情况调整生活方式，从而促进其健康水平的提升。

加强家校合作，共同关注学生的健康成长也是培养学生健康生活习惯的重要途径。学校与家庭应该密切合作，共同关注学生的生活习惯和健康状况，共同制订健康管理方案，引导学生树立正确的健康观念，培养他们良好的生活习惯。

树立良好的健康生活榜样，引导学生学习和模仿也是培养学生健康生活习惯的重要途径。学校和教师应该树立良好的健康生活榜样，通过自身的言传身教，影响和引导学生树立正确的生活观念和价值取向，从而促进其健康生活习惯的形成和发展。

## （三）提升心理健康水平

在体育教学中提升学生心理健康水平，对提升他们的综合素质具有积极的影响。通过关注学生的心理健康，我们可以建立更加健康、积极的学习氛围，为他们的全面发展创造良好的条件。

体育活动是提升学生心理健康水平的有效途径之一。运动可以释放压力、舒缓焦虑情绪，有助于改善学生的情绪状态。在体育教学中，我们可以通过设计丰富多彩的运动项目，让学生在愉悦的氛围中享受运动的乐趣，从而提升他们的心理健康水平。

体育教学可以培养学生的自信心和自尊心，从而促进其心理健康指数的提升。通过不断的挑战自我、突破自我，学生可以逐渐建立起对自己能力的信心，增强自尊心。这种自信心和自尊心的培养将使他们更加乐观、坚忍，更有勇气面对生活中的各种困难和挑战。

体育教学还可以培养学生的团队合作精神，增强他们的社交能力，有利于改善其人际关系，促进心理健康指数的提升。在团体运动中，学生需要相互配合、共同努力，才能取得成功。通过与同学的合作，学生可以培养出良好的合作意识和团队精神，从而更好地适应社会生活，提升心理健康水平。

体育教学还可以培养学生的坚韧意志和逆境应对能力，有助于提升其心理韧性。在面对体育训练中的困难和挑战时，学生需要克服困难、坚持不懈，才能取得进步。通过这种锻炼，学生可以逐渐培养出乐观向上的心态，增强应对挫折的能力，从而提升心理健康水平。

体育教学中的赛事活动也是促进学生心理健康的重要途径之一。参加体育比赛可以激发学生的斗志和激情，增强其对成功的渴望和追求。在比赛中，学生将面对各种挑战和竞争，需要发挥出自己的潜力，克服困难，从而提升其心理素质和抗挫能力。

## 二、学生综合素质提升对体育教学的挑战

### (一) 个性化需求的考量

个性化需求的考量是当今体育教学中不可忽视的重要因素。随着社会的发展和教育理念的更新，学生对于体育教学的需求也日益多样化。在这种情况下，如何有效地满足学生个性化的需求，成了体育教学面临的一项挑战。

针对学生综合素质提升的需求，体育教学需要更加注重个性化的指导。每位学生的身体条件、兴趣爱好和学习能力都存在差异，因此单一的教学方式往往难以满足所有学生的需求。教师需要根据学生的特点，采用多样化的教学方法和手段，以更好地促进学生综合素质的提升。

个性化需求的考量还要求体育教学注重学生的自主性和参与性。传统的体育教学往往以教师为中心，学生被动接受知识和训练。随着教育理念的更新，越来越多的人认识到学生的自主学习能力和参与意识对于综合素质的提升至关重要。体育教学需要提供更多的自主选择和参与性活动，激发学生的学习兴趣和积极性。

个性化需求的考量还意味着体育教学需要更加注重个体差异的关怀和支持。在体育教学过程中，一些学生可能面临身体条件不佳、自信心不足等问题，这就需要教师在教学中给予他们更多的关怀和支持。针对不同学生的个体差异，教师可以采取差异化教学策略，帮助他们克服困难，提升综合素质。

综合素质提升对体育教学的挑战也促使教育者不断探索创新的教学方法和手段。个性化需求的考量要求教育者关注学生的个体差异，因此在教学实践中，可以尝试采用项目式学习、游戏化教学等创新方法，激发学生的学习兴趣和参与度。通过不断探索创新，可以更好地满足学生的个性化需求，促进其综合素质的提升。

在面对学生综合素质提升的挑战时，体育教学需要与时俱进，不断更新教育理念和教学方法，以更好地满足学生个性化的需求。通过注重个性化指导、提高学生的自主性和参与性、关注个体差异的关怀和支持，以及探索创新的教学方法，体育教学可以更好地促进学生综合素质的提升，为其未来的发展打下良好的基础。

## （二）时间和资源的限制

时间和资源的限制给体育教学带来了诸多困难。学校课程设置的压力使得体育课时间被压缩，导致学生参与体育活动的时间减少。缺乏足够的场地、器材和专业教练也制约了体育教学的发展。这些限制使得教师们在开展体育教学时面临着诸多挑战，如何在有限的条件下提升学生的综合素质成了摆在我们面前的难题。

正如人们常说的那样，"困难并不可怕，关键在于如何应对"。在应对时间和资源的限制时，我们可以采取一系列创新的方法来提升体育教学的效果。可以通过合理的课程设计，将体育教学融入其他学科中，实现资源的共享和最大化利用。利用现代技术手段，如虚拟现实技术、在线教学平台等，为学生提供更丰富多彩的体育教学体验。积极开展校内外的体育活动，借助社会资源，拓宽学生的体育视野，丰富其体育体验，也是一种有效的方式。

除了时间和资源的限制外，学生综合素质提升对体育教学还带来了教学内容和方法的挑战。传统的体育教学往往注重技能和竞技，忽视了学生综合素质的全面发展。如何通过体育教学培养学生的团队合作精神、领导能力、情感管理能力等综合素质成了亟待解决的问题。

针对这一挑战，我们可以通过创新的教学方法和内容设计来提升体育教学的综合素质。引入团队合作的体育项目，组织学生进行集体训练和比赛，培养学生的团队意识和协作能力；通过体育游戏和情景模拟等方式，让学生在实践中学习情感管理和解决问题的能力。加强体育教师的培训，提升其综合素质教育水平，也是提升体育教学效果的重要途径。

### （三）教师专业素养的要求

教师专业素养的要求对于体育教学至关重要。教师需要具备扎实的学科知识和丰富的教学经验。只有这样，他们才能够有效地引导学生，提升其体育技能和综合素质。教师应当具备良好的沟通能力和团队合作精神。这样才能够在课堂上与学生进行有效互动，激发学生学习兴趣，并且在集体活动中协调各方面资源，促进学生共同进步。

随着社会发展和教育理念的更新，教师专业素养的要求也在不断提高。面对这一挑战，教师需要不断提升自身的学习能力和适应能力。他们应当积极参与各种专业培训和学术交流活动，不断更新自己的知识结构和教学方法，以更好地适应时代发展的需要，更好地满足学生多样化的学习需求。

学生综合素质提升对体育教学也带来了新的挑战。在传统的体育教学模式下，重视的往往是学生的体育技能和竞技水平。如今社会对学生的要求已不仅限于此，更加注重学生的综合素质和个性发展。教师需要根据学生的特点和需求，灵活调整教学内容和方法，注重培养学生的团队合作精神、沟通能力、领导能力等综合素质，使他们在体育活动中不仅能够提高自己的运动水平，更能够全面发展自己的个性和能力。

学生综合素质提升还对教师的教育观念和教学方法提出了新的挑战。传统的体育教学往往注重知识传授和技能训练，忽视了学生的兴趣和参与度。现代教育理念强调以学生为中心，注重激发学生的学习兴趣和自主学习能力。教师需要转变教学观念，注重发挥学生的主体作用，通过创设丰富多样的学习情境和活动，激发学生的学习兴趣，提高他们的参与度，从而促进其综合素质的全面提升。

## 第四节　学生综合素质提升的策略与方法

### 一、学生综合素质提升策略与方法的选择与制订

#### （一）制订个性化发展计划

制订个性化发展计划，是提升学生综合素质的有效途径。在选择和制订策略与方法时，需要考虑学生的个性特点、学科需求以及发展方向。以下是针对不同层面的策略与方法的选择与制订。

针对学生的个性特点，可以采取多元化的策略。比如，针对外向型学生，可以鼓励其参与社团活动、演讲比赛等，提升其领导能力和沟通能力；而对于内向型学生，则可以通过小组合作、角色扮演等方式，激发其参与欲望，培养其团队合作精神。

根据学科需求，可以有针对性地选择策略与方法。比如，在语文学科中，可以通过阅读拓展、写作训练等方式，提升学生的语言表达能力和思维逻辑能力；在数学学科中，可以通过实践操作、问题解决等方式，激发学生对数学的兴趣，提高其数学思维能力。

针对学生的发展方向，可以制订个性化的发展计划。比如，对于有特长的学生，可以根据其特长领域，量身定制专业的培训计划，帮助其在该领域取得更好的成绩和表现；而对于全面发展的学生，则可以通过跨学科的学习和实践，拓宽其知识面，培养其综合素质。

#### （二）强化实践与体验

强化实践与体验是提升学生综合素质的重要策略之一。在当今教育环境中，

理论知识的学习虽然重要，但实践能力和体验感受同样不可或缺。选择和制订适合的策略与方法，以强化学生的实践与体验，对于他们的综合素质提升至关重要。

一种重要的策略是通过项目式学习来强化学生的实践与体验。项目式学习将理论知识与实际项目相结合，让学生在解决问题的过程中获得实践经验和体验感受。通过参与各种项目，学生不仅可以提升专业技能，还能培养解决问题的能力和团队合作精神，从而全面提升其综合素质。

另一种有效的方法是通过实践性教学来强化学生的实践与体验。实践性教学强调学生亲身参与和实际操作，例如实验、实地考察等。通过这种方式，学生可以直接感受到知识的应用和实际效果，从而增强对所学知识的理解和记忆，并培养解决实际问题的能力。

体验式教学也是一种有效的策略。通过组织各种体验活动，如户外拓展、实践探究等，学生可以在实践中获得丰富的体验和感受。这种亲身体验不仅可以增强学生的学习兴趣和参与度，还可以培养其观察力、思考力和创造力，从而全面提升综合素质。

除了以上策略和方法外，跨学科教学也是强化学生实践与体验的有效途径之一。跨学科教学将不同学科的知识和技能进行整合，让学生在跨学科的学习中获得更加丰富的实践和体验。通过跨学科的学习，学生可以更加全面地认识和理解所学知识，培养综合运用知识的能力，从而提升其综合素质。

值得注意的是，在选择和制订策略与方法时，需要充分考虑学生的实际情况和需求。不同年龄段、不同学科、不同学生群体可能需要不同的策略与方法。教师应该根据具体情况，灵活运用各种策略与方法，以最大限度地强化学生的实践与体验，从而全面提升其综合素质。

综合素质提升需要多方面的支持和努力，而强化实践与体验是其中至关重要的一环。通过项目式学习、实践性教学、体验式教学、跨学科教学等策略与方法的选择和制订，可以有效地增强学生的实践能力和体验感受，从而全面提升其综合素质，为其未来的发展奠定坚实的基础。

## 二、学生综合素质提升的具体策略与方法应用

### （一）强化素质教育课程

一种有效的策略是将素质教育融入学校的课程设置和教学计划中。通过在课程设置中增加素质教育课程或将素质教育内容融入各学科的教学中，可以使学生在学习知识的同时培养综合素质。在语文课上进行阅读与表达的训练，不仅可以提高学生的语言能力，还可以培养其分析问题、表达观点的能力，促进其思维品质的提升。

另一个重要的方法是注重学生的实践能力培养。素质教育强调学以致用，注重实践与体验。教师可以通过组织学生参加社会实践、实验探究、校园活动等形式，让学生将所学知识与实际生活相结合，培养其实践动手能力和创新意识。组织学生开展社会实践活动，让他们亲身体验社会生活，增强社会适应能力和社会责任感。

个性化教育也是一种有效的策略。由于每个学生的兴趣、能力和特点各不相同，因此教育应该因材施教，注重个性化发展。通过了解学生的个性特点和发展需求，为其量身定制教育方案，提供个性化的学习支持和指导，可以更好地激发学生的学习动力，促进其综合素质的全面提升。针对不同兴趣爱好的学生开设不同的兴趣小组或课外活动，满足他们的个性化需求，激发其学习的热情。

合作学习也是提升学生综合素质的重要方法。素质教育强调合作与分享，通过与他人合作学习，可以促进学生的团队精神、沟通能力和合作意识。教师可以设计各种合作学习的活动，如小组讨论、项目合作、团队竞赛等，让学生在合作中相互学习、相互促进，共同提升综合素质。组织学生参与跨学科的团队项目，让他们在实践中学习合作、协调和解决问题的能力。

评价与反馈也是提升学生综合素质的关键环节。通过及时、全面的评价和反馈，可以帮助学生了解自己的学习情况，发现不足之处，及时调整学习策略，进而不断提升自身的综合素质。教师应该设计多样化的评价方式，如学科成绩、综合评价、自我评价等，为学生提供全方位、个性化的评价和反馈。教师还应该注重对学生的激励和鼓励，激发他们的学习动力和自信心，促进其积极参与学习，持续提升综合素质。

### （二）拓展课外活动和社会实践

在提升学生综合素质方面，拓展课外活动是一种有效的策略与方法。通过组织各种形式的体育比赛和运动会，可以激发学生的运动兴趣和竞技精神。定期组织户外探险和露营活动，可以培养学生的团队合作意识和自主探索能力。开展文艺表演和手工制作等艺术类活动，有助于提升学生的创造力和审美情趣。通过这些丰富多彩的课外活动，学生不仅可以锻炼身体，更可以全面发展个性和能力。

在应用这些具体的策略与方法时，教师需要注意一些关键点。活动的组织应当具有针对性和适度性，考虑到学生的年龄、兴趣和能力水平，确保活动的参与度和效果。活动的安全保障措施必不可少，教师应当提前做好充分的准备工作，确保学生在活动中的安全有保障。活动的评估和反思也是至关重要的，通过及时总结和反馈，可以发现问题并及时调整，进一步提高活动的质量和效果。

在组织体育比赛和运动会方面，教师可以采取多种形式和内容，如田径比赛、篮球比赛、足球比赛等。可以根据学生的兴趣和特长，设置不同的项目和规则，鼓励学生积极参与，展示自己的才华和能力。教师还可以组织学生参加校际或地区性的比赛，拓宽学生的视野，提高其竞技水平和心理素质。

在开展户外探险和露营活动方面，教师可以选择适宜的地点和季节，组织学生进行郊游、登山、野营等活动。通过这些活动，学生可以感受大自然的美好,增强对自然的认识和保护意识,同时培养自己的勇气和毅力,锻炼团队合作和应急处理能力。

在开展文艺表演和手工制作等艺术类活动方面,教师可以组织学生进行话剧表演、舞蹈表演、美术创作等活动。通过这些活动,学生可以发挥自己的想象力和创造力,锻炼表达能力和团队合作精神,同时培养审美情趣和文艺修养。

引导学生参与志愿活动是拓展社会实践的重要策略之一。通过参与志愿服务,学生可以亲身体验社会实践,增强他们的社会责任感和奉献精神。学校可以组织各类志愿活动,如义务劳动、环保公益活动、社区服务等,鼓励学生积极参与,促进他们的社会情怀和实践能力的提升。

开展社会调研与实践课程是拓展社会实践的有效方法之一。通过组织学生进行社会调研和实地考察,可以让学生深入了解社会现状和问题,培养他们的观察力、分析能力和解决问题的能力。学校可以结合课程设置,开设相关的社会实践课程,组织学生走出校园,深入社会,开展调研和实践活动,促进他们的综合素质提升。

组织学生参加社会实践项目是拓展社会实践的重要途径之一。学校可以与社会组织、企业合作,开展各类社会实践项目,为学生提供实践平台和机会。比如,组织学生参与社会创新创业项目、社会实践实习项目等,让他们在实践中学习和成长,培养他们的创新意识、团队合作能力和实践技能。

利用信息技术开展社会实践是拓展社会实践的新途径之一。学校可以利用互联网和现代信息技术,开展线上社会实践活动,为学生提供更广阔的实践空间和机会。比如,组织学生参与线上志愿服务平台、开展线上社会调研项目等,让他们通过网络平台参与社会实践,培养他们的信息素养和网络交流能力。

## (三)建立导师制度

导师制度的建立需要明确具体的策略与方法。导师应该与学生建立密切的关系,了解其个性特点、学习需求和发展目标。通过定期的面谈和交流,导师可以全面了解学生的情况，为其提供针对性的指导和支持。

导师可以根据学生的实际情况，制订个性化的学习计划和目标。学习计划应该包括学习内容、学习方法、学习进度等方面的安排，既要考虑学生的兴趣和特长，又要考虑其学习能力和发展需求，从而确保学生能够在学习过程中取得积极的成效。

除了制订学习计划，导师还应该指导学生参与各种实践活动和项目，提升其实践能力和综合素质。通过参与科研项目、社会实践、志愿服务等活动，学生不仅可以增加实践经验，还可以培养解决问题的能力和团队合作精神，从而全面提升其综合素质。

导师还可以为学生提供职业规划和发展指导。通过了解学生的兴趣爱好、职业志向和个人特点，导师可以帮助学生制订职业规划和发展路径，指导其选择适合自己的专业方向和发展方向，从而更好地实现个人价值和职业目标。

在导师制度的实施过程中，导师还应该注重与其他教育资源的整合和共享。可以与学校的教学资源、社会的实践资源、企业的职业资源等进行合作，为学生提供更加丰富和多样化的学习机会和发展平台，从而更好地促进其综合素质的提升。

导师还应该注重对学生的心理健康和情感支持。在学习和生活中，学生可能会面临各种挑战和困难，导师应该给予他们及时的关心和支持，帮助他们克服困难，保持积极的心态，从而更好地实现综合素质的提升。

# 第十二章　现代教学理念在体育教学中的应用

## 第一节　现代教学理念概述

### 一、现代教学理念的基本原则

#### （一）实践导向原则

实践导向原则是现代教育中的基本理念之一，它强调将学习与实践相结合，以促进学生的全面发展。在教学实践中，实践导向原则扮演着至关重要的角色，引导教师根据学生的实际需求和现实情境来设计教学活动。通过贯彻实践导向原则，教育不再局限于传授理论知识，而是更加注重培养学生的实践能力和创新思维，使他们能够在实际生活中应用所学知识。

在实践导向的教学中，教师应当充分了解学生的背景和学习需求，以便更好地设计教学活动。这意味着教师需要采取多样化的教学方法，以适应不同学生的学习方式和节奏。对于喜欢动手操作的学生，教师可以设计实验、案例分析等实践性强的活动，让他们通过亲身实践来掌握知识。

实践导向原则还强调学习的实践性和应用性，即学生所学知识应当能够在实际生活中得到应用。在教学设计中，教师应当注重培养学生的解决问题能力和创新思维，使他们能够将所学知识灵活运用于实际工作和生活中。这就需要教师通过案例分析、小组讨论等活动来引导学生思考，激发他们的创造力和实践能力。

实践导向原则还强调学习与评价的紧密结合。在实践导向的教学中，评价不仅仅是对学生学习成果的检验，更应当是对学生学习过程的反馈和指导。教师应当采用多样化的评价方式，如项目评价、自我评价等，以全面了解学生的学习情况，为他们提供个性化的学习支持和指导。

实践导向原则还要求教师与实践密切结合，不断更新教学内容和方法。现代社会变化快速，教师需要不断了解最新的行业发展和技术变革，及时调整教学内容和方法，以适应社会的需求。教师应当积极参与实践活动，与行业专家和企业合作，不断提升自己的实践能力和教学水平。

### (二) 个性化学习原则

个性化学习原则的基本原则之一是关注学生的兴趣和需求。每个学生都是独一无二的个体，他们有着不同的学习兴趣、学习风格和学习需求。教师应该根据学生的兴趣和需求，为他们提供个性化的学习体验。一些学生可能对文学感兴趣，而另一些学生则更喜欢数学或科学。通过了解学生的兴趣和需求，教师可以有针对性地调整教学内容和方法，使学习更加具有吸引力和有效性。

个性化学习原则强调学生的自主学习和自我管理能力。现代社会对学生的要求不仅仅是掌握知识，更重要的是培养学生的自主学习能力和解决问题的能力。教师应该通过激发学生的学习兴趣和提供适当的学习支持，帮助他们培养自主学习和自我管理的能力。教师可以组织学生参与项目学习或小组合作，让他们在合作中学会相互交流、协作和提高解决问题的能力，从而提高他们的自主学习能力。

个性化学习原则强调教学的灵活性和多样性。在传统的教学模式中，教师往往采用统一的教学方法和资源，忽视了学生的个体差异。而个性化学习原则则强调教学应该灵活多样，以满足不同学生的需求。教师可以结合课堂讨论、小组合作、个性化辅导等多种教学方法，让每个学生都能找到适合自己的学习方式。教师还可以利用多种教学资源，如教科书、网络资源、实地考察等，丰富教学内容，提供多样化的学习体验。

个性化学习原则强调持续的评估和反馈。在个性化学习中，教师应该不断地评估学生的学习情况，及时给予反馈，帮助他们及时调整学习策略和提高学习效果。评估和反馈不仅仅是对学生学习成绩的评价，更重要的是帮助学生发现自己的不足之处，激发他们的学习动力。教师可以通过日常作业、课堂表现、项目成果等多种方式对学生进行评估，并及时给予针对性的建议和指导，帮助他们不断进步。

## （三）以学生为中心原则

在现代教育实践中，以学生为中心的原则被视为教学的核心。这一理念强调教师应该将学生的需求、兴趣和能力置于教学的中心地位，从而更好地促进他们的学习和发展。这一理念的基本原则包括但不限于：个性化教学、学生参与、反馈和评估，以及情感关怀。

个性化教学是以学生为中心的教学理念的基石之一。每个学生都是独特的，具有不同的学习风格、兴趣爱好和学习需求。教师需要根据学生的个体差异调整教学内容、教学方法和评价方式，以确保每个学生都能够在适合他们的学习环境中取得成功。

学生参与是实现以学生为中心原则的重要途径之一。教师应该鼓励学生积极参与课堂活动和学习过程中的决策制订。通过参与，学生能够更深入地理解知识，提高解决问题的能力，并培养批判性思维和合作精神。

反馈和评估是以学生为中心的教学理念的关键组成部分。教师应该及时向学生提供有效的反馈，帮助他们了解自己的学习进展和存在的问题。评估应该以学生的实际表现为基础，注重综合评价，不仅关注知识的掌握程度，还要考虑学生的思维能力、创造力和情感发展。

情感关怀是以学生为中心原则的又一体现。教师应该关心和尊重每个学生，建立良好的师生关系。在课堂教学中，教师应该注重情感教育，培养学生的自信心和自尊心，激发他们对学习的兴趣和热情，从而更好地激发他们的学习潜力。

## 二、现代教学理念的实践策略

### （一）培养创新思维

培养创新思维是现代教育的核心目标之一。在面对日益快速变化的社会和技术发展的背景下，培养学生的创新思维能力显得尤为重要。为了实现这一目标，教育者需要采用多种实践策略，从课堂教学到课外活动，都需要注重培养学生的创新意识和思维方式。

引导学生从多元化的角度去思考问题，是培养创新思维的重要策略之一。传统的教育往往强调标准答案和固定思维模式，而现代教育更加注重启发式的教学方法。教育者可以通过启发性问题、案例分析等方式，激发学生的思维，引导他们跳出传统框架，从多个角度去思考问题，培养其创新思维能力。

提供具有挑战性的学习环境也是培养创新思维的有效途径之一。学生在面对挑战和困难时，往往能够激发出更多的创新想法和解决方案。教育者可以设计一些开放性的问题或者项目，让学生在解决问题的过程中，不断探索、实践，从而培养其解决问题的能力和创新思维。

注重跨学科的教学也是实践创新思维的重要策略之一。现代社会的问题往往是复杂多样的，需要跨学科的知识和技能来解决。教育者可以通过跨学科的教学设计，将不同学科的知识和技能有机地结合起来，帮助学生形成系统性的思维方式，培养其解决复杂问题的能力。

鼓励学生参与实践性的学习活动也是培养创新思维的重要途径之一。学生通过参与实践性的项目、实验等活动，不仅能够将理论知识应用到实际中去，还能够培养其实践能力和创新意识。教育者可以设计一些具有实践性的学习任务，引导学生主动参与其中，从而培养其创新思维能力。

注重个性化教育也是实践创新思维的重要策略之一。每个学生的兴趣、能力和学习方式都是不同的，教育者需要根据学生的个性特点，灵活调整教学内容和教学方法，给予学生更多的自主权和选择权，激发其学习的积极性和创新潜力。通过个性化教育，可以更好地满足学生的需求，促进其全面发展和创新能力的培养。

## （二）教与学的融合

教与学的融合是现代教学理念中的重要组成部分，它强调教师与学生之间的互动与合作，共同促进学习的发展。在实践中，实现教与学的融合需要教师采取一系列策略，以激发学生的学习兴趣，提高他们的学习效果。

一种实践策略是倡导探究式学习。探究式学习强调学生通过自主探索和发现来构建知识，而不是被动接受教师的知识传授。在这种学习模式下，教师扮演着引导者的角色，通过提出问题、引导讨论等方式激发学生的好奇心和求知欲，促使他们主动参与学习过程。

另一种策略是采用合作学习模式。合作学习强调学生之间的互助与合作，通过小组讨论、团队项目等形式，让学生共同探讨问题、交流思想，从而促进他们的学习效果。在合作学习中，教师可以扮演组织者的角色，引导学生有效地组织学习活动，协调小组关系，确保学习目标的达成。

个性化教学也是实现教与学融合的重要策略之一。个性化教学强调充分考虑学生的差异性和个体需求，通过差异化的教学设计和个性化的学习支持，满足不同学生的学习需求，提高他们的学习效果。在个性化教学中，教师需要根据学生的学习水平、兴趣爱好等因素，调整教学内容和方法，为每个学生量身定制学习计划。

技术融合也是实现教与学融合的重要手段之一。现代技术的发展为教学提供了丰富多彩的工具和资源，教师可以通过利用多媒体教学、网络教学等方式，丰富教学内容，激发学生的学习兴趣，提高他们的学习效果。在技术融合的教学中，教师需要充分了解和掌握各种教学技术，灵活运用于教学实践中，以最大限度地促进教与学的融合。

### （三）强化合作学习

强化合作学习是现代教学理念中的一项重要实践策略，它旨在通过促进学生之间的合作与交流，激发学生的学习动力，提高学习效果。在当今社会，合作能力已经成为一个人成功的重要因素之一，教师应该充分利用合作学习，培养学生的合作精神和团队意识。本部分内容将探讨强化合作学习的实践策略，并分析其在现代教育中的重要性。

建立积极的合作学习氛围至关重要。教师应该通过鼓励和赞扬学生之间的合作行为，营造一个积极向上的合作学习氛围。教师可以设立合作学习的奖励机制，鼓励学生在合作中互相帮助、支持和分享，从而激发学生的积极性和参与度。教师还可以组织一些团队建设活动，帮助学生建立良好的团队关系和合作意识，为合作学习打下良好的基础。

确定清晰的合作学习目标和任务是促进合作学习的关键。在进行合作学习时，教师应该明确学习目标和任务，并将其传达给学生。这样可以帮助学生明确自己的学习方向和责任，提高合作效率和学习成果。教师可以设计一些具有挑战性和实践性的合作任务，要求学生在团队中共同解决问题、完成项目或展开探究，从而培养他们的团队合作能力和问题解决能力。

采用多样化的合作学习方法和形式可以提高学生的学习体验和效果。合作学习并不局限于简单的小组讨论，教师可以结合课堂讨论、项目学习、角色扮演、合作游戏等多种形式，激发学生的学习兴趣，增强他们的合作意识和团队精神。教师可以组织学生参与一些模拟实验或真实场景的项目学习，让他们在实践中体会合作的重要性和价值，从而提高他们的合作技能和创新能力。

充分利用现代技术手段也是促进合作学习的有效途径。随着信息技术的不断发展，教师可以借助互联网、电子邮件、在线协作平台等工具，促进学生之间的合作交流和资源共享。教师可以利用在线协作平台创建虚拟团队，让学生在网络空间中共同完成项目任务，实现跨时空的合作学习。这不仅可以扩大学生的合作范围，还可以提高他们的信息素养和网络交流能力。

及时进行合作学习成果的评价和反馈是确保合作学习效果的关键。教师应该定期对学生的合作学习成果进行评价，并及时给予反馈，帮助他们发现问题、总结经验、改进方法。评价和反馈不仅可以促进学生的个人成长，还可以促进团队的持续改进和发展。教师可以组织学生进行自我评价和互评，让他们学会倾听和接受他人的意见，从而提高团队的协作效率和学习效果。

## 第二节　现代教学理念在体育教学中的意义

### 一、现代教学理念概述

#### （一）教育的个性化

教育的个性化是现代教学理念中的重要组成部分，它强调充分考虑学生的差异性和个体需求，在教学设计和实施过程中为每个学生提供个性化的学习支持和指导。在当今多样化的学习环境中，教育的个性化不仅是一种趋势，更是一种必然选择，以满足不同学生的学习需求和潜能。

个性化教育注重充分了解学生的特点和需求。这意味着教师需要通过各种方式，如观察、问卷调查等，全面了解每个学生的学习风格、兴趣爱好、学习能力等方面的信息，为个性化教学提供有效的数据支持。

个性化教育强调差异化的教学设计和实施。在个性化教学中，教师需要根据学生的差异性和个体需求，调整教学内容、教学方法、教学资源等，以适应不同学生的学习水平和学习节奏，最大程度地发挥每个学生的潜能。

个性化教育还注重提供个性化的学习支持和指导。在个性化教学中,教师不仅仅是知识的传授者,更应当是学生学习过程的引导者和辅导者,为学生提供个性化的学习支持和指导,帮助他们克服学习障碍,提高学习效果。

个性化教育还需要充分利用现代技术手段。现代技术的发展为个性化教育提供了丰富多样的工具和资源,如在线学习平台、智能教学软件等,可以帮助教师更好地了解学生的学习情况,个性化地设计和实施教学活动。

## (二)学生参与与合作

学生参与与合作是现代教学理念中的核心概念之一,它强调学生作为学习的主体,应该积极参与学习过程,并通过合作与他人共同构建知识。在传统的教学模式中,教师往往扮演着知识传授者的角色,而学生则是被动接受者。随着教育理念的不断更新和教学技术的不断发展,越来越多的教育工作者开始重视学生的参与与合作,认为这是实现教育目标和培养学生综合素养的重要途径。本部分内容将概述学生参与与合作在现代教学中的重要性,并探讨其实践策略。

学生参与与合作能够激发学生的学习兴趣和动力。在传统的教学模式中,学生往往对学习缺乏积极性和主动性,因为他们觉得学习是一种被动接受的过程,缺乏趣味性和实用性。当学生有机会参与到课堂活动中,与同学共同探讨问题、解决难题时,他们会感到学习变得更加有趣和有意义,从而激发起他们的学习兴趣和动力。

学生参与与合作有助于促进学生的思维发展和创新能力。在合作学习中,学生不仅仅是接收知识,更重要的是通过与同学合作,共同思考问题、探讨解决方案,从而培养他们的批判性思维、创造性思维和解决问题的能力。当学生在小组讨论中互相交流观点和思想时,他们会受到启发,产生新的想法和见解,从而促进自己的思维发展和创新能力。

学生参与与合作有助于提高学生的社交能力和团队精神。在合作学习中,学生需要与同学共同合作完成任务,这就要求他们具备良好的沟通能力、合作能力和团队意识。通过与同学合作，学生可以学会倾听和尊重他人的意见，学会合作和协作，从而提高他们的社交能力和团队精神，为他们未来的学习和工作打下良好的基础。

学生参与与合作有助于促进教师和学生之间的互动与交流。在传统的教学模式中，教师往往是知识的传授者，而学生则是被动接受者。在学生参与与合作的教学模式中，教师不仅仅是知识的传授者，更重要的是学生的指导者和引导者。通过与学生互动与交流，教师可以更好地了解学生的学习情况和需求，从而更加有针对性地进行教学设计和教学实践，提高教学效果和学生学习成果。

学生参与与合作有助于促进教育教学的创新和发展。在传统的教学模式中，教师往往是主导者，学生则是被动接受者，这种单向的教学模式容易导致教育教学的僵化和固化。在学生参与与合作的教学模式中，教师和学生是平等地合作共同构建知识的，这种双向的教学模式有助于促进教育教学的创新和发展，推动教育教学向更加开放、灵活、多样化的方向发展。

### 1. 学生主体性

在当代教育领域，学生主体性日益成为一种重要的教学理念。学生主体性强调的是将学生置于教学的中心地位，充分尊重和发挥学生的主体作用，使其成为学习的主体和建构知识的主导者。这一理念的核心在于促进学生的自主学习、自我发展和自我实现，从而培养具有创造力、批判性思维和解决问题能力的学生。

学生主体性教育的基本原则之一是尊重学生的个体差异和发展需求。每个学生都是独特的个体，具有不同的学习风格、兴趣爱好和学习能力。教师应该充分了解学生的个体差异，根据其特点和需求设计差异化的教学活动，为他们提供个性化的学习支持和指导。

在学生主体性教育中，学生的参与和合作是至关重要的。教师应该创设积极的学习环境，激发学生的学习兴趣和参与热情，鼓励他们积极主动地参与到课堂活动和学习任务中。通过个人学习、小组合作和项目实践等形式，学生可以更好地发挥自己的主体作用，积极参与知识的建构和交流过程。

另一个重要的原则是强调学生的自主学习和自我管理能力。学生主体性教育倡导教师在教学中逐步减少对学生的指导和控制，让学生承担更多的学习责任和自我管理任务。通过培养学生的自我学习技能、自我评价能力和目标设定意识，教师可以帮助他们逐渐成为自主、独立的学习者，更好地适应未来的学习和生活挑战。

除了学术知识的传授，学生主体性教育还注重培养学生的批判性思维和创新能力。教师应该鼓励学生质疑、探究和挑战现有的知识体系和观念，培养他们的批判性思维能力，培养学生的创造性思维和解决问题的能力，激发他们的创新潜力，为未来的发展做好准备。

学生主体性教育强调教师的角色转变。教师不再是简单的知识传授者，而是学习的引导者、学生的启蒙者和学习环境的设计者。教师应该具备良好的教学设计能力、有效的学习引导技能和积极的教育态度，以更好地促进学生的学习和发展。

### 2. 合作与团队精神

合作与团队精神在现代教学中扮演着至关重要的角色。随着社会的不断发展和变化，越来越多的工作和问题需要集体智慧和合作来解决。培养学生的合作能力和团队精神已经成为教育的重要目标之一。

合作学习是现代教学理念中的一大亮点。相比于传统的竞争式学习，合作学习更注重学生之间的交流与合作。通过小组讨论、团队项目等方式，学生可以相互借鉴、协作，共同解决问题，从而提高学习效率和学习质量。

教育者在教学过程中也需要注重培养学生的团队精神。团队精神不仅包括合作、协作的能力，还包括团队凝聚力和团队意识。教育者可以通过组织团队活动、培养学生的领导能力等方式，激发学生的团队精神，使其能够更好地融入团队，发挥个人的优势，共同实现团队的目标。

跨学科的教学也是培养学生合作与团队精神的有效途径之一。现代社会的问题往往是复杂多样的,需要不同学科的知识和技能来解决。教育者可以通过跨学科的教学设计,让学生在跨学科的团队中合作,互相学习、互相补充,从而培养其合作与团队精神。

注重学生的情感教育也是培养合作与团队精神的重要策略之一。学生在情感上的融洽和理解,是团队合作的基础。教育者可以通过开展团队建设活动、培养学生的情商等方式,促进学生之间的情感交流与沟通,增强其团队凝聚力和团队意识。

教育者还可以通过激励机制来促进学生的合作与团队精神。在学习过程中,及时给予学生合作与团队精神的肯定与奖励,鼓励学生积极参与团队活动,培养其合作意识和责任感,从而促进学生的全面发展和团队精神的形成。

## 二、现代教学理念在体育教学中的实践意义

### (一)促进综合素养的培养

#### 1. 身体素养

身体素养是现代教育中不可或缺的重要组成部分,它指的是个体通过体育锻炼和运动活动所具备的身体能力、健康意识和运动技能。在体育教学中,现代教学理念的实践对于促进学生的身体素养和综合素养的培养具有重要意义。通过体育教学,学生不仅可以提高身体素质,还能够培养团队合作精神、自律意识以及综合能力,从而全面发展个体的综合素养。

现代教学理念强调个性化教学,体育教学也应当注重学生的个体差异和特点。在体育课堂上,教师可以根据学生的年龄、性别、体质等方面的差异,采用不同的教学方法和教学内容,以满足每个学生的学习需求,提高他们的学习兴趣和参与度。

现代教学理念倡导探究式学习和合作学习,这对于体育教学的实践具有积极的意义。通过引导学生参与体育活动和运动竞赛,教师可以促进学生之间的

合作与竞争，培养他们的团队精神和合作意识，提高他们的综合素养。

现代教学理念注重实践性和应用性，体育教学也应当贯彻这一原则。在体育课堂上，教师可以设计各种体育活动和运动项目，让学生通过亲身实践来掌握运动技能，提高身体素质，培养自我管理能力和自律意识，从而全面发展个体的综合素养。

现代教学理念强调跨学科和综合性学习，体育教学也应当在这方面进行创新。通过将体育教学与其他学科相结合，如健康教育、心理教育等，教师可以帮助学生更好地理解运动原理、认识身体结构和功能，培养他们的健康意识和心理素质，提高他们的综合素养。

**2. 心理素养**

心理素养在现代教学理念中被视为至关重要的一环，它涉及个体的情感、态度、价值观以及解决问题的能力等方面。在体育教学中，心理素养的培养同样具有重要意义。通过关注学生的心理健康和心理发展，体育教师可以更好地促进学生的综合素养，使其在身体、智力和情感等多方面得到全面发展。本部分内容将探讨现代教学理念在体育教学中强调心理素养的实践意义，并探讨其对学生综合素养的培养所带来的影响。

关注学生的情感健康和心理发展有助于营造积极的学习氛围。在体育教学中，学生往往会面临各种情感问题，如自卑、焦虑、紧张等。如果这些情感问题得不到及时的关注和处理，就会影响学生的学习积极性和学习效果。体育教师应该重视学生的情感健康和心理发展，积极倡导积极健康的心态，营造积极向上的学习氛围，为学生的全面发展创造良好的条件。

培养学生的心理素养有助于提高其自我认知和情绪管理能力。在体育教学中，学生往往需要面对各种挑战和压力，如比赛失败、队友冲突等。如果学生缺乏自我认知和情绪管理能力，就会容易受到外界因素的影响，产生消极情绪和行为。体育教师应该通过心理教育和心理训练，帮助学生了解自己的情绪和行为，学会合理表达和调节情绪，提高他们的自我认知和情绪管理能力，从而更好地应对各种挑战和压力。

培养学生的心理素养有助于促进其团队合作和人际交往能力。在体育教学中，学生通常需要与队友合作完成各种任务和比赛，而团队合作和人际交往能力是团队取得成功的关键。如果学生缺乏这些能力，就会影响团队的凝聚力和执行力。体育教师应该通过团队活动和合作项目，培养学生的团队合作和人际交往能力，让他们学会尊重和信任队友，有效沟通和协作，从而提高团队的整体表现和战斗力。

培养学生的心理素养有助于提高其自信心和自我管理能力。在体育教学中，学生往往需要面对各种挑战和竞争，如比赛、考核等。如果学生缺乏自信心和自我管理能力，就会容易受到挫折和失败的影响，产生消极情绪和行为。体育教师应该通过鼓励和激励，帮助学生树立正确的自我认知和自我评价，增强他们的自信心和自我管理能力，从而更好地应对各种挑战和竞争，实现自身的成长和发展。

培养学生的心理素养有助于提高其综合素养和终身发展能力。在体育教学中，学生不仅仅需要掌握基本的运动技能和知识，还需要具备良好的心理素质和综合素养，才能在日后的学习和工作中取得成功。体育教师应该注重学生的综合素养培养，通过心理教育和心理训练，帮助学生发展良好的心理素质和行为习惯，为他们的终身发展打下坚实的基础。

## （二）培养终身运动习惯

### 1. 兴趣与动机

在现代教学理念中，兴趣被视为激发学生学习动力和促进学习效果的重要因素之一。在体育教学中，注重培养学生的兴趣不仅可以增强他们对体育运动的参与度和投入度，还能够促进他们养成终身运动的良好习惯。将兴趣融入体育教学实践具有重要的实践意义。

体育教学中注重培养学生的兴趣，有助于激发他们对体育运动的热爱和热情。通过设计丰富多彩、富有趣味性的体育课程和活动，教师可以吸引学生的注意力，调动他们的积极性，增强他们参与体育运动的愿望和动力。

培养学生的兴趣也有助于提高他们的学习效果和运动技能水平。研究表明，对于那些对体育运动充满热情和兴趣的学生，他们更容易专注于学习和训练，更乐意接受挑战和克服困难。注重培养学生的兴趣可以促进他们更加积极地参与体育运动，提高他们的学习效果和运动技能水平。

在体育教学中注重培养学生的兴趣，有助于促进他们养成终身运动的良好习惯。通过在学生身上激发对体育运动的兴趣和热爱，教师可以培养学生持续参与体育运动的意愿和动力，帮助他们形成终身运动的良好习惯，从而保持健康的生活方式。

注重培养学生的兴趣还可以促进体育教学的改革和创新。教师可以根据学生的兴趣特点和需求，灵活调整教学内容和教学方法，设计更加富有趣味性和挑战性的体育课程和活动，不断激发学生的学习兴趣和创造力，推动体育教学的不断发展和进步。

在体育教学中，激发学生的动机是培养终身运动习惯的关键。现代教学理念注重从学生的兴趣和需求出发，激发学生的运动动机成了体育教学中的一项重要任务。通过具有实践意义的体育教学，可以有效地培养学生的终身运动习惯，促进其身心健康的全面发展。

体育教学中的实践意义在于通过多样化的运动项目激发学生的兴趣。每个学生的兴趣爱好都不尽相同，教育者可以通过多样化的运动项目，让学生选择适合自己的运动方式。篮球、足球、羽毛球等不同的运动项目都可以吸引到不同类型的学生，从而提高其参与的积极性，培养其终身运动的兴趣和习惯。

体育教学中的实践意义在于注重培养学生的运动技能和技术。运动技能的掌握是学生持续参与运动的基础。教育者可以通过系统的训练和指导，帮助学生掌握基本的运动技能和技术，提高其运动水平和信心，从而增强其持续参与运动的动机和习惯。

体育教学中的实践意义还在于培养学生的团队精神和合作意识。很多体育项目都是团队合作的，需要队员之间相互配合、互相支持。教育者可以通过组织团队比赛、团体训练等方式，培养学生的团队精神和合作意识，让他们学会在团队中协作、奋斗，从而增强其持续参与运动的动机和习惯。

体育教学中的实践意义还在于培养学生的身心健康意识。运动不仅可以锻炼身体，还可以促进心理健康。教育者可以通过健康教育、心理辅导等方式，引导学生树立正确的健康观念，认识到运动对身心健康的重要性，从而增强其持续参与运动的动机和习惯。

体育教学中的实践意义在于培养学生的自律和坚持精神。运动需要长期的坚持和努力，需要学生具备自律和毅力。教育者可以通过制订科学的训练计划、建立良好的运动习惯等方式，培养学生的自律和坚持精神，让他们能够持续参与运动，形成健康的生活方式。

**2. 社会支持**

社会支持在现代教学理念中被认为是至关重要的，它不仅对学生的学习成就有着积极的影响，也在体育教学中发挥着重要作用。社会支持可以来自教师、家庭、同学和社会环境等多方面，对于培养学生终身运动习惯具有重要的实践意义。通过建立良好的社会支持体系，学生在体育教学中能够获得鼓励、支持和认可，从而树立积极的运动态度，培养终身运动的习惯。

教师在体育教学中扮演着重要的角色，他们的支持和鼓励对于学生的运动参与和习惯养成至关重要。教师可以通过积极的言语激励、肯定和奖励学生的运动表现，增强他们的自信心和动力，促进他们积极参与体育活动，并形成终身运动的习惯。

家庭也是学生终身运动习惯培养中不可或缺的支持系统。家长可以在日常生活中给予孩子足够的运动机会和支持，如鼓励孩子参加体育俱乐部、陪伴他们进行户外活动等，从而激发孩子对运动的兴趣和热爱，培养他们终身运动的习惯。

同学和社会环境也对于学生终身运动习惯的培养起着重要的作用。在学校和社会环境中，学生可以通过与同学一起参与体育活动，建立友好的竞争关系和合作精神，相互激励、支持和学习，从而培养良好的运动习惯，促进终身运动的发展。

现代教学理念强调个性化教学和多元化评价，这对于体育教学中的终身运动习惯培养具有积极的影响。教师可以根据学生的个体差异和特点，采用不同的教学方法和评价方式，有针对性地促进学生的运动参与和兴趣培养，从而更好地实现终身运动习惯的培养目标。

# 第三节 现代教学理念对体育教学模式的启示

## 一、现代教学理念对体育个性化教学模式的启示

### （一）了解学生需求

#### 1. 学生兴趣与能力

学生的兴趣和能力是教学中不可忽视的重要因素，而个性化教学模式正是基于此而兴起的。个性化教学模式旨在根据学生的个体差异和需求，量身定制教学内容和方法，以促进每个学生的个性化成长。在这一模式下，教师不再是简单地向所有学生传授相同的知识，而是更注重发掘和激发学生的兴趣，提升其能力。本部分内容将探讨学生兴趣与能力在个性化教学模式中的重要性，并分析其启示。

个性化教学模式注重发掘和激发学生的兴趣。每个学生都是独一无二的个体，他们有着不同的兴趣爱好和学习偏好。教师应该通过了解学生的兴趣，为他们量身定制教学内容和方法。对于对艺术感兴趣的学生，可以通过美术、音乐等方式来开展教学活动；对于对科学感兴趣的学生，可以通过实验、观察等方式来激发其学习兴趣。通过发掘和激发学生的兴趣，可以增强他们的学习动

力和积极性，提高学习效果。

个性化教学模式注重挖掘和培养学生的能力。每个学生都有着不同的学习能力和潜力，教师应该根据学生的个体差异，量身定制教学内容和方法，帮助他们充分发挥自己的潜力。对于数学方面有天赋的学生，可以提供更多的挑战性问题和探究性任务，激发其求知欲和探索精神；对于语言方面有优势的学生，可以提供更多的阅读和写作任务，培养其语言表达能力和批判思维能力。通过挖掘和培养学生的能力，可以促进其全面发展，实现个性化成长。

个性化教学模式注重灵活应用教学方法和手段。在传统的教学模式中，教师往往采用统一的教学方法和手段，忽视了学生的个体差异和需求。而个性化教学模式则强调教学应该灵活多样，以满足不同学生的需求。教师应该根据学生的个体差异和需求，灵活应用不同的教学方法和手段。可以结合讲解、示范、实践、讨论、小组合作等方式，为学生提供多样化的学习体验。通过灵活应用教学方法和手段，可以更好地满足学生的学习需求，提高教学效果。

个性化教学模式注重持续评估和调整。在个性化教学模式下，教学不再是一成不变的，而是需要不断地评估和调整。教师应该定期对学生的学习情况进行评估，并根据评估结果及时调整教学内容和方法。可以通过日常作业、课堂表现、项目成果等方式对学生进行评估，并根据评估结果调整教学进度、内容和方法。通过持续评估和调整，可以更好地满足学生的学习需求，提高教学效果。

### 2. 差异化教学策略

差异化教学策略是一种针对不同学生个体差异的教学方法，旨在满足每个学生的学习需求和发展水平。而个性化教学模式则更进一步地强调了对学生个体差异的充分尊重和个性化支持。差异化教学策略为个性化教学模式的实践提供了宝贵的启示，指引教师更好地应对学生多样化的学习需求和特点。

差异化教学策略的启示之一是教师应该充分了解和认识学生的个体差异。在差异化教学中，教师需要对学生的学习风格、兴趣爱好、学习能力和学习方式进行全面的了解和分析，以便为他们提供个性化的学习支持和指导。同样，在个性化教学模式中，教师也需要通过深入的了解和认识学生，制订适合他们的个性化学习计划和教学策略。

另一个启示是教师应该采用多样化的教学方法和手段，以满足学生的多样化学习需求。在差异化教学中，教师通常会采用不同的教学方法和教学资源，如小组合作、个性化辅导、多媒体教学等，以适应学生的不同学习风格和学习偏好。在个性化教学模式中，教师也应该灵活运用各种教学手段和资源，根据学生的个体差异，设计个性化的学习活动和任务，促进他们的全面发展。

差异化教学策略还强调了教师对学生的反馈和评估。在差异化教学中，教师需要及时对学生的学习情况进行观察和评估，给予他们针对性的反馈和指导，以帮助他们解决学习中的困难和问题。同样，在个性化教学模式中，教师也需要通过不断地观察和评估学生的学习情况，调整教学策略和教学计划，确保每个学生都能够得到个性化的学习支持和指导。

差异化教学策略还强调了教师的专业发展和教学改进。在差异化教学中，教师需要不断地学习和探索，不断地改进教学方法和教学策略，以适应学生的不断变化的学习需求和特点。同样，在个性化教学模式中，教师也应该注重自身的专业发展和教学能力提升，不断地更新教学理念和教学技能，提高个性化教学的水平和质量。

## （二）灵活多样的教学方法

教学方法的灵活多样对于个性化教学模式的实践具有重要的启示。在现代教育中，学生的学习需求和方式各不相同，教育者需要采用多样化的教学方法，以满足学生的个性化需求，促进其全面发展。

个性化教学模式强调了教学方法的灵活性和多样性。传统的一刀切的教学方式已经无法满足学生多样化的学习需求，教育者需要灵活运用不同的教学方法，根据学生的兴趣、能力和学习方式进行调整和选择，从而更好地促进其学习效果。

个性化教学模式注重了学生的参与和反馈。在教学过程中，教育者需要充分尊重学生的意见和反馈，关注学生的学习需求和进步情况，及时调整教学方法和内容，使之更加贴近学生的实际情况，提高其学习的积极性和主动性。

个性化教学模式还强调了教学过程的个性化设计。教育者可以根据学生的学习水平和兴趣爱好，设计个性化的学习任务和项目，提供个性化的学习资源和支持，让每个学生都能够找到适合自己的学习路径和方式，实现个性化的学习目标。

个性化教学模式还强调了教学方法的多样性。教育者可以通过多种教学方法的组合和创新，激发学生的学习兴趣和潜能，提高其学习的效果和效率。结合传统的课堂教学和现代的在线教学，结合小组讨论和个人研究等方式，丰富教学内容和形式，满足学生不同的学习需求。

个性化教学模式还强调了教学过程的反思和调整。教育者需要不断地反思自己的教学方法和效果，及时调整教学策略和内容，以适应学生的发展变化和教育环境的变化，不断提升教学质量和效果，实现教育目标的全面发展。

1. 游戏化教学

游戏化教学是一种以游戏的形式来设计和实施教学活动的教学模式，它通过引入游戏元素和游戏机制，激发学生的学习兴趣，提高他们的参与度和学习效果。在当今信息化和多媒体技术发展的背景下，游戏化教学成了现代教学中备受关注的一个话题。而游戏化教学所蕴含的个性化教学模式，也为教育领域带来了重要的启示和借鉴。

游戏化教学注重学生的个体差异和特点。在游戏化教学中，教师可以根据学生的不同学习风格、兴趣爱好和学习能力，设计不同类型的游戏活动，以满足每个学生的学习需求，提高他们的学习积极性和学习效果。

游戏化教学倡导探究式学习和合作学习。在游戏化教学中，学生通常需要通过探索、解决问题等方式来完成游戏任务，而这正是探究式学习的核心。许多游戏还支持多人在线合作模式，要求玩家共同合作、互助攻关，培养了学生的团队合作精神和沟通能力。

游戏化教学强调学习的实践性和应用性。通过游戏化教学，学生可以在游戏中扮演不同的角色、面对不同的挑战，从而实践所学知识和技能，将学习成果转化为实际行动。这种实践性学习能够使学生更加深入地理解和掌握知识，培养学生的实际操作能力和创新思维。

游戏化教学还强调学习与评价的紧密结合。在游戏化教学中，学生通常会根据完成任务的情况获得相应的奖励或评价，这种及时的反馈可以帮助学生了解自己的学习进度和表现水平，激发他们的学习动力和积极性。

游戏化教学提倡个性化学习和多元化教学资源。在游戏化教学中，教师可以根据学生的个体差异和需求，设计不同类型的游戏任务和关卡，提供多样化的学习资源和学习途径，以满足每个学生的学习需求，促进他们的全面发展。

### 2. 合作学习

合作学习作为一种重要的教学模式，在个性化教学中具有重要的启示意义。个性化教学模式旨在根据学生的个体差异和需求，量身定制教学内容和方法，以促进每个学生的个性化成长。而合作学习正是一种强调学生之间相互合作、共同学习的教学模式，通过学生之间的合作与交流，实现知识共享、共同探究，从而推动学生的全面发展。本部分内容将探讨合作学习在个性化教学模式中的重要性，并分析其对个性化教学的启示。

合作学习能够充分发挥学生的个体优势。每个学生都有着自己独特的学习风格、学习方法和学习能力，通过合作学习，可以让学生之间相互交流、相互学习，充分发挥每个学生的个体优势。对于数学方面有天赋的学生可以与其他学生共同解决问题，为团队提供宝贵的思路和方法；而语言方面有优势的学生则可以负责整理和表达团队的观点和结论。通过合作学习，每个学生都有机会发挥自己的优势，实现个性化学习。

合作学习能够促进学生的自主学习和自我管理能力。在合作学习中，学生需要与同学共同探讨问题、解决难题，这就要求他们具备一定的自主学习和自我管理能力。在小组合作中，学生需要自主分配任务、制订学习计划、协调合作关系，这些都是促进学生自主学习和锻炼自我管理能力的重要手段。通过合作学习，学生可以逐步培养自己的学习动力和学习能力，实现个性化学习。

合作学习能够促进学生的社交能力和团队精神。在合作学习中，学生需要与同学共同合作完成任务，这就要求他们具备良好的沟通能力、合作能力和团队意识。在团队合作中，学生需要与队友共同协商、共同决策、共同行动，这些都是促进学生社交能力和团队精神的重要途径。通过合作学习，学生可以学会倾听和尊重他人的意见，学会与他人合作和协作，从而提高其社交能力和团队精神，实现个性化学习。

合作学习能够促进学生的批判性思维和创新能力。在合作学习中，学生需要与同学共同探讨问题、解决难题，这就要求他们具备批判性思维和创新能力。在小组讨论中，学生需要分析问题、提出解决方案，并对自己和他人的观点进行评价和反思，这些都是促进学生批判性思维和创新能力的重要途径。通过合作学习，学生可以充分发挥自己的思维和创新能力，实现个性化学习。

合作学习能够促进学生的综合素养和终身学习能力。在合作学习中，学生不仅仅需要掌握知识和技能，还需要具备良好的学习能力和终身学习能力。在团队合作中，学生需要不断学习和积累知识，不断探索和创新，这些都是促进学生综合素养和终身学习能力的重要途径。通过合作学习，学生可以逐步培养自己的学习动力和学习能力，实现个性化学习。

## 二、学生主体性与参与度理念对体育教学模式的启示

### （一）建立以学生为中心的教学模式

#### 1. 学生参与决策

学生参与决策是学生主体性与参与度理念的重要体现之一。这一理念强调学生在学习和教育过程中扮演着积极的角色，应该被视为学习的主体和决策的

参与者。学生参与决策不仅能够增强学生的责任感和归属感，还能够提高他们的学习动机和参与度，促进学校和教育的发展。

学生参与决策的启示之一是强调学生的主体地位和权利。在学生主体性与参与度理念中，学生被视为学习的主体和教育的主导者，应该在学校和教育决策中拥有话语权和决策权。教育机构和教育者应该尊重学生的意见和建议，充分听取他们的声音，让他们参与学校和教育事务的决策过程。

另一个启示是提供多样化的参与机会和平台，激发学生的参与热情和积极性。学生的参与决策不仅限于学校管理和教育政策的制定，还包括课堂教学、课程设计、学校活动等方方面面。教育机构和教育者应该为学生提供各种参与机会和平台，鼓励他们积极参与学校和教育事务的决策和管理，激发他们的参与热情和积极性。

学生参与决策还需要建立良好的沟通和合作机制。在学生主体性与参与度理念中，学生、教育机构和教育者之间应该建立起平等、开放、信任的沟通和合作关系，共同参与学校和教育事务的决策和管理。通过建立良好的沟通和合作机制，可以更好地发挥学生的主体作用，促进学校和教育的发展。

另一个重要的启示是关注学生的发展和成长。在学生主体性与参与度理念中，学生的参与决策不仅是为了满足他们的个人需求和利益，更重要的是促进他们的全面发展和成长。教育机构和教育者应该关注学生的发展和成长，根据他们的特点和需求，为他们提供个性化的支持和指导，帮助他们更好地参与学校和教育事务的决策和管理。

学生参与决策还需要建立起良好的评价和反馈机制。在学生主体性与参与度理念中，学生的参与决策不仅需要得到认可和支持，还需要得到及时的反馈和评价。教育机构和教育者应该建立起有效的评价和反馈机制，及时对学生的参与决策进行评价和反馈，鼓励他们持续参与学校和教育事务的决策和管理。

2. 学生自主学习

学生自主学习是现代教育理念中的重要组成部分，而学生主体性与参与度理念为促进学生自主学习提供了重要的启示。在当今社会，教育不再是简单的传授知识，而是要培养学生的自主学习能力，让他们成为具有创造力和创新能力的未来人才。

学生主体性与参与度理念强调了学生在学习过程中的主动性和积极性。传统的教育模式往往是以教师为中心的，而现代教育更加注重激发学生的学习兴趣和动力，让他们成为学习的主体。教育者需要通过提供丰富多样的学习资源和机会，激发学生的学习兴趣，培养其自主学习的能力。

学生主体性与参与度理念强调了学生在学习过程中的参与度和合作精神。学生之间的合作与互动可以促进知识的交流和共享，激发学生的学习潜能。教育者可以通过组织小组讨论、团队项目等方式，营造良好的学习氛围，培养学生的合作精神和团队意识，促进其自主学习的发展。

学生主体性与参与度理念还强调了教育者的角色转变。传统的教育模式中，教师往往是知识的传授者和权威，而现代教育更加注重教师与学生的互动和平等。教育者需要成为学生学习的引导者和伙伴，引导学生发现问题、解决问题，激发其学习的兴趣和潜能，从而实现学生自主学习的目标。

学生主体性与参与度理念还强调了学习环境的创设。学习环境应该是开放、自由、积极的，能够激发学生的学习兴趣和创造力。教育者可以通过布置灵活多样的学习任务、提供丰富多样的学习资源、营造积极向上的学习氛围等方式，为学生的自主学习创造良好的条件和环境。

学生主体性与参与度理念还强调了教育评价的改革。传统的评价方式往往是以考试为主，注重学生的成绩和排名，而现代教育更加注重学生的学习过程和能力的培养。教育者需要采用多样化的评价方式，关注学生的学习态度和能力的发展，从而更好地促进学生的自主学习。

## （二）创设积极学习环境

创设积极学习环境是现代教育中的一项重要任务，它旨在为学生提供一个积极、开放、鼓励和支持的学习氛围，激发学生的学习兴趣，提高他们的学习动力和参与度。学生主体性与参与度理念强调学生在学习过程中的主动参与和自主发展，为创设积极学习环境提供了重要的启示和指导。

创设积极学习环境需要关注学生的情感需求。在这个环境中，教师应当关注学生的情感状态，建立良好的师生关系，倾听学生的心声，尊重他们的情感体验，鼓励他们积极表达自己的想法和情感，使他们感受到被尊重和被理解，从而增强他们的学习信心和学习动力。

创设积极学习环境需要关注学生的认知需求。在这个环境中，教师应当根据学生的认知水平和学习兴趣，设计丰富多彩、具有挑战性和启发性的教学活动，激发学生的学习兴趣和求知欲，促进他们的思维发展和认知提升，培养他们的自主学习能力和创新思维。

创设积极学习环境需要关注学生的行为需求。在这个环境中，教师应当通过各种方式和手段，引导学生树立正确的学习态度和行为习惯，培养他们的自律意识和责任感，提高他们的学习效率和学习成绩，从而使他们在学习过程中感到快乐和满足。

创设积极学习环境还需要关注学生的社会需求。在这个环境中，教师应当鼓励学生积极参与学校和社会活动，培养他们的社会责任感和团队合作精神，提高他们的社会适应能力和社会竞争力，从而为他们未来的发展和成功打下坚实的基础。

创设积极学习环境需要关注学生的发展需求。在这个环境中，教师应当关注学生的个体差异和发展特点，提供个性化的学习支持和指导，促进他们全面发展，培养他们的潜能和才华，从而使每个学生都能够在学习中实现自己的价值和梦想。

### 1. 激发学习动机

学生主体性的理念启示我们要从学生的兴趣和需求出发，引导其主动参与学习。每个学生都有自己的学习兴趣和需求，如果教学内容与学生的兴趣和需求相契合，就能激发其学习动机。教师应该充分了解学生的兴趣爱好和学习需求，根据学生的个性特点设计丰富多彩的教学内容，激发其学习的主动性和积极性。可以通过设置有趣的课堂活动、引入生动的案例故事等方式，吸引学生的注意力，激发其学习兴趣。

参与度理念启示我们要营造良好的学习氛围，激发学生的参与欲望和动机。学生的参与程度直接影响其学习效果和学习成果，教师应该努力营造积极、开放、互动的学习环境，激发学生的参与欲望和动机。可以采用小组讨论、角色扮演、实践操作等方式，让学生在课堂中积极参与，与同学共同学习、共同探讨，从而提高其学习的深度和广度。

学生主体性的理念启示我们要尊重和重视学生的个体差异，注重发挥学生的主动性和创造性。每个学生都有着不同的学习方式和学习风格，如果教师能够充分尊重和重视学生的个体差异，给予他们足够的自主权和选择权，就能激发其学习的主动性和创造性。教师应该为学生提供多样化的学习资源和学习机会，让他们根据自己的兴趣和需求选择适合自己的学习方式和学习内容，从而更好地发挥其学习的主动性和创造性。

参与度理念启示我们要采用多种多样的教学策略，提高学生的参与度和学习效果。教学过程中，教师可以通过多种多样的教学策略激发学生的学习兴趣和参与度。可以采用游戏化教学、项目化学习、实践性教学等方式，让学生在参与中学习，在实践中成长，从而提高其学习的深度和广度。

**2. 提供有效反馈**

提供有效反馈是学生主体性与参与度理念的重要组成部分之一。在教育实践中，有效的反馈不仅可以帮助学生了解自己的学习情况和进步，还可以促进他们积极参与学习过程，提高学习效果和学习动机。学生主体性与参与度理念的实践需要教育者注重提供有效的反馈，以激发学生的学习兴趣和参与度，促进他们的全面发展。

提供有效反馈的启示之一是个性化反馈。在学生主体性与参与度理念中，每个学生都被视为独特的个体，具有不同的学习特点和发展需求。教育者应该根据学生的个体差异，提供个性化的反馈，有针对性地指导和支持他们的学习。个性化反馈可以帮助学生更好地了解自己的学习情况和存在的问题，激发他们的学习动机和参与度。

另一个启示是及时性反馈。在学生主体性与参与度理念中，及时的反馈是非常重要的。学生需要在学习过程中及时了解自己的学习情况和进步，及时得到教育者的指导和支持。教育者应该及时提供反馈，及时指导和支持学生的学习，确保他们能够在学习中取得良好的成绩和进步。

在学生主体性与参与度理念中，反馈应该具体明确，帮助学生准确了解自己的学习情况和存在的问题，以便有针对性地改进和提高学习效果。教育者应该尽量避免模糊和笼统的反馈，而是提供具体清晰的建议和指导，帮助学生更好地提高学习水平。

在学生主体性与参与度理念中，积极的鼓励和肯定可以激发学生的学习动机和参与度，促进他们的全面发展。教育者应该在提供反馈的同时给予学生积极的鼓励和肯定，帮助他们建立自信心，克服困难，提高学习效果。

提供有效反馈还需要建立起良好的沟通和合作关系。在学生主体性与参与度理念中，学生和教育者之间应该建立起平等、开放、信任的沟通和合作关系，共同参与学习过程，共同探讨问题，共同寻找解决方法。通过建立良好的沟通和合作关系，可以更好地提供有效的反馈，促进学生的全面发展和成长。

## 第四节　现代教学理念在高校体育教学中的实践

### 一、个性化教学模式在高校体育教学中的实践

#### （一）学生需求调查与分析

通过对学生需求的深入调查，我们可以发现每位学生在体育学习上的差异

性。在这个多样化的需求背景下，个性化教学显得尤为重要。通过了解学生的兴趣、特长和学习习惯，教师可以有针对性地设计教学内容和方法，更好地满足学生的需求。

教师可以根据学生的实际情况，灵活调整教学目标和内容，采用不同的教学方法和手段，以达到最佳的教学效果。对于对体育兴趣不高的学生，可以采用趣味性强的教学方式，激发他们的学习兴趣；而对于体育特长生，则可以提供更多的挑战性训练，帮助他们不断提升自己的水平。

学校可以建立多样化的体育教学课程体系，满足不同学生的学习需求；还可以加强体育设施建设，提供良好的训练场地和器材，为个性化教学提供必要的条件保障。

政府、学校、教师以及学生和家长都应该共同努力，推动个性化教学理念的深入发展。只有通过多方合作，才能够更好地实现教育目标，让每个学生都能够享受到优质的体育教育。

## （二）个别指导

当谈及高校体育教学的实践，个别指导和个性化教学无疑是一种积极而有效的方法。在现代教育理念的指引下，我们不再满足于一刀切的教学方式，而是更加注重学生个体差异。在高校体育教学中，实践个别指导和个性化教学的重要性日益凸显。

个别指导能够深入了解每位学生的学习需求和特点，有针对性地为其设计个性化的学习计划。通过这种方式，不同水平和能力的学生都能够得到适合自己的教学内容和方法，提高学习效率和学习兴趣。

通过了解学生的兴趣爱好、身体素质和学习风格等方面的信息，教师可以更好地调整教学内容和方法，使之更贴近学生的实际需求。这种个性化的教学方式不仅可以提高学生的学习积极性，还能够培养其自主学习和解决问题的能力。

通过与学生进行一对一的沟通和交流，教师可以更好地发现学生的优势和潜力，有针对性地进行引导和培养。这种个别化的指导方式可以帮助学生克服学习中的困难和障碍，更好地实现个人学习目标。

教师需要不断地更新自己的教学理念和方法，注重对个体差异的理解和尊重。只有通过不断地提升自己的专业能力和教学水平，才能更好地实现个别指导和个性化教学的目标，为学生提供更优质的教育服务。

## 二、学生主体性与参与度在高校体育教学中的实践

### （一）学生参与课程设计

学生参与课程设计是教育中一项重要的实践活动，而提升学生主体性与参与度则是促进其学习效果和发展的关键。在实践中，教师应当采取一系列措施，以激发学生的兴趣和积极性，从而提升其主体性与参与度。

为了增强学生的主体性，教师可以采用启发式的教学方法。通过提出开放性的问题或挑战性的课题，激发学生的思维，引导其积极探索和独立思考。可以组织小组讨论或开展项目研究，让学生在合作中培养自主学习的能力，提升其在课程设计中的主动性和创造性。

为了提升学生的参与度，教师应当充分尊重和关注学生的个体差异。不同的学生有着不同的学习风格和需求，因此需要有针对性地设计课程内容和活动形式。可以采用多样化的教学手段，如课堂讲授、案例分析、实地考察等，以满足学生的多元化学习需求，激发其参与的热情。

为了提高学生的主体性与参与度，教师还应当营造良好的学习氛围和互动环境。在课堂上，教师可以采用互动式的教学方式，与学生进行密切的互动和交流，及时解答他们的疑问，鼓励他们表达自己的观点和看法。也可以借助现代化的教育技术，如在线讨论平台或虚拟实验室，拓展学生的学习空间，促进其参与和合作。

为了持续提升学生的主体性与参与度，教师应当给予及时的反馈和指导。通过对学生表现的评价和反馈，帮助他们认识到自己的优势和不足，激励他们不断完善和提升。也要关注学生的情绪和动机变化，及时调整教学策略，保持学习的动力和积极性。

### （二）创设积极的学习环境

#### 1. 活动丰富多彩

活动丰富多彩，是促进学生主体性与参与度提升的重要途径。丰富多彩的活动能够激发学生的兴趣，提升他们的参与度。在校园举办文艺演出、体育比赛、科技竞赛等各种形式的活动，能够吸引学生积极参与，提升他们的主体性。多样化的活动形式能够满足不同学生的需求，让每个学生都能找到适合自己的参与方式，从而提高整体的参与度。

在学生主体性与参与度提升的过程中，教师的引导和组织起到至关重要的作用。教师可以通过设计多样化的活动内容，激发学生的兴趣和热情。比如，在活动策划中融入学生的意见和建议，让他们参与到活动的决策过程中，增强他们的主体性。教师还可以在活动中担任引导者的角色，及时给予学生指导和帮助，使他们更好地参与到活动中来，从而提高整体的参与度。

学校组织的活动丰富多彩，不仅能够促进学生的主体性与参与度提升，还能够培养学生的综合素养。丰富多彩的活动形式不仅能够锻炼学生的动手能力和团队合作精神，还能够拓宽他们的视野，增长他们的知识面。比如，组织学生参加社会实践活动、文化交流活动等，可以让他们在实践中学习，提升自己的综合素养，为将来的发展打下良好的基础。

活动的丰富多彩性不仅仅体现在形式上，更需要注重活动的内涵和价值。学校组织的活动应该注重培养学生的创新意识和实践能力，引导他们积极参与到社会实践和科技创新中去。只有这样，活动才能够真正发挥促进学生主体性与参与度提升的作用，为学生全面发展奠定坚实的基础。

**2. 提供有效反馈**

有效反馈应该具有及时性。及时的反馈可以帮助学生及早发现和纠正错误，及时调整学习策略，提高学习效率。教师可以在课堂上及时对学生的表现进行评价和反馈，或者通过在线平台提供即时的评估和建议，以满足学生对反馈的即时需求。

具有针对性的反馈可以帮助学生更清晰地了解自己的优势和不足，有针对性地制订学习目标和计划。教师可以根据学生的个性特点和学习需求，提供具体、可操作的建议和指导，帮助他们不断提升自己的水平。

多样化的反馈方式可以激发学生的学习兴趣和参与热情，提高他们的学习体验和效果。除了口头反馈和书面评价，教师还可以运用现代技术手段，如视频评述、虚拟实验等，为学生提供丰富多彩的反馈体验，增强他们的学习动力。

富有建设性的反馈可以帮助学生不断改进自己的学习方法和技巧，促进其全面发展和成长。教师在给予反馈时，应该注重鼓励和肯定学生的努力和进步，同时提出合理的改进建议，帮助他们不断提高自己的学习水平。

学校可以建立健全的教学评估体系，加强对教师和学生的反馈指导，促进教学质量的持续提升。还可以利用现代信息技术，建立在线学习平台和社交媒体平台，为学生提供更便捷、更及时的反馈渠道，激发其学习的积极性和主动性。

# 第十三章 跨学科融合在体育教学中的应用

## 第一节 跨学科融合的概念与特点

### 一、跨学科融合的概念

#### (一)跨学科融合注重以问题为导向

跨学科融合作为一种教育理念,日益受到人们的关注和重视。它强调不同学科之间的交叉和融合,以解决复杂问题和促进学生综合素养的提升。在当今知识爆炸和信息时代,跨学科融合的概念正逐渐成为教育改革和创新的重要方向。

跨学科融合注重以问题为导向。传统的学科教育往往将知识划分为不同的学科领域,学生在学习过程中往往只能看到碎片化的知识,缺乏对整体问题的认识和理解。而跨学科融合则强调通过问题驱动的学习方式,使学生能够跨越学科的界限,综合运用不同学科的知识和方法,解决现实生活中的复杂问题。

跨学科融合的概念强调知识的整合和创新。在传统的学科教育中,学生往往只能在某一个学科领域里进行深入学习,而缺乏对知识的整体把握和交叉应用能力。而跨学科融合则鼓励学生将不同学科领域的知识进行整合和创新,形成新的理念和观点,从而更好地应对现实生活中的挑战和问题。

跨学科融合注重培养学生的综合素养和批判性思维能力。传统的学科教育往往只注重学生的专业知识和技能培养，而忽视了学生的综合素养和批判性思维能力。而跨学科融合则通过将不同学科的知识和方法进行有机结合，培养学生的跨学科思维能力和综合应用能力，使其具备更好的分析和解决问题的能力。

跨学科融合的概念强调教育的整体性和系统性。传统的学科教育往往将教育视为孤立的学科领域，忽视了教育的整体性和系统性。而跨学科融合则通过将不同学科领域的知识和方法进行有机整合，强调教育的整体性和系统性，使学生能够更全面地理解和把握知识。

跨学科融合的概念有助于促进教育改革和创新。传统的学科教育往往囿于学科的壁垒，难以适应社会和经济发展的需要。而跨学科融合则通过打破学科的界限，促进不同学科之间的交流和合作，为教育改革和创新提供了新的思路和方法。

## （二）跨学科融合强调不同学科之间的互补性

跨学科融合是当今教育领域中备受关注的一个概念，其核心理念在于强调不同学科之间的互补性和相互关联。跨学科融合旨在打破学科之间的界限，促进知识的交叉传递和综合运用，为学生提供更加丰富和多元化的学习体验。

在跨学科融合的实践中，教育者应当充分认识到不同学科之间的互补性。每个学科都有其独特的视角和方法论，通过将不同学科的知识和技能进行有机结合，可以形成更为全面和深入的理解。在科学与艺术的融合中，可以探讨自然现象背后的美学和文化内涵，从而启发学生对世界的多元认知和审美体验。

在实践中，教育者可以通过跨学科的项目设计和团队合作，激发学生的创造力和合作精神，培养其解决问题的能力和团队意识。在历史与数学的融合中，可以组织学生共同研究历史事件的统计数据，探讨其中的规律和趋势，培养其数据分析和历史思维能力。

通过跨学科的学习和实践，学生可以接触到不同领域的知识和方法，培养其跨界思维和创新意识。在文学与科技的融合中，可以鼓励学生运用虚拟现实技术创作文学作品，拓展其创新思维和表达能力，实现文学创作与科技应用的有机结合。

通过跨学科的学习和实践，学生可以培养综合运用知识和技能的能力，拓展其学科之外的兴趣和潜能。在音乐与数学的融合中，可以通过音乐编程或音乐建模等方式，激发学生对数学的兴趣和创造力，培养其数学思维和表达能力。

## 二、跨学科融合的特点

### （一）多元性与综合性

多元性与综合性是当今教育领域中备受关注的重要特点。多元性体现在教育内容和形式的多样性，而综合性则指的是将各个学科的知识与技能有机地结合起来，形成全面发展的教育模式。跨学科融合作为一种教育理念和实践方式，正逐渐成为实现多元性与综合性的有效途径。

跨学科融合的特点之一是促进知识的全面性和深度性发展。通过将不同学科的知识有机融合在一起，可以使学生更加全面地理解和掌握所学内容。将数学与艺术相结合，设计出既有美感又符合数学原理的作品，可以激发学生对数学的兴趣，同时培养其创造力和审美能力。这种跨学科融合的方式不仅加深了学生对知识的理解，还提高了他们的综合运用能力。

跨学科融合的另一个特点是促进学生的跨界思维和解决问题的能力。在跨学科融合的教学模式下，学生需要跳出传统学科的界限，运用不同学科的知识和方法来解决问题。这种跨界思维的培养有助于学生形成更加开放、灵活的思维方式，提高他们的问题解决能力和创新能力。在解决环境污染问题时，学生不仅需要了解环境科学的知识，还需要结合社会学、经济学等多个学科的理论和方法，从多个角度思考问题，寻找解决之道。

在跨学科的教学模式下，学生通常需要参与到具体的项目或实践活动中去，从而更好地将理论知识转化为实际能力。学校可以组织跨学科的科技创新竞赛，让学生结合物理、化学、计算机等多个学科的知识，设计并完成一个完整的科技项目，从而培养其综合素养和团队合作精神。

在传统的学科体系中，学生往往只能在狭窄的学科领域内学习，而跨学科融合则打破了这种局限，为学生提供了更加开放和丰富的学习空间。学校可以开设跨学科的选修课程，让学生根据自己的兴趣和特长选择不同学科的课程，从而拓宽自己的知识面和视野，培养其多元化的学习能力。

### （二）创新性与前瞻性

跨学科融合注重创新性。通过不同学科领域之间的交叉合作，可以促进新观念、新理论的涌现，推动学术思想和科技成果的创新与发展。跨学科团队通常由具有不同专业背景和领域知识的成员组成，他们之间的多元视角和思维碰撞能够激发创新思维，促进跨学科研究的深入开展。

跨学科融合具有前瞻性。跨学科合作不仅关注当前问题和挑战，更重要的是关注未来的发展趋势和潜在机遇。通过将不同学科的专业知识和技术应用于实际问题的解决，可以为未来社会发展和科学进步提供更为有效的解决方案，具有更强的应用前景和社会影响力。

跨学科融合强调整合性。不同学科之间的融合并不是简单地将各自的知识和技术拼凑在一起，而是要通过深度整合和协同合作，实现知识的跨越性应用和创新性发展。跨学科团队需要具备良好的沟通和协作能力，能够将各自的专业优势有效结合，形成新的学科交叉点和融合体系。

跨学科融合还强调交叉性。跨学科合作不仅仅是学科之间的横向融合，更包括不同领域之间的纵向联动。通过在不同学科领域之间建立联系和互动，可以促进知识的跨越性传递和交流，加速学科发展和科学进步的步伐。

跨学科融合需要有利于创新和前瞻的环境和条件支持。学校和科研机构应该加强学科之间的交流与合作，建立跨学科研究中心和平台，为跨学科合作提供必要的组织保障和资源支持。政府和社会各界也应该加大对跨学科研究的支持和投入,为创新性和前瞻性的跨学科融合提供良好的政策环境和社会氛围。

### (三) 融合性与交叉性

融合性与交叉性是跨学科融合的重要特点之一。在传统的学科教育中,学科之间往往存在着明显的界限和隔阂,学生很少有机会接触和了解其他学科的知识和方法。而跨学科融合则通过将不同学科领域的知识和方法进行融合和交叉,打破了学科之间的壁垒,为学生提供了更广泛的学习机会和视野。

跨学科融合的特点之一是融合性。融合性指的是将不同学科领域的知识、理念和方法进行有机整合和结合,形成新的学科体系或教育模式。通过融合不同学科的优势,可以更好地解决复杂问题和应对多元挑战,为学生提供更丰富和全面的学习体验。

交叉性是跨学科融合的另一个重要特点。交叉性强调不同学科之间的交流和互动,使得学生能够跨越学科的界限,获得更广泛的知识和经验。通过交叉学科的学习,学生可以更好地理解学科之间的关联和相互影响,培养综合运用知识的能力和跨学科思维的素养。

跨学科融合的特点还包括创新性和多样性。创新性指的是跨学科融合能够促进新思想、新理念和新方法的产生和应用,推动学科发展和社会进步。通过将不同学科的知识和方法进行跨界整合,可以激发出更多的创新和想象力,为解决现实生活中的问题提供新的思路和途径。

多样性是跨学科融合的又一重要特点。多样性指的是跨学科融合能够促进学科之间的多元发展和多样化表现,使得学生能够在不同学科领域中发挥自己的特长和潜力。通过跨学科的学习和实践,学生可以拓宽自己的学科视野,培养全面发展的能力和素养,为未来的发展打下坚实的基础。

# 第二节　跨学科融合在体育教学中的意义

## 一、跨学科融合的重要性

### （一）综合素养的培养

综合素养的培养是现代教育的重要任务之一，而跨学科融合则被认为是实现这一目标的有效途径之一。跨学科融合强调不同学科之间的互补性和相互关联，有助于培养学生的综合素养，提升其跨越性思维和创新能力。

在当今复杂多变的社会环境中，单一学科的知识和技能已经无法满足个人的发展和社会的需求。教育者应当通过跨学科融合的方式，培养学生的综合素养，使其具备多方面的知识和技能，能够适应未来的挑战和变化。

综合素养的培养需要强调学科之间的相互关联和交叉应用。通过跨学科的学习和实践，学生可以接触到不同领域的知识和方法，培养其综合运用知识和技能的能力。在文学与科学的融合中，可以探讨科学原理在文学作品中的应用，从而启发学生对文学作品的深入理解和科学思考。

跨学科融合对于培养学生的跨越性思维和创新能力具有重要意义。通过跨学科的学习和实践，学生可以培养跨界思维和创新意识，拓展其思维空间和提高解决问题的能力。在艺术与工程的融合中，可以通过设计与制作艺术品，激发学生的创造力和工程思维，培养其解决实际问题的能力和创新精神。

跨学科融合还可以促进学生的个性发展和全面成长。通过跨学科的学习和实践，学生可以拓展自己的兴趣和潜能，发现自己的优势和特长。在音乐与数学的融合中，可以通过音乐创作或音乐分析，培养学生的音乐才华和数学思维，实现个性发展和全面成长。

通过跨学科的项目设计和团队合作，学生可以学会与他人合作，共同解决问题，培养其团队意识和社会责任感。在社会学与环境科学的融合中，可以组织学生开展社区环境调查与改善项目，促进其社会参与和环境保护意识。

## （二）教学效果的提升

跨学科融合在提升教学效果方面扮演着重要角色。跨学科融合能够促进学生的跨界思维和创新能力。传统的学科分割往往限制了学生对知识的整体把握，而跨学科融合则打破了学科间的界限，让学生能够跳出狭隘的学科范畴，从多个学科的角度去思考问题，培养其跨界思维和创新意识。通过将不同学科的知识和技能有机结合，学生可以更加全面地理解问题，提出更具创造性和实用性的解决方案，从而提升教学效果。

跨学科融合有助于提高学生的学习兴趣和参与度。学科之间的相互联系和交叉融合能够使学习变得更加生动有趣。将历史与文学相结合，通过文学作品展现历史事件，可以激发学生对历史的兴趣，提高他们的学习积极性；将数学与艺术相结合，设计出富有美感的数学作品，可以吸引学生的注意力，增强他们的学习动力。跨学科融合能够创造出更加多样化和丰富的学习体验，从而提升学生的学习效果。

跨学科融合有助于培养学生的综合素养和实践能力。在跨学科融合的教学模式下，学生不仅需要掌握单一学科的知识和技能，还需要将不同学科的知识和技能有机结合，应用于具体的问题解决中。在解决环境问题时，学生不仅需要了解环境科学的知识，还需要结合社会学、政治学等多个学科的理论和方法，从多个角度思考问题，寻找解决之道。通过这种跨学科的实践活动，学生可以全面发展自己的能力，提高其综合素养和实践能力。

跨学科融合有助于增强学生的综合运用能力和解决问题的能力。在跨学科的教学模式下，学生需要将多个学科的知识和技能有机结合，应用于实际问题的解决中。这种综合运用能力的培养有助于学生更好地适应未来社会的复杂多变，提高他们的就业竞争力。通过解决跨学科的问题，学生可以培养自己的问题解决能力和创新意识，为未来的发展奠定良好的基础。

## 二、跨学科融合在体育教学中的实践意义

### （一）促进健康教育的全面发展

体育教学涉及运动科学、心理学、营养学等多个学科领域，而跨学科融合能够将这些领域的知识资源有效整合，为学生提供全面的健康教育。结合运动科学和心理学知识，可以帮助学生了解运动对心理健康的积极影响，提高他们的运动参与度和兴趣。

传统体育教学往往侧重于体育技能的训练，而忽视了健康知识和意识的培养。跨学科融合可以将健康教育的内容融入体育教学中，如运动安全知识、营养健康常识等，使学生在运动锻炼的同时也能够获得全面的健康教育。

传统的体育教学主要以课堂讲解和实践训练为主，而跨学科融合可以引入多种教学方法和手段，如情景模拟、案例分析、游戏化教学等，从而更加生动、灵活地传授健康知识和技能，提高学生的学习参与度和效果。

体育教学不仅仅是技能的传授，更重要的是培养学生的身心健康和全面发展。跨学科融合可以促使学生跨越学科界限，灵活运用不同学科的知识和技能，培养他们的创新思维和综合能力，为其未来的学习和工作打下良好的基础。

通过将体育教学与健康教育有机结合，可以实现知识的跨学科交叉传递和应用，为学生提供更全面、更系统的健康教育服务，有助于提高他们的健康素养和生活质量。

### （二）促进人文素养的培养

促进人文素养的培养是教育的重要任务之一。人文素养不仅包括对文学、

历史、哲学等人文学科的理解和欣赏，还包括对人类文化、价值观念和社会问题的思考和反思。在当今社会，人文素养已经成为评价一个人综合素质的重要标准之一。而跨学科融合在体育教学中的实践，则为促进学生人文素养的培养提供了重要的途径和意义。

跨学科融合在体育教学中的实践意义在于拓宽学生的学科视野。传统的体育教学往往局限于体育运动技能的传授和训练，忽视了体育运动与人文学科之间的内在联系。而通过跨学科融合的实践，可以引导学生从人文学科的角度去理解和思考体育运动，拓宽他们的学科视野，加深对体育运动的认识和理解。

跨学科融合在体育教学中的实践意义还在于提升学生的综合素养。体育运动不仅仅是一种身体活动，更是一种文化现象和社会行为。通过跨学科融合的实践，可以将体育运动与文学、艺术、历史等人文学科进行有机结合，使学生能够从多维度、多角度去理解和体验体育运动，提升其综合素养和跨学科思维能力。

跨学科融合在体育教学中的实践意义还在于培养学生的批判性思维能力。体育运动不仅是一种身体技能的表现，更是一种价值观念和社会意义的体现。通过跨学科融合的实践，可以引导学生从人文学科的角度去审视和分析体育运动中存在的问题和挑战，培养其批判性思维能力，使其具备独立思考和判断的能力。

跨学科融合在体育教学中的实践意义还在于促进学生的全面发展。体育运动不仅仅是一种身体活动，更是一种人格塑造和精神追求的体现。通过跨学科融合的实践，可以将体育运动与文化、艺术、伦理等人文学科进行有机结合，使学生在体育运动中不仅能够培养身体素质，还能够提升情感、品德和审美等方面的素养，实现全面发展。

# 第三节 跨学科融合对体育教学模式的影响

## 一、跨学科融合的理论基础

### (一) 多元智能理论

多元智能理论是跨学科融合的重要理论基础之一。该理论由美国心理学家霍华德·加德纳提出，认为人类的智能不仅仅表现在语言和逻辑数学能力上，还包括了其他多种形式的智能，如音乐智能、运动智能、空间智能等。跨学科融合的理论基础正是建立在多元智能理论的基础上，通过充分认识和利用学生的多种智能，实现跨学科的有机融合，提升教育质量和学生综合素养。

多元智能理论的基础是对人类智力多样性的认识。传统的智力测试往往只注重语言和逻辑数学能力的测量，而忽视了其他形式的智能表现。而多元智能理论则认为人类的智力是多元多样的，每个人都拥有自己独特的智能结构，因此教育应该重视和发展学生的多种智能。

跨学科融合的理论基础之一是多元智能理论的教育应用。多元智能理论强调教育应该关注和培养学生的多种智能，使其在不同领域都能够得到发展和展示。通过跨学科融合的实践，可以将不同学科领域的知识和方法与学生的多种智能进行有机结合，实现教育的个性化和差异化。

多元智能理论的基础是对教育目标的重新思考。传统的教育目标往往以培养语言和逻辑数学能力为主，忽视了其他形式的智能表现。而多元智能理论则认为教育应该培养学生全面发展，使其在不同领域都能够得到发展和展示，从而实现个体差异化的教育目标。

跨学科融合的理论基础之一是多元智能理论的教学策略。多元智能理论提出了一系列教学策略,如项目式学习、个别指导、多元评价等,旨在充分发挥学生的多种智能,实现教育的个性化和差异化。通过跨学科融合的实践,可以结合多元智能理论提出的教学策略,设计和实施更加灵活多样的教学活动,促进学生的综合发展和全面成长。

### (二) 构建主义学习理论

构建主义学习理论是一种基于学习者建构知识的理念,而跨学科融合则可以在这一理论基础上得到充分的支持和发展。构建主义学习理论认为,学习过程是一种主动的、个体化的建构过程,学习者通过与周围环境的互动和社会交往,构建自己的知识体系和认知结构。

跨学科融合的理论基础之一就是构建主义学习理论。构建主义学习理论强调学习者的主动性和建构性,在学习过程中,学习者通过积极参与、探索和体验,建构自己的知识体系和认知结构。这与跨学科融合的理念相契合,因为跨学科融合也是通过学习者的主动参与和合作,将不同学科的知识和技能进行整合和交叉应用,促进学生的综合发展和个性成长。

构建主义学习理论认为,学习是一种社会性的活动,学习者通过与他人的互动和合作,共同构建知识和理解。在跨学科融合中,学生可以在多学科的学习和实践中与同伴合作,共同探索和解决问题,促进彼此的学习和发展。在历史与地理的融合中,学生可以组成小组,共同研究历史事件与地理环境的关系,通过合作探讨和讨论,促进彼此的思维碰撞和知识交流,实现共同成长。

构建主义学习理论还强调学习的个体差异和多样性,认为每个学习者都有其独特的学习风格和需求。在跨学科融合中,教育者应当充分关注学生的个体差异,通过差异化的教学策略和活动设计,满足不同学生的学习需求,激发其学习的兴趣和动机。在跨学科项目中,可以提供多样化的学习任务和角色,让学生根据自己的兴趣和能力选择参与,实现个性化发展和全面成长。

构建主义学习理论还强调学习的情境性和情境依赖性,认为学习过程受到学习者所处的环境和情境的影响。在跨学科融合中，教育者可以通过创设丰富多样的学习情境和场景，激发学生的学习兴趣和参与度。在艺术与科学的融合中，可以组织学生参观艺术展览或实验室，让他们在真实的情境中感受和体验跨学科知识的应用和价值，促进其学习的深入和持久性。

## 二、跨学科融合对体育教学模式的影响分析

### （一）促进学科之间的联系

跨学科融合对体育教学模式的影响是多方面的，其中之一就是促进了不同学科之间的联系。传统的体育教学往往被视为单一学科，注重运动技能的训练和体能的提升，但通过跨学科融合，体育教学可以与其他学科相结合，促进学科之间的联系。将体育与生物学相结合，通过学习运动对身体的生理影响，让学生了解运动对健康的重要性，从而增强他们对体育学科的兴趣和理解。

传统的体育教学往往局限于运动技能的训练，但通过与其他学科的融合，体育教学可以引入更多元化的内容和形式。结合音乐学科，设计有节奏感的体育操练，让学生在锻炼身体的同时感受音乐的魅力；结合美术学科，进行创意性的体育场地设计，让学生在运动中体验美感和创造力。这种跨学科融合的方式不仅可以丰富体育教学的内容，还可以提升学生的学习兴趣和参与度。

在跨学科融合的教学模式下，学生需要跳出单一学科的视角，运用不同学科的知识和技能来解决问题。在进行体育比赛的规划和组织时，学生不仅需要运用体育学科的知识和技能，还需要结合管理学、心理学等多个学科的理论和方法，从多个角度思考问题，制订科学合理的方案。通过这种跨学科的实践活动，学生可以全面发展自己的能力，提高其跨界思维和综合能力。

跨学科融合还可以促进体育教学与社会实践的结合，增强学生的实践能力和社会责任感。在传统的体育教学中，学生往往只是在课堂上进行运动训练，缺乏实践和社会意义的结合。但通过跨学科融合，体育教学可以与社会实践相

结合，让学生在实际环境中应用所学知识和技能，解决实际问题。组织学生参与社区健康活动，让他们通过体育运动来促进社区居民的健康，同时培养其社会责任感和团队合作精神。这种跨学科融合的方式不仅可以提升体育教学的实效性，还可以培养学生的实践能力和社会责任感。

## （二）拓展教学方法

跨学科融合对体育教学模式的影响之一是拓展了教学内容的广度和深度。传统的体育教学往往局限于运动技能的传授和训练，而忽视了体育运动与其他学科的内在联系。通过跨学科融合，教师可以将体育运动与文学、历史、科学等学科进行有机结合，引导学生从多维度、多角度去理解和体验体育运动，拓展了教学内容的广度和深度。

跨学科融合对体育教学模式的影响还体现在教学方法的创新和多样化。传统的体育教学往往采用集体授课和整体训练的方式，缺乏个性化和差异化的教学方法。而通过跨学科融合，教师可以结合不同学科的教学理念和方法，设计和实施更加灵活多样的教学活动，如项目式学习、小组合作、案例分析等，从而激发学生的学习兴趣和主动性，提高教学效果。

跨学科融合对体育教学模式的影响还表现在课程设置和教学资源的丰富性。传统的体育课程往往局限于体育运动的基本技能训练，缺乏与其他学科的融合和交叉。而通过跨学科融合，可以将体育课程与文学、艺术、科学等学科进行有机结合，设计丰富多彩的课程内容和教学资源，丰富了学生的学习体验和视野。

跨学科融合对体育教学模式的影响还体现在评价方式和标准的多元化。传统的体育评价往往以技能水平和比赛成绩为主要标准，忽视了体育运动与其他学科的内在联系和对学生综合素养的培养。而通过跨学科融合，可以结合不同学科的评价标准和方法，设计更加全面客观的评价体系，从多方面、多层次评价学生的学习成果和综合素养。

# 第十四章 多元化评价体系下的体育教学研究

## 第一节 多元化评价体系的构建

### 一、构建多元化评价体系的原则

#### (一) 客观性原则

在构建多元化评价体系时,客观性原则至关重要。客观性不仅是评价过程的基石,也是确保评价结果公正准确的重要保障。要实现客观性原则,首先需要确立明确的评价标准,这些标准应该是客观、可度量的。评价者需要尽可能排除主观偏见和个人情感因素,以确保评价过程的客观性。

在建立多元化评价体系的过程中,需要考虑到各种不同的评价方法和工具。这包括但不限于定量评价、定性评价、360度评价等多种形式。通过采用多种评价方法,可以更全面地了解被评价者的表现和能力,避免单一评价方法带来的片面性和偏见。

另一个重要的原则是公平性。评价体系应该确保所有被评价者都在同样的标准下接受评价,不受任何歧视或偏见的影响。为了实现公平性,评价标准和评价方法应该在制定过程中充分考虑到不同个体的差异性和特点,避免将某些特定群体排斥在评价体系之外。

多元化评价体系应该充分考虑到被评价者的多样性和特点。这包括但不限于个人背景、文化差异、工作经验等方面的多样性。在评价过程中，应该尊重和体现被评价者的多样性，避免将某种标准强加于所有人身上，从而导致评价结果的不公正和不准确。

评价体系的建立需要充分考虑到不同层次和不同领域的需求。不同层次的人员可能具有不同的职责和工作内容，因此需要有针对性地制定相应的评价标准和方法。不同领域的评价也可能涉及不同的专业知识和技能，需要有针对性地设计评价内容和流程。

在构建多元化评价体系时，还需要考虑到评价结果的可信度和有效性。评价体系应该能够为组织提供准确、可靠的反馈信息，帮助组织更好地了解员工的表现和能力，从而采取相应的管理措施。在设计评价体系时，需要确保评价方法的科学性和有效性，避免主观性和随意性的影响。

## （二）综合性原则

综合性原则要求评价体系应该包括多种评价方法和工具。这意味着评价不应局限于单一的标准或测试，而是应该结合考试、观察、作业、项目等多种方式，以全面了解被评价对象的能力和表现。通过多元化的评价方法，我们可以更全面地了解个体的优势和改进空间，从而更有效地指导其发展和成长。

综合性原则强调评价应该考虑多种因素和维度。这意味着评价不仅应关注知识和技能，还应考虑情感、社交、实践能力等多个方面。在教育领域，评价不仅应该考察学生的学术成绩，还应该评估其团队合作能力、创造力和领导才能等非认知因素。只有综合考虑了这些因素，评价才能更加全面和客观。

综合性原则要求评价应该基于多样化的数据来源。这意味着评价不应只依赖于单一的数据来源，而应该结合来自不同渠道和角度的信息。

综合性原则还强调评价应该具有动态性和灵活性。这意味着评价不应该是一次性的、静态的过程，而应该是持续性的、动态的过程。评价体系应该能够随着时间和情境的变化而调整和更新，以及时反映被评价对象的变化和进步。

只有具有这种灵活性，评价才能真正发挥其指导和促进作用。

综合性原则要求评价应该注重个体差异和多样性。这意味着评价不应采用一刀切的标准，而应该根据个体的特点和需求进行差异化和个性化处理。在教育领域，评价应该根据学生的学习风格、兴趣爱好和能力水平等因素进行调整，以更好地满足每个学生的学习需求和发展潜力。

综合性原则的应用为构建多元化评价体系提供了重要的指导和保障。通过综合考虑多种评价方法和标准、多种因素和维度、多样化的数据来源、动态性和灵活性以及个体差异和多样性，评价体系可以更加全面、客观和有效地评估个体或事物的各个方面。这不仅有助于提高评价的公平性和准确性，也为个体的发展和成长提供了更好的支持和指导。

## 二、多元化评价体系的构建方法

### （一）评价维度的选择与构建

在建立多元化评价体系时，维度的选择至关重要。维度的选择应该充分考虑评价对象的特点和评价的目的。比如，在评价一个产品时，可以考虑品质、性能、价格、用户体验等多个方面作为评价的维度。这样能够全面客观地评价产品的优劣。维度的选择应当具有代表性和客观性，避免主观偏见或片面性。比如，在评价一个员工时，除了工作绩效外，还应考虑到团队合作能力、沟通技巧等方面，以确保评价的全面性和公正性。

在构建多元化评价体系时，需要综合考虑不同维度之间的相互关系和权重。即使选择了多个维度，如果它们之间存在较大的相关性或重复性，就会导致评价结果失去多样性和准确性。需要对各个维度进行权衡和调整，确保它们既能够全面反映评价对象的特点，又能够相互补充，避免信息重复和冗余。在评价一个项目的成功与否时，除了考虑项目的完成情况，还应考虑到项目管理、团队协作、客户满意度等因素，以综合评价项目的整体表现。

在构建多元化评价体系时，还需要考虑到评价对象的多样性和复杂性。不同的评价对象可能具有不同的特点和需求，因此需要根据具体情况调整评价体系。比如，在评价一个学生的学习成绩时，除了考虑学习成绩的好坏外，还应考虑到学生的兴趣爱好、学习态度、自我管理能力等方面，以全面了解学生的学习情况并给予具有针对性的帮助和指导。

在构建多元化评价体系时，还需要考虑到评价方法和工具的选择。不同的评价方法和工具适用于不同的评价对象和场景，因此需要根据具体情况选择合适的评价方法和工具。比如，在评价一个项目团队的绩效时，可以采用360度评价、关键绩效指标法等多种评价方法，以全面了解团队成员的表现和贡献。还需要不断改进和完善评价体系，根据实际情况进行调整和优化，以确保评价体系的有效性和可持续性。

## （二）评价工具与方法的设计

设计工具与方法，构建多元化评价体系，是当前社会发展与管理领域的重要任务。在这个过程中，需要综合考虑各种因素，包括评价对象的特点、评价目的以及评价结果的可靠性和有效性等。下面将从多个角度对工具与方法的设计以及多元化评价体系的构建进行评价。

我们需要采用多种设计方法，如问卷调查、面试访谈、观察记录等，以确保评价过程全面、客观。还应该根据评价对象的特点和评价目的，灵活选择和组合不同的工具和方法，以提高评价的准确性和有效性。

评价对象的多样性意味着我们需要针对不同的对象设计相应的评价工具和方法。针对个体的评价可以采用量表或者评分表，而针对团体或组织的评价可能需要采用访谈或者案例分析等方法。设计评价工具与方法时，需要考虑到评价对象的多样性，以确保评价的全面性和准确性。

评价体系的构建需要建立在科学的理论基础上，同时确保评价工具和方法的可靠性和稳定性。为此，我们需要对评价工具和方法进行严格的科学验证和测试，以确保其具有较高的信度和效度。

随着信息技术的发展，评价过程中可以利用各种信息化工具和技术，如人工智能、大数据分析等，来辅助评价工作的进行。通过信息化和智能化手段，可以提高评价的效率和精度，同时也可以为评价结果的分析和应用提供更多的可能性和途径。

## 第二节 多元化评价体系在高校体育教学中的应用

### 一、多元化评价体系概述

#### （一）多元化评价的概念

多元化评价是一种全面考量个体、组织或社会的多个方面，而非仅仅基于单一标准或指标进行评估的方法。在当今社会，多元化评价体系已经成为评估和判断的重要手段，它超越了传统的单一评价标准，更加全面地反映了被评估对象的真实情况和价值。多元化评价不仅可以应用于教育领域，还可以在企业管理、社会政策等方面发挥作用，促进个体、组织和社会的发展和进步。

在构建多元化评价体系时，首先需要考虑的是评价的对象。个体、组织或社会各有不同的特点和需求，在评价体系设计时应该充分考虑到这些特点和需求，确保评价的客观性和全面性。在教育领域，评价体系需要考虑学生的学习能力、创造力、社交能力等方面，而在企业管理领域，评价体系则需要考虑员工的工作业绩、团队合作能力、领导才能等方面。

多元化评价体系需要包含多种评价方法和工具，以确保评价的全面性和准确性。传统的评价方法往往局限于定量指标或定性描述，而多元化评价体系则可以结合定量和定性评价方法，采用问卷调查、观察、访谈等多种方式收集评价数据，从而更全面地了解被评价对象的情况。在教育评价中可以结合学生的考试成绩、课堂表现、课外活动等多种指标进行评价，以更全面地了解学生的学习状况。

多元化评价体系还需要考虑评价结果的多样性和灵活性。评价结果往往不是非黑即白的，而是具有一定的灰色地带，因此评价体系需要充分考虑到这种灰色地带，给予评价对象更多的选择和机会。比如，在招聘评价中，除了考虑候选人的工作经验和技能外，还可以考虑到其个人品德、团队合作能力等因素，从而更全面地评价候选人的综合素质。

多元化评价体系需要不断优化和完善，以适应社会发展和变化的需要。评价体系的设计并非一成不变的，而是需要根据评价对象的特点和社会环境的变化进行不断调整和更新。在教育评价领域，随着教育理念的不断更新和教育技术的不断发展，评价体系也需要不断更新，采用更适合当前教育需求的评价方法和工具，以更好地反映学生的学习状况和教育质量。

## （二）评价指标的选择

多元化评价体系的设计需要考虑到被评价对象的多样性。在组织或个人层面，多元化评价应涵盖不同方面的绩效和成就。比如，在企业评价中，除了财务表现外，还应考虑市场份额、客户满意度、员工福利等因素。这样的多元化设计能够更全面地反映实际的综合能力和表现。

评价指标的选择应当符合评价目的和需求。不同的评价目的可能需要不同的指标来衡量。对于产品质量的评价，可以选择缺陷率、客户投诉率等指标；而对于员工绩效的评价，则可以考虑工作成果、工作态度等因素。评价指标的选择必须与具体的评价目标相匹配，以确保评价的有效性和实用性。

评价指标的选择还应考虑到指标的可操作性和可衡量性。即评价指标应当是可以明确定义和量化的，以便能够进行客观的评价和比较。如果一个指标过于模糊或难以具体衡量，就会影响评价的准确性和可信度。在选择评价指标时，需要考虑到指标的可操作性和可衡量性，以确保评价的科学性和客观性。

评价指标的选择还应考虑到指标之间的关联性和互补性。在设计多元化评价体系时，应该选择一组相互关联和互补的指标，以确保评价的全面性和准确性。比如，在企业绩效评价中，可以选择一些相互关联的指标，如销售额、利润率和市场份额，以全面地衡量企业的经营状况和竞争能力。

评价指标的选择还应考虑到评价过程的可持续性和动态性。评价指标应当是能够随着时间和环境变化而调整和更新的，以保持评价的有效性和及时性。在选择评价指标时，需要考虑到指标的可持续性和动态性，以确保评价体系能够适应不断变化的环境和需求。

## 二、多元化评价体系在高校体育教学中的具体应用分析

### （一）理论指导

在高校体育教学中，多元化评价体系的应用是理论指导的重要体现。多元化评价体系能够促进学生全面发展。学生在体育教学中不仅需要掌握技能，更需要培养综合素养，如合作精神、领导能力等。而多元化评价体系通过考察学生的多方面表现，能够更全面地了解其发展状况，从而有针对性地进行教学指导。

多元化评价体系有助于激发学生的学习动力。传统的评价方式可能会导致学生对于成绩的焦虑，甚至产生厌学情绪。而多元化评价体系则不同，它不仅考查学生的学术成绩，还包括体育技能、团队合作等方面。这样一来，学生在学习过程中能够感受到自己的进步，增强自信心，从而更积极地投入到体育教学中。

多元化评价体系有利于教师个性化教学。每个学生的特点和学习方式都不同，而传统的评价方式往往无法满足个性化教学的需求。而多元化评价体系则可以根据学生的实际表现，量身定制评价标准，有针对性地制订教学计划，使教学更加贴近学生的需求，提高教学效果。

多元化评价体系还能够促进教学质量的提升。传统的评价方式可能会忽视学生的综合素养和实际能力，导致评价结果与实际表现脱节。而多元化评价体系则通过多方位、多角度地评价学生，能够更客观地反映其真实水平，为教师提供更准确的教学反馈，有利于教师及时调整教学策略，提升教学质量。

## （二）效果评估

多元化评价体系为高校体育教学注入了新的活力。传统的评价方式主要以考试成绩为主，而多元化评价体系则包括了诸如课堂表现、项目实践、综合素质等多个方面的评价指标。这种多样化的评价方式激发了学生的学习动力，促使他们更加积极参与到体育教学活动中来。

多元化评价体系有助于全面了解学生的学习情况。通过对学生在课堂表现、实践项目等方面的评价，教师可以更加全面地了解学生的学习状态和特点。这有助于教师及时调整教学策略，有针对性地提供指导和帮助，从而更好地促进学生的学习和发展。

多元化评价体系有利于培养学生的综合素质。传统的考试评价主要关注学生的知识掌握程度，而多元化评价体系则更加注重学生的综合能力和素质发展。通过对项目实践、课堂表现等方面的评价，可以更好地培养学生的创新能力、团队合作能力以及综合运用知识的能力，使其具备更强的竞争力和适应能力。

多元化评价体系还可以促进教育公平。传统的考试评价往往存在一定的主观性和片面性，容易造成教育资源的不均衡分配。而多元化评价体系则可以更加客观地评价学生的学习情况，避免了单一评价方式带来的不公平现象，从而更好地保障了教育的公平性和公正性。

多元化评价体系的应用也面临一些挑战和问题。首先是评价标准的制定和统一性问题。由于多元化评价体系涉及多个评价指标，评价标准的制定相对复杂，而且不同教师对于评价标准的理解和执行可能存在差异，导致评价结果的不一致性。

其次是评价过程的公正性和透明度问题。在实际操作中，评价过程可能受到一些非学术因素的影响，例如个人偏见、人际关系等，容易引发评价结果的不公正性。如何确保评价过程的公正性和透明度，是多元化评价体系应用中需要认真考虑和解决的问题。

## 第三节 多元化评价体系的优势与挑战

### 一、多元化评价体系的应用优势

#### （一）提高评价的客观性和全面性

提高评价的客观性和全面性是构建多元化评价体系的重要目标之一。传统的评价方法往往局限于单一的标准或指标，容易造成评价结果的片面性和主观性，而多元化评价体系通过综合考量多个方面的因素，能够更客观、全面地评价个体、组织或社会的情况和价值。

多元化评价体系的优势之一在于它能够综合考量多个方面的因素，避免了单一评价标准带来的片面性。传统的评价方法往往只注重某一方面的指标，忽视了其他因素对评价对象的影响，容易导致评价结果的不准确性。而多元化评价体系则可以综合考量个体、组织或社会的多个方面，如学习能力、创造力、社交能力等，从而更客观地反映评价对象的真实情况。

多元化评价体系还能够提高评价的客观性和公正性。在传统的评价方法中，评价者往往受到主观因素的影响，容易对评价对象产生偏见，从而影响评价结果的客观性和公正性。而多元化评价体系通过采用多种评价方法和工具，如问卷调查、观察、访谈等，可以减少评价者的主观偏见，提高评价结果的客观性和公正性。

多元化评价体系还能够促进个体、组织或社会的发展和进步。通过综合考量个体、组织或社会的多个方面，多元化评价体系可以帮助评价对象发现自身存在的问题和不足之处，并采取相应的措施加以改进和提升。在教育领域，多元化评价体系可以帮助学校和教师更全面地了解学生的学习情况和需求，从而有针对性地制订教学计划和措施，提高教育质量和教育水平。

多元化评价体系还能够促进个体、组织或社会之间的比较和竞争。通过比较不同个体、组织或社会的评价结果，可以发现其优势和不足之处，并借鉴其经验和教训，从而促进各方的改进和提升。在企业管理领域，多元化评价体系可以帮助企业了解自身的竞争优势和劣势，从而制定相应的发展战略和措施，提升企业的竞争力和核心竞争力。

### （二）激发教学创新和改进

多元化评价体系能够促进教师和教育机构的反思和自我完善。通过多样化的评价方法和指标，教师和教育机构能够更全面地了解自己的教学实践和管理方式，发现存在的问题和不足，并及时进行调整和改进。这种反思和自我完善的过程有助于提高教学质量和管理水平，促进教学创新和改进。

多元化评价体系能够激发教师的教学热情和创新意识。通过多样化的评价方法和指标，教师可以更全面地了解学生的学习情况和需求，更准确地把握教学的方向和重点，从而更有动力和信心地开展教学工作。这种积极的教学态度和创新意识有助于激发教师的教学热情，推动教学改革和创新。

多元化评价体系能够促进教学资源的合理配置和利用。通过多样化的评价方法和指标，教育管理者可以更全面地了解教学资源的分配和利用情况，发现存在的问题和短板，并采取相应的措施进行改进和优化。这种合理配置和利用教学资源的过程有助于提高教学效益和资源利用率，促进教学创新和改进。

多元化评价体系能够促进教师之间的交流与合作。通过多样化的评价方法和指标，教师可以更全面地了解同行的教学实践和经验，发现优点和不足，并进行经验交流和互相学习。这种教师之间的交流与合作有助于促进教学改革和创新，提高整体的教学水平和质量。

多元化评价体系能够增强教育管理的科学性和有效性。通过多样化的评价方法和指标，教育管理者可以更全面地了解教育工作的实际情况和效果，及时发现问题和挑战，并采取相应的措施进行调整和改进。这种科学性和有效性的教育管理有助于促进教育事业的可持续发展，推动教育改革和创新。

## 二、多元化评价体系面临的挑战

### （一）指标选择与权衡

在构建多元化评价体系时，指标的选择与权衡是一个不可忽视的挑战。选择适当的评价指标需要综合考虑多个因素。传统的评价指标可能过于注重学生的学术成绩，而忽视了其他方面的发展。在选择评价指标时，需要权衡各方利益，确保评价体系能够全面、客观地反映学生的实际表现。

评价指标的权衡需要考虑到评价的公平性和可操作性。在实际应用中，评价指标的设置不能偏向，而应该尽可能地涵盖学生的多个方面表现。要实现公平的评价，并不意味着所有指标的权重都相同，这就需要进行权衡。评价指标的设置还要考虑到其可操作性，即是否能够被准确、有效地衡量和评估，否则可能导致评价结果的失真。

评价指标的选择还需要考虑到其对学生学习动力和教师教学质量的影响。过于注重某一方面的评价指标可能会导致学生过度关注该方面，而忽视其他重要素养的培养。评价指标的设置也会影响教师的教学行为，如果评价指标不够合理或者过于烦琐，可能会增加教师的教学负担，影响教学效果。

评价指标的权衡还需要考虑到不同利益主体的需求和期望。学生、教师、家长、学校等各方在评价体系中都扮演着不同的角色，他们对评价指标的关注点和重视程度可能会有所不同。在权衡评价指标时，需要充分考虑各方的需求和期望，尽可能达成共识，确保评价体系能够得到广泛认可和支持。

### （二）评价结果的解读与运用

评价结果的多样性使得其解读变得复杂多样。在多元化评价体系中，评价结果涉及多个方面，如课堂表现、项目实践、综合素质等。这些评价指标之间相互关联，相互影响，因此在解读评价结果时需要考虑到这种复杂性，不能简单地以某一个指标的得分来评判学生的综合水平。

评价结果的主观性可能会影响其准确性和客观性。教师在评价学生时往往受到自身的主观认知和评价标准的影响，可能存在主观偏见或个人喜好。这就需要在解读评价结果时进行客观分析，尽量排除主观因素的影响，确保评价结果的客观性和准确性。

评价结果的时效性也是一个挑战。在多元化评价体系中，评价结果往往是动态变化的，随着学生学习和成长的过程而不断更新。及时获取和处理评价数据，及时调整教学策略和提供帮助，对于有效地促进学生的发展至关重要。

评价结果的应用也需要考虑到学生个体差异的问题。不同学生之间存在着差异化的学习需求和发展方向，因此在运用评价结果时需要有针对性地制订个性化的教学计划和指导措施，帮助每个学生实现自身的学习目标和发展需求。

评价结果的透明性和可理解性也是一个挑战。评价结果往往涉及大量的数据和信息，如何将这些数据和信息以简洁清晰的方式呈现给学生和家长，使其能够清晰地了解学生的学习情况和发展水平，是一个需要认真思考和解决的问题。

## 第四节　多元化评价体系对体育教学改革的启示

### 一、多元化评价体系对体育教学改革的积极启示

#### （一）促进个性化教学

多元化评价体系对体育教学改革的积极启示是不可忽视的。在传统的体育教学中，评价往往局限于对学生体能和技能的单一考量，而忽视了学生个体差异和多元发展需求。多元化评价体系的引入为体育教学改革提供了新的思路和方法，可以促进个性化教学的实施，满足学生多元发展的需求，提升教学质量。

多元化评价体系能够使我们更全面地了解学生的体育水平和兴趣特点。传统的体育教学评价往往局限于对学生体能和技能的考查，而忽视了学生的兴趣、情感、认知等方面的差异。通过引入多元化评价体系，可以采用问卷调查、观察、访谈等多种方式收集评价数据，全面了解学生的兴趣特点和学习需求，为个性化教学提供依据和支持。

传统的体育教学评价往往以考试成绩为主，缺乏对学生学习动机和兴趣的关注，容易造成学生对学习的消极态度和抵触情绪。而多元化评价体系则可以通过考察学生的兴趣特点和参与度，给予学生更多的选择和自主权，激发其学习兴趣和积极性，提高学习效果和教学质量。

传统的体育教学评价往往以课堂表现和考试成绩为主，忽视了学生个体差异和潜在发展能力。而多元化评价体系则可以通过综合考查学生的体能、技能、兴趣等方面的表现，发现和培养学生的体育特长和潜能，为其未来的发展和成就打下良好的基础。

传统的体育教学评价往往局限于对学生的评价，忽视了教师的专业发展和

教学水平提升。而多元化评价体系则可以通过评价教师的教学方法、教学效果等方面的表现，发现和解决教学中存在的问题和不足之处，促进教师的专业成长和教学水平提升。

传统的体育教学评价往往以考试成绩为导向，忽视了学生的全面发展和多元学习需求。而多元化评价体系则可以通过综合考量学生的兴趣、能力、特长等方面的因素，促进学校体育教育改革的深入推进，实现体育教育目标的多样化和个性化。

## （二）推动课程多样化发展

多元化评价体系能够促进体育课程的内容多样化和灵活性发展。通过多样化的评价方法和指标，可以更全面地了解学生的兴趣、特长和需求，从而根据实际情况调整和优化体育课程内容和设置，确保体育教学与学生的个体差异和发展需求相适应。这种内容多样化和灵活性发展有助于激发学生的学习兴趣和参与度，提升课程的吸引力和实用性。

多元化评价体系能够促进体育教学的方法多样化和创新性发展。通过多样化的评价方法和指标，可以更全面地了解不同教学方法和策略的效果和适用性，从而鼓励教师尝试和探索新的教学方式和手段，提高教学的多样性和灵活性。这种方法多样化和创新性发展有助于激发教师的教学热情和创新意识，提升教学效果和学生学习体验。

多元化评价体系能够促进体育教学的评价多样化和科学性发展。通过多样化的评价方法和指标，可以更全面地了解学生的学习情况和表现，从而准确评价教学效果和学生学习成果。这种评价多样化和科学性发展有助于提高评价的客观性和准确性，为教师和学生提供更有针对性的反馈和指导，推动教学改革和提高教学质量。

多元化评价体系能够促进体育教学的资源多样化和合理利用发展。通过多样化的评价方法和指标，可以更全面地了解教学资源的分配和利用情况，从而优化资源配置，提高资源利用效率。这种资源多样化和合理利用发展有助于提升教学效益和资源利用率，为体育教学的持续发展提供有力支持。

通过多样化的评价方法和指标，可以更全面地了解教学管理的实际情况和效果，从而及时发现问题和挑战，并采取相应的措施进行调整和改进。这种管理多样化和科学性发展有助于提高教育管理的效率和效果，推动体育教学改革和提高教学质量。

## 二、多元化评价体系对体育教学改革的挑战

### （一）教师专业发展与培训需求

教师专业发展与培训需求在多元化评价体系对体育教学改革的挑战中扮演着至关重要的角色。多元化评价体系的引入需要教师具备更广泛的评价技能和知识。传统的评价方式可能使教师习惯于依赖单一的评价指标，而忽视了学生的多元发展需求。教师需要接受相应的培训，提升其评价设计和实施能力，以适应多元化评价体系对于体育教学的要求。

多元化评价体系对教师的专业发展提出了更高的要求。在传统的评价体系下，教师主要关注学生的学术成绩，而在多元化评价体系中，教师需要综合考虑学生的多个方面表现，如体育技能、团队合作能力等。这就需要教师不断提升自己的专业水平，深入了解学科知识和教学方法，以更好地指导学生的发展。

多元化评价体系还需要教师与学生、家长等利益相关者进行密切合作。在传统的评价体系下，教师往往是评价的主导者，而在多元化评价体系中，教师需要与学生、家长等共同探讨评价标准和方法，以确保评价的客观性和公正性。这就需要教师具备良好的沟通能力和团队合作精神，与利益相关者进行有效的交流和合作。

在传统的评价体系下，教师往往使用定量化的评价方法，如考试、测验等。而在多元化评价体系中，教师需要结合学生的实际表现，灵活运用定量和定性相结合的评价方法，以便更全面地了解学生的发展状况，为其提供个性化的教学指导。

### （二）从传统评价向多元化评价的转变

传统评价向多元化评价的转变标志着体育教学领域的一次重要改革。传统评价主要以考试成绩为主要依据，而多元化评价体系则将评价范围扩展到了课堂表现、实践能力、综合素质等多个方面。这种转变为体育教学注入了新的活力，推动了教学方法和评价体系的更新换代。

多元化评价体系拓宽了评价的视野和维度。传统评价主要以学生在考试中的表现为依据，忽视了学生在其他方面的发展和能力。而多元化评价体系将评价范围扩展到了课堂表现、实践能力、综合素质等多个方面，更加全面地反映了学生的学习情况和发展水平。

多元化评价体系促进了教学方法的多样化和个性化。传统评价主要以笔试和口试为主，注重学生的知识掌握和记忆能力。而多元化评价体系注重学生的实践能力和综合素质，因此教学方法也更加注重实践操作和项目实践，更加符合学生的学习特点和发展需求。

传统评价主要以考试成绩为导向，学生可能会为了应付考试而机械地进行学习，忽视了对知识的深入理解和实际运用。而多元化评价体系注重学生的课堂表现、实践能力等方面的评价，激发了学生的学习兴趣和主动性，促进了他们的全面发展。

多元化评价体系的实施需要投入大量的人力、物力和财力。评价体系的建立和运行需要教育机构提供相应的支持和保障，包括教师培训、评价工具和设备等方面的投入。

传统评价方式相对固化和简单，教师和学生都比较习惯于这种方式，而多元化评价体系需要他们去适应新的评价标准和方式，可能会引发一定的抵触情绪和阻力。

由于多元化评价体系涉及多个评价指标和标准，评价标准的制定相对复杂，而且不同教师对于评价标准的理解和执行可能存在差异，导致评价结果的不一致性。

# 结束语

在《高校体育教学模式创新研究》的结束语中,我们不得不感慨这一研究的深刻意义。通过对传统体育教学模式的审视和思考,我们不仅深入了解了其局限性和不足之处,更发现了创新的机遇和可能性。高校体育教学模式的创新不仅仅是对过去的反思,更是对未来的探索,我们期待着这一研究成果能够为高校体育教育的发展注入新的活力和动力。

通过本次研究,我们深刻认识到了传统体育教学模式在面临多元化学生需求和社会发展需求时的局限性。传统的体育教学模式往往注重技能和知识的传授,忽视了学生个性发展和综合素质的培养,这与当今社会对人才需求的变化和多元发展的趋势不符。我们迫切需要对高校体育教学模式进行创新,以满足学生个性化、多元化发展的需求。

在研究过程中,我们发现了一些已经取得的创新成果,如个性化教学、项目式教学、技术支持教学等。这些创新模式在不同的高校和教学环境中得到了成功的应用,为高校体育教学的改革和发展提供了宝贵的经验和启示。我们也必须清醒地认识到,这些创新模式仍然存在一些问题和挑战,需要进一步完善和深化。

针对高校体育教学模式创新研究的成果和不足,我们提出了一些建议和展望。我们需要深入挖掘学生个性化、多元化发展的需求,借鉴国内外先进经验,积极探索适合我国高校体育教育实践的创新模式。我们需要加强师资队伍建设,提升教师的教学水平和创新能力,为创新教学模式的实施提供有力支持。我们还需要加强教学管理和评价体系建设,为创新教学模式的落地和推广提供保障。

# 参考文献

[1] 吴波，林千枫．互联网赋能下的高校体育在线教学模式创新探索［J］．中国科技论文，2024，19（01）：135.

[2] 张路遥．高校体育教学创新与发展：评《高校体育教学理念及模式创新研究》［J］．重庆高教研究，2023，11（06）：132.

[3] 姜维强．高校体育教学创新探究：评《新时代高校体育教学理论解析与模式创新研究》［J］．中国教育学刊，2023（10）：125.

[4] 李长峰，周冰．数字化背景下高校体育教学模式创新策略［J］．当代体育科技，2023，13（28）：77-80.

[5] 曹西文．高校体育理论课程教学与实践教学探析：评《体育教学与模式创新》［J］．人民长江，2023，54（09）：279-280.

[6] 苏雯，刘冠男．高校体育教学面临的瓶颈及改革策略：评《高校体育教学理念及模式创新研究》［J］．教育理论与实践，2023，43（24）：2.

[7] 高峰，刘阳，吴印林．新时代背景下高校体育教学模式创新研究：评《高校体育教学翻转课堂模式构建研究》［J］．应用化工，2023，52（08）：2506.

[8] 武文杰．高校体育教学与民族体育融合路径分析：评《高校民族传统体育教学模式的创新性研究》［J］．中国高校科技，2023（05）：110.

[9] 唐海欧．现代体育教学理论、教学理念以及教学技术的创新性探索：评《新时代高校体育教学理论解析与模式创新研究》［J］．教育发展研究，2023，43（10）：85.

[10] 张立双．高校体育理论课程教学与实践教学探析：评《体育教学与模

式创新》[J].人民长江,2023,54(04):254.

[11] 田洪涛,张路.民族地区高校体育专业创新创业能力培养策略研究[J].科技视界,2022(26):182-184.

[12] 刘飞鹏.信息化背景下高校体育教学模式创新与实践:评《体育教学与模式创新》[J].中国高校科技,2023(03):109.

[13] 吴国天,陆春敏.现代教育理念在高校体育教学中的应用:评《高校体育教学理念及模式创新研究》[J].中国油脂,2023,48(03):157.

[14] 邓伟涛,孙玉林.基于体育技能竞赛的高职体育教学改革策略:评《高校体育教学理念及模式创新研究》[J].皮革科学与工程,2023,33(02):109.

[15] 刘玲.深度学习与课程思政融合视域下高校体育教学模式的创新策略[J].无锡职业技术学院学报,2023,22(02):9-13.

[16] 吴立冬.基于终身健身的高校体育教学策略:评《高校体育教学理念及模式创新研究》[J].中国教育学刊,2023(03):118.

[17] 李春峰.新媒体时代高校体育教学模式创新思考[J].中国报业,2022(22):114-117.

[18] 智永红,姜艳.创新体育教学模式构建新型师生关系:评《新时代高校体育教学理论解析与模式创新研究》[J].山西财经大学学报,2022,44(11):127.

[19] 姚星,介春阳.新时代我国高校体育专业创新人才培养之"学、练、研、展、评"教学模式构建研究[J].青少年体育,2022(10):117-120.

[20] 苏鑫.新时代高校体育教学体系的构建与创新:评《高校体育教学理念及模式创新研究》[J].科技管理研究,2022,42(19):263.